曹天禄 ◎ 著

右倾政治生态下的
日本共产党
适应性研究

当代世界出版社
THE CONTEMPORARY WORLD PRESS

图书在版编目（CIP）数据

右倾政治生态下的日本共产党适应性研究 / 曹天禄著. -- 北京：当代世界出版社，2025.8. -- ISBN 978-7-5090-1928-3

Ⅰ. D331.36

中国国家版本馆 CIP 数据核字第 2025EX2562 号

书　　名：	右倾政治生态下的日本共产党适应性研究
作　　者：	曹天禄 著
出 品 人：	李双伍
策划编辑：	刘娟娟
责任编辑：	徐嘉璐　张嫣然
出版发行：	当代世界出版社
地　　址：	北京市东城区地安门东大街70-9号
邮　　编：	100009
邮　　箱：	ddsjchubanshe@163.com
编务电话：	(010) 83907528
	(010) 83908410 转 804
发行电话：	(010) 83908410 转 812
传　　真：	(010) 83908410 转 806
经　　销：	新华书店
印　　刷：	北京新华印刷有限公司
开　　本：	710 毫米×1000 毫米　1/16
印　　张：	16.5
字　　数：	222 千字
版　　次：	2025 年 8 月第 1 版
印　　次：	2025 年 8 月第 1 次
书　　号：	ISBN 978-7-5090-1928-3
定　　价：	89.00 元

法律顾问：北京市东卫律师事务所　钱汪龙律师团队　(010) 65542827

版权所有，翻印必究；未经许可，不得转载。

目 录

第一章 政党适应性概述 / 1
第一节 政党的产生与功能 / 1
第二节 政党的概念与特征 / 8
第三节 政党适应性概念与特征 / 11
第四节 政党适应性要素解构 / 16

第二章 日本政坛总体右倾化的主要原因与影响 / 42
第一节 日本政坛总体右倾化概述 / 42
第二节 日本政坛总体右倾化的主要原因 / 78
第三节 日本政坛总体右倾化的主要影响 / 109

第三章 右倾政治生态下日共的"内适应性" / 117
第一节 日共内部环境 / 117
第二节 内部环境适应策略 / 137

第四章 右倾政治生态下日共的"外适应性" / 169
第一节 日共外部生态 / 169
第二节 外部生态适应策略 / 186

结 语 右倾政治生态下日共的发展 / 227
第一节 短期内难以消除国民对日共的"误解" / 228
第二节 日共理论路线将长期面临两难境地 / 239

第三节 日共将长期与三种政治力量进行较量 / 241
第四节 日共将长期发挥在野党的功能和作用 / 243

参考文献 / 246

后　记 / 254

第一章 政党适应性概述

"政党适应性"(Party Adaptation)是对生态学概念"适应性"(Adaptation)的借用,即政党对环境变化的适应能力。政党与生物个体一样,都面临对环境的适应性问题,只不过生物个体主要面临对外部生态的适应性问题,而政党还要面临对内部环境的适应性问题。政党是研究政党适应性的"源",明晰政党的内外环境是研究政党适应性的逻辑前提。党首、精英、党员、体制、党费等核心要素构成了党情;政党政治、传统文化、法律制度、社会分层、社会主流意识等核心要素构成了国情;世界经济格局、世界政治格局、超级大国、大国元首、全球性问题等核心要素构成了世情。党情是政党的内部环境,国情、世情是政党的外部环境,政党内外部环境及其各要素相互作用,共同塑造政党适应性。如果政党能正确分析和把握自身面临的内外部环境,进而采取科学的应对措施,就能提高适应能力,顺应社会生态,并不断发展壮大。

第一节 政党的产生与功能

任何事物和现象都有其相应的背景和合理的依据,政党也不例外。现代政党萌芽于17世纪70年代的英国,成型于19世纪初的英国和19

世纪中期的美国。政党一经出现，就在社会中发挥着不可或缺的作用，并最终成为国家政治生活的重要部分。政党按不同标准可划分为不同类型，不同政党在国家社会政治生活中的地位不同，其功能也不尽相同。

一、产生

政党因利益而生，为利益而发展。生存是政党的基础利益，执政是政党的最高利益。不同国家、不同时期产生的政党，其主导因素不同，具体利益也有所区别。政党和政党体制的产生，有其特定的政治、经济、思想、文化方面的条件和前提，这些不同的条件和前提会在不同程度上对政党的行为方式产生影响。

对于现代政党的产生，西方学界提出的理论模型主要有：制度模型，即政党的产生是议会制度与选举制度不断改革的结果；历史趋势模型，即政党的产生是在新旧制度交替和民族战争中，不同政治群体因政治理念差异而形成的；发展模型，即政党的产生源于社会现代化进程导致社会关系的日益分化；危机模型，即政党的产生是为了应对国家可能出现的合法性危机等问题。20世纪50年代，法国著名政治社会学家莫里斯·迪韦尔热从现代政党产生的方式出发，将政党划分为内生党和外生党：内生党是在体制内产生的，即由议会内部具有共同利益的议员联合组建起来的政党；外生党是在体制外形成的政党，由统治集团外的一种或多种政治力量，对统治集团尤其是议员及议员联盟发起挑战，并要求在议会中有一席之地，从而产生的政党。①

美国著名学者塞缪尔·亨廷顿在这些学者观点的基础上进一步认为，西方国家政党从产生到形成一般经历四个阶段：初始阶段，这一阶段政党往往会演变成不同的派别，少数政治精英为了实现其政治野心，采取合纵连横的策略在议会内部形成不同派别；分化阶段，议会

---

① 《政党》，https://baike.baidu.com/item/政党/253217?fr=aladdin。

中的派系权衡利弊后,往往与社会势力联合组成政党,形成两极化格局,极端的情况是在国家政治力量中出现革命派和反革命派;发展阶段,各政治精英试图通过各种办法获得最广大民众的支持,以期实现掌控政权的目标;成熟阶段,在议会内部发展出政党制度,常常会形成两党制和多党制。在亨廷顿看来,革命模式就是民族主义模式,由此产生的革命性政党一般会采取宣传群众的手段,被其吸引的群众又往往通过支持该政党来推翻现行体制,建立起一党制或以一党为主的政党制度,以实现政党和自身的目标。

马克思主义认为,政党是人类社会发展到一定阶段的产物,是在资本主义私有制基础上阶级斗争发展的结果。资本主义生产力的逐步发展是政党产生的经济基础。封建社会末期,资本主义经济快速发展,但资产阶级经济上的富有与政治地位的低下形成了鲜明对比,他们要求封建土地贵族让渡权力,以更好地发展资本主义商品经济。在这一博弈过程中,资产阶级和封建统治者发现,政党是进行政治斗争的有效工具。

封建社会末期出现的社会分化和阶级矛盾是政党产生的政治前提。在封建社会末期,随着资本主义经济发展,社会分化进一步加剧,社会开始出现不同的阶级、阶层和集团,这些不同的群体在相互冲突和斗争中意识到,依托政党的力量更易达到自己的目的。正如恩格斯所言:"这些阶级对立,在它们因大工业而得到充分发展的国家里,因而特别是在英国,又是政党形成的基础,党派斗争的基础,因而也是全部政治历史的基础。"[1]

资产阶级思想家提出的民主、自由、人权、平等、博爱等启蒙思想是现代政党产生的思想文化条件。自由竞争在资本主义意识形态中占有特殊的位置,它既是资本主义的经济原则,也是资本主义的政治信仰。为此,一些资产阶级思想家提出了具有划时代意义的民主理论,

---

[1] 中共中央马克思恩格斯列宁斯大林著作编译局编译:《马克思恩格斯选集》(第四卷),北京:人民出版社,1995年版,第181页。

如"天赋人权""人人生而平等""三权分立""社会契约"等。这些理论虽然具有绝对性的一面，但对唤醒公民意识、动员公民参与政治起着至关重要的推动作用，最终对冲破封建专制制度产生了划时代的意义。而在这一过程中"政党是唯一能够驾驭大批成员的团体"，[①]"把一盘散沙的选民都归整得井然有序"。[②]

总而言之，政党的产生是各种因素综合作用的结果，虽然各政党产生的条件不同，但所有政党都会经历从产生到发展、从不成熟到逐步成熟、成员认同感从低到高、组织从不健全到比较健全的过程。

二、功能

学者们根据自身的价值取向形成了不同的标准，并依此将政党划分为不同的类型。如以阶级为标准将政党分为资产阶级政党和无产阶级政党；以意识形态为标准将政党分为左翼政党和右翼政党；以是否执政为标准将政党划分为执政党、参政党和在野党（反对党）；以活动范围为标准将政党分为地方党、民族党和国家党；除此之外还有刚性政党和柔性政党，竞争型政党和非竞争型政党等。

不同政党在国家政治生活中发挥着不同的功能，这在执政党和在野党身上体现得尤为明显。同时，由于各国的政治体制不同，政党的功能也不会完全相同。另外，随着社会的快速发展，政党原有的一些功能会逐渐弱化，甚至消失，而新的功能会被赋予和发掘出来。但通过对政党功能进行仔细、全面地观察，也可发现其共性或普遍性。

第一，利益凝聚与利益表达。既然不同的政党代表不同阶级、不同阶层或不同集团的利益，那么这些政党必须首先凝聚并实践本阶级、阶层或集团的经济、政治等利益，才能使其所代表的社会力量长期稳

[①] 让·布隆代尔、毛里其奥·科塔主编，曾淼、林德山译：《政党政府的性质——一种比较性的欧洲视角》，北京：北京大学出版社，2005年版，第22页。

[②] 詹姆斯·布赖斯著，张慰慈译：《现代民治政体》，长春：吉林人民出版社，2001年版，第120页。

固，进而得到这些社会力量的持续支持。为此，政党首先要把本阶级、阶层或集团的利益、愿望和诉求凝聚起来，以政策主张的形式加以表达，再通过各类渠道传递到公权力部门，并对这些部门施加政治影响。如果这些利益、愿望和诉求能够实现，那么政党在其所代表的阶级、阶层或集团中的政治凝聚力、影响力就高，政党的生命力就强；反之，其凝聚力和影响力就低，政党的生命力就弱。

在这一过程中，政党领袖的作用尤为突出，如果能有效地对政党及其所代表的群体进行利益凝聚和利益表达，不仅能提升自己在党内的声望，而且能增强自己所在政党的社会影响力，进而吸引和扩大党的外围力量，推动政党进入良性发展轨道；反之则不然。需要注意的是，执政党和在野党因资源占有存在不对等性，其利益凝聚和利益表达的效能有较大差距，执政党通常处于相对有利地位，在野党则处于相对不利地位。

第二，利益覆盖与利益综合。在理论上，虽然政党是代表特定阶级、阶层或集团的利益，但几乎所有西方国家政党在选举时，不仅要代表自身利益，而且还要争取其他阶级、阶层或集团的选票。此时，政党从阶级党、阶层党或集团党变为了"全民党"。所有政党为了在选举中获胜，都会宣称自己代表国家的利益、全民的利益和全民族的利益。事实上，虽然政党代表的是标定阶级、阶层或集团的利益，但同一阶级、阶层和集团的利益往往存在多个政党或派系的竞争和分割。

当然，政党首先代表和维护其核心力量的利益，但同时还要尽可能多地代表和维护其他阶级、阶层或集团的利益，并尽最大努力覆盖到所有阶级、阶层或集团的利益，这是现代社会所有政党发展的一大趋势，对执政党而言尤其如此。同时，当在野党成功晋级为执政党后，它所代表的就不仅仅是本阶级、阶层或集团的利益，而是以"国家党"的身份出现在公众面前，表面上要首先代表国家利益和民族利益，隐藏阶级党的利益。

然而，无论是执政党，还是在野党都十分重视"民意"，但并非简单地对"民意"进行利益综合和利益覆盖——否则就与民意调查(以下简称"民调")机构别无二致了,而是要对核心力量、基本力量和外围力量的利益、诉求和意见进行综合,将其提炼为党的政策主张。同样,对执政党和在野党来说,由于资源占有的不对称性,前者更易把这些政策主张上升为国家政策并推动实施,从而获得民众的支持,后者的政策主张往往因缺乏执行条件而成为一纸空文,从而失去民众支持。一些学者基于这一角度来定义政党,如 V.O. 基认为,"政党是把群众的偏好变成公共政策的基本组织";美国政治学者沙茨施奈德认为,"唯一一种能把多数统治的理想变成事实的组织就是政党"。① 但是,这些表述只阐释了执政党功能,而不是政党定义本身。

第三,自下而上的监督与自上而下的监督。如前所述,所有政党的终极目标或最高利益就是成为执政党,以兑现对选民的竞选承诺。国家治理得好与坏,执政党是关键。因此,社会公众对执政党的要求要远远高于在野党,包括守法、廉洁、奉公、勤政、创新等。执政党要达到这样的标准,除了受到体制内自上而下的监督外,还必须接受公众、在野党、舆论、其他群众团体等体制外自下而上的监督,这两种监督方式已经成为现代社会监督政党的主要手段。

在西方社会,在野党对执政党的监督主要体现在议会中,对执政党政策的制定、实施、评估等方面进行监督,以避免执政党政策只维护本党利益而损害国家和大多数公众的利益,防范执政党及其公职人员出现腐败行为或政策实施走样。实践证明,这种自上而下和自下而上相结合、体制内与体制外相结合的监督方式总体上是行之有效的,是战后西方国家至今没有出现大混乱、社会相对稳定的重要治理手段。在现代社会,自下而上和自上而下的监督方式不仅适用于执政党,也适用于在野党,这是现代政治文明的必然要求。

第四,政治教育与政治招募。为了生存和发展,政党必须扩大和

---

① Giovanni Satori, *Parties and Party Systems: A Framework for Analysis*, Cambridge: Cambridge University Press, 1976, p. 28.

稳固自身的阶级基础和社会基础，因而要对社会公众进行持续的政治教育和政治招募。"人们关于政治传统或政治角色以及与之相关的行为的知识不是与生俱来的"，[①] 而是通过后天的学习和社会经验总结得来的。政党是由特定阶级、阶层或集团中的先进分子发起成立的，但并不意味着这些先进分子不需要教育——实践证明，这些人更需要教育。因为他们既同于又不同于普通党员和一般民众，一旦他们出问题，对政党、国家和民族的危害会更大。一般党员和普通民众因政治素质存在提升空间，更需要接受政治教育。

普通党员和一般民众虽然都有自己的利益，但并不一定都意识到这些利益的存在及其与自身的关联，更不知道如何去表达和捍卫这些利益。在政治活动中，他们大多数只知道投票，但却不知道为何投票、如何选举，以及怎样表达自己的利益诉求等。这就需要政党先进分子对他们进行宣传教育和理论引导，使他们对政治参与从不知到知之，从知之不多到知之较多，从不自觉到自觉。政治教育和政治招募这一过程就是人的政治社会化过程，即人从社会人到政治人的转变和实现过程。

从政治学视角看，政治社会化就是政党领袖和党内先进分子将自身的规范、知识、态度、价值观等传递到党内普通党员，再从党内传递到党外的社会大众，从这一代传递到下一代，使内部党员和外部社会大众习得政党的政治倾向和行为模式的过程。同时，政治教育机构在政治社会化过程中具有特殊作用，专门的政治教育机构对于政党的政治理念、政治习惯、政治意识等的灌输比一般的政治宣传更为有效。政党对社会大众进行政治教化的另一重要目的是把党外的精英吸纳到党内，必要时将其作为党的干部储备，并适时推荐给选民，再由选民通过选举的方式输送到国家权力机关中去直接参政议政，从而提高政党的影响力。

[①] 加布里埃尔·A. 阿尔蒙德、小 G. 宾厄姆·鲍威尔著，曹沛霖、郑世平、公婷等译：《比较政治学：体系、过程和政策》，上海：上海译文出版社，1977年版，第118页。

第二节　政党的概念与特征

政党已经成为现代社会"至高无上的"基本事实和无处不在的客观社会现象。①"政治人"往往是通过政党来体现的,"以至于政党政治成为民主政治的主要载体,政党文明成为政治文明的核心内容,政党成为政治发展关键所在,政党政治问题成为包括社会主义国家在内的当今世界各国政治的首要问题"。② 现代社会首先是人的社会,而社会又是被组织起来的,政党就是这些组织的重要组成部分。因此,现代人就是"政治人",直接或间接地成为"政党人"。那么究竟什么是政党?它又有哪些特征呢?

一、概念

早在两千多年前,一些先知先觉者就注意到政治与人和人类社会之间有着密不可分的关系。古希腊著名思想家亚里士多德就曾提出,人是天生的政治动物,又指出人类在本性上应该是一个政治动物。后来,法国著名启蒙思想家狄德罗在亚里士多德的基础上,明确提出了"政治上的人"这一概念,开始将人与政治直接联系起来,并初步揭示了"自然人—社会人—政治人"的发展演进过程。由此,"政治人"假设理论在分析人与政治的关系,政治国家的形成、生长与存续,人、社会、国家间的政治关系与治理,政治文明发展等议题时,具有不可或缺的实践价值和理论价值。而"政治人"的演进结果,便是组织乃至政党的产生。

从词源上看,英语中的"party"(政党)一词,来自拉丁文的"pars",是划分或分割的意思;后来演变为"part",又增添了"社会的一部分"等含义;17世纪又演化成"party",开始被赋予政治组织

---

① David Held, *Models of Democracy*, Redwood City: Stanford University Press, 2006, p. 134.
② 王韶兴:《政党政治论》,济南:山东人民出版社,2011年版,第1—2页。

的意蕴，但当时该词常常与"派系"混用，尚不具备真正现代政党意义上的内涵。直到18世纪初，英国著名学者博林布鲁克才第一次区分了政党和派系的不同含义，而处在同一时期的另一位英国著名保守主义政治家埃德蒙·柏克则第一次对政党进行了定义，认为政党就是大家基于一致同意的某些特殊原则，并通过共同奋斗来促进国家利益而团结起来的人民团体。①

后来，沙茨施奈德、熊彼特、卡兰普、乔范尼·萨尔托里、W.N.钱伯斯等学者从不同角度对政党的定义进行过探讨。如美国学者熊彼特不同意柏克的观点，认为"政党是其成员打算一致行动以便在竞选斗争中取得政权的团体"。②《大英百科全书》认为："政党是在政治体制内为取得和行使权力的目的而组织起来的集团。"③ 这些西方学者的定义虽不乏独到见解，但都有意无意地回避了政党的阶级性。

政党是一定阶级、阶层或集团中最积极、最活跃的分子，代表该阶级、阶层或集团的利益和意志，为参与或掌握国家政权而聚集形成的政治组织。无产阶级政党是由无产阶级中的先进分子组成，以争取和维护无产阶级的利益和意志、改变资本主义政权、实现社会主义和共产主义为最终目标的政治组织。综上，政党就是指一定阶级、阶层或集团中具有共同政治价值理念的积极分子，依据一定的政治纲领和组织机制，为取得国家政权而自愿结合起来的政治组织。

二、特征

根据政党的产生、功能和概念，无论按哪种标准划分的政党，都应该具有如下共同特征。

第一，阶级性，即政党必须是特定阶级、阶层或集团中的精英和

---

① 《政党》，https://baike.baidu.com/item/政党/253217? fr=aladdin。
② 约瑟夫·熊彼特著，吴良健译：《资本主义、社会主义与民主》，北京：商务印书馆，2002年版，第413页。
③ Alan Ware, *Political Parties and Party System*, New York: Oxford University Press, 1996, p.5.

积极分子发起成立的。这些精英和积极分子与本阶级、阶层或集团中的其他人士相比,更了解并先发现本阶级、阶层或集团在社会政治生活中的地位、作用和使命,所以他们比其他人更积极地关注本阶级、阶层或集团事务,他们的影响力、号召力、感召力远远高于其他人,以这些精英和积极分子为中心成立较为紧密的政治组织就成为可能。而政党一经成立,这些精英和积极人士就以政党的名义代表和维护本阶级、阶层和集团的共同利益。

第二,价值性,即政党必须具有共同的理想和目标追求。这些价值理念反映在其独立的政治纲领和明确的历史使命中。这些精英和积极分子怎样才能组织和团结本阶级、阶层和集团的其他人士呢?答案在于他们拥有相同的价值观。虽然政党中每个人的思想观念都不尽相同,但他们总的价值理念大致"相同"。政治思想上的总体"一致"是他们愿意组成政党的前提。不同经济基础决定人们有着不同的价值观,相同价值观的人们形成有别于其他组织的政党,同一政党的精英和积极分子制定本党的政治纲领。虽然不同政党的政治纲领各不相同,但都有一个共同的目标指向——掌握国家政权。这是所有政党的终极目标和历史使命。

第三,制度性,即政党作为政治组织必须具备健全的机构,且内含规范化的组织制度。为实现政党的历史使命,其内部需建立健全的组织机构,这些机构不仅需设置合理、运行协调,还必须形成制度化和机制化的运作模式。这些制度和机制主要包括政党领袖的产生方式、任期规定和监督机制;政党机构设置、运行,和政党经费的筹措、使用;党员的吸纳标准、权利和义务等。

第四,政治性,即政党以从事政治活动为目的。现代社会是组织的社会,现代人是组织的人。政党首先是组织,是众多组织中的政治组织。政党和其他组织的主要区别在于其目标是掌握国家政权,由此决定了政党有着与其他组织不同的本质和功能。虽然这不排除其他组织有从事政治活动的能力和权利,以及后来演变为政治组织的可能,但政党从一开始就是以从事政治活动为己任的。

第五，自愿性，即政党是人们自愿组成的政治组织。政党是由人组成的，满足入党条件的人可以自愿加入。自愿性还表现为加入政党的人有退党的自由。

第三节 政党适应性概念与特征

"适应性"最初是一个生态学术语，指生物个体在自然选择压力下的性能，反映的是自然生态的一般规律，具有稳定性、普遍性和相对性等特点。在生物个体与生态环境的相互关系中，生态环境对生物个体起着主导作用，生态环境影响和改变生物个体的形态结构和生理生化特征，使生物个体适应外部生态环境的变化。政党适应性则是对生物适应性概念的一种借用，体现的是政党在党内外环境压力下的性能，反映的是政治社会生活的一般规律，具有稳定性、普遍性、相对性、创新性和互动性等特点。二战结束后，适应性已经逐渐取代革命性成为世界政党活动的主流方式。

一、概念

政党适应性是人类政治活动和政治文明发展到一定阶段的产物，具有客观必然性。任何政党都是在一定环境下生存和发展的，都面临着各自不同的环境，因此，为了更好地维护自身的核心利益，它们都有适应环境变化、进行政策调整的动力和要求。政党面对着十分复杂的社会环境，从结构上可分为内部环境和外部环境，内外环境各有不同构成要素，因此，政党适应性相应分为"内适应性"和"外适应性"。[1] 因此，任何政党的生存和发展都必须面对内外两大环境及其不同构成要素，它们相互联系、相互作用，共同推动政党发展。当然，

---

[1] 聂平平、武建强：《西方政党适应性问题理论述评》，载《新视野》，2010年第4期。

对于某个特定政党来说，既可能是"内适应性"起主导作用，也可能是"外适应性"起主导作用。

学界一般认为，政党适应性最早是由布卢斯·迪克森提出的。在他看来，政党适应性的目的是满足政党对环境的适应需求。在此基础上，他又将政党适应性分为"主动适应型"和"被动适应型"两类，"主动适应型"以追求效益和效率为中心，"被动适应型"以维护自身利益尤其是维护执政地位为目的。他还特别强调，"被动适应型"是政党面临内外困境和压力时不得不作出的内外政策调适，是政党领袖或领导集体在党内外困境和压力下不得不作出的政策妥协或政策示好。

亨廷顿在《变革社会中的政治秩序》一书中特别强调政党适应性的作用，提出判断政党制度化的四大标准，即适应性、系统性、内聚力和复杂性，并将适应性排在第一位。在此基础上，他进一步提出，政党适应性的强弱可用政党成立的年限、政党领袖的代际更替和政党的职能三个维度来衡量；政党适应性的强弱表现为环境挑战和时间考验的函数关系——一般情况下，政党面对的内外环境挑战越多、经历的时间越长，政党适应性就越强，反之则越弱。他同时指出，政党本身要具有革新政策的能力，还应具有将现代社会产生的新生力量吸纳到党内的能力。[①] 他特别指出，一个政党的强大与否，不仅取决于党员数量，还取决于政党的实力及其适应性。

而在迪克森看来，政党是适应性分析的基本单位，政党适应性的决定性要素包括三个方面，即政党内部的精英群体；政党对内外部环境进行有效监控的反馈机制；党内外不同群体对政治变革的支持、反对和各类利益诉求。因此，他认为，政党适应性是政党为增强对党内外环境的抗压能力而采取的一种手段，其实质不是改变或扭转当下所处环境，而是主动适应环境。

中国学者聂平平、武建强、杨云珍、张小劲、杨光斌等也对政党

---

① 塞缪尔·亨廷顿著，王冠华、李盛平、杨玉译：《变革社会中的政治秩序》，北京：华夏出版社，1988年版，第407页。

适应性进行了相关研究,并提出观点。例如,张小劲认为,政党适应性主要包括维持型适应、渐进型适应、不确定型适应和创新型适应四种模式,是政党"内适应性"和"外适应性"共同作用的结果。而杨光斌则认为,政党适应性取决于三个条件,即政党内部和谐程度、政党认知党内外环境的能力、政党对外部环境的适应程度。

与政党适应性密切相关的两个概念是"政党变革"和"政党现代化"。"政党变革"意指政党自我调整或自我改造的过程和能力。在王韶兴看来,"政党变革"有广义和狭义之分。从广义上讲,政党自身各构成要素或在形式上、或在内容上的任何变化都可以称之为"政党变革"。也就是说,不论是政党基于自身发展需要而进行的主动变革,还是在外部力量的冲击下而进行的被动变革;也不论是政党在核心价值目标不变的情况下发生的持续性自我调整,还是基于新的价值追求发生的根本性的变化,都属于"政党变革"的范畴。从狭义上说,"政党变革"主要是指"政党为了上台执政或为增强执政的科学性、合法性和持续性,由政党领袖主动发起的,对政党意识形态、组织形式、纲领路线、社会基础、制度规范和活动方式等政党核心要素进行的有计划、有步骤的创新性变革"。[①] 广义的"政党变革"和狭义的"政党变革"都属于政党适应性范畴。

"政党现代化"指的是"政党适应客观环境及其变化的需要,适应社会发展进程,使自身结构、功能、机制和活动方式不断制度化、规范化、科学化的过程"。[②] 王长江看来,"无论是提'政党现代化',还是提'政党改革',或是提'党的自身变革',实际上指的都是政党根据时代要求对自身观念、纲领、组织形式、活动方式等方面进行全面的调整,因此都可以用'政党现代化'来概括"。[③] 对此,王长江还把政党变革分为激变型改革、突变型改革、兼合型改革三种类型,可视

[①] 王韶兴:《政党政治论》,济南:山东人民出版社,2011年版,第534页。
[②] 王长江:《政党现代化》,南京:江苏人民出版社,2004年版,第29页。
[③] 同②,第27页。

为政党适应性的三种形式。

综上，政党适应性是指政党为了生存和发展，在内外部环境压力下不断改变原有认知和行动，以适应新社会生态，进而改造自身和社会的过程和能力。政党适应性是"内适应性"和"外适应性"互动的结果，是政党在掌握自身组织机构变化和内部局势、认知国内国际局势压力和机会的基础上，所作出的主动或被动的自我"改变"。

政党适应性可以归纳为内源性、外源性和互动性三种模式，但"变化—刺激—反应—适应"或"内外环境（客体）—刺激政党（主体）—政党反应（价值）—政党适应（目的）"是所有模式必经的四个阶段。首先，客体即党内外环境及其要素变化，是政党适应性启动的前提。其次，客体的变化开始对作为主体的政党形成刺激。再次，政党反应即主体受客体刺激后有无反应或反应大小，对此，主体必须作出价值判断，即客体的变化会对主体的生存和发展产生怎样的影响。最后，对于多数政党来说，为了生存和发展，会对客体的刺激作出回应，并对组织结构、目标和政策进行相应调整，以期维护自身核心利益、实现可持续发展，最终达成执政目标或巩固执政地位。可见，主体会对启动政党适应性的结果和成本进行价值评估，一般来说，主体大多在客体的压力下被动启动政党适应性进程（外源性），少数则由主体互动启动（内源性），而政党适应性进程一旦启动，便会在内外互动作用下推进（互动性）。

可见，在没有内部或外部压力的情况下，政党并非必须关注内外环境对自身的影响——这是因为政党适应环境需要付出金钱、时间和精力等成本。所以，在多数情况下，政党适应性是在被动状况下启动的。概言之，政党适应性是政党在内外部环境压力下启动的，环境主要包括党情、国情和世情——党情是政党的内部环境，国情和世情则属于政党的外部环境。

二战结束前，大多数国家尤其是亚非拉国家的政党政治活动方式以"革命性"为主，即政党主要通过"暴力革命"的方式来夺取国家政权。二战结束后，世界绝大多数国家推行民主政治，政党取得国家政权的方式转向以"适应性"为主，即在国家现行宪法法律和其他制度框架内，通过选举实现执掌国家政权的目标。

二、特征

从政党适应性的定义和过程不难看出，政党适应性具有稳定性、普遍性、相对性、创新性、合法性和互动性等特点。

第一，稳定性。稳定性主要表现为两方面。一是政党无论以何种形式和内容适应内外环境变化，其基因或内核，即意识形态的核心价值观，都具有相对稳定性。这是因为一个政党的核心价值观决定了该政党的性质，并将其与其他政党区别开来。如果该政党的核心价值观发生了质变，该政党就不再是原来的政党。二是"政党建立之时确立的特定的党内关系模式"具有稳定性。① 政党适应性的稳定性本质上体现了政党适应性的绝对性。

第二，普遍性。普遍性是指无论政党性质如何，也无论其大小、新老，都有适应党内外生态变化的需求，只不过对不同的政党来说，其适应方式存在着主动和被动之分，在适应程度上也存在差异。政党适应性的普遍性本质上体现了政党适应性的客观性。

第三，相对性。相对性是指政党对生态环境的适应并非完全适应，而是一种暂时的、一定程度上的适应。因为每个政党内部生态条件、外部生态环境及其构成要素都不是一成不变的，而是处于动态变化中，当环境发生较大变化时，既有的适应状态会转化为不适应状态，原有的适应条件甚至可能成为制约或危害政党生存和发展的因素。

第四，创新性。创新性是指政党根据内外生态环境变化的情况，对不适应新生态的纲领路线、政策方针、斗争策略和组织设置进行剔

---

① 艾伦·韦尔著,谢峰译:《政党与政党制度》,北京:北京大学出版社,2011年版,第87—88页。

除，对适应政党新发展的要素进行吸收。创新性是政党适应性的本质特征。

第五，合法性。合法性是指政党为适应内外部环境而进行的各项政策主张调整和斗争策略优化，这些调整和优化均须在国家法律和党规的框架下进行，不能超越或违背法律和党规的相关规定。如前所述，在大多数情况下，是政党被动适应环境，而不是环境适应政党，即政党并非以改变环境为目标。同时，适应内部环境还要以政党制度化为基础，即按党的规章制度处理党内事务，任何人都不能将个人意志凌驾于党组织之上。如果现有法律和党规已经不适应新形势，也要在合法和合规的情况下，先对相关法律和党规进行修订，再根据新法律和新党规进行适应性调整。

第六，互动性。互动性是指政党适应性是"内适应性"和"外适应性"互动的结果。虽然在大多数情况下外部环境对政党适应性有根本性的影响，但政党内部环境及构成要素的影响同样不可忽视——它们制约着政党适应性的形成和发展。对于不同政党来说，政党适应性一经发动（无论"内适应性"是政党适应性的关键，还是"外适应性"是政党适应性的主因），就会进入"内适应性"和"外适应性"相互影响、共同作用的动态过程。这一过程中不存在一方起作用、另一方不起作用的情况，否则适应性就无从产生。

第四节　政党适应性要素解构

政党适应性环境是由内部环境和外部环境组合在一起的有机系统，内部环境和外部环境又分别由各自不同的要素构成，进而形成"内适应性"和"外适应性"两大子系统。内部环境和外部环境及其各要素相互影响、相互作用，共同推动政党适应性进程。

一、党内要素

党内要素状况就是一个政党的内部环境状况，即党情，其构成要素"包含了所涉极广的各种组织的变量：政党决策机构的组成及其权力及两者之间的关系；权威集中或分散的程度；政党官僚机构的结构和规模；政党基层单位或地方单位的性质与功能；以及两个极其重要的变量——党员资格问题和党内领导的性质"。[①] 这些变量既是构成政党的内部要素，又是影响政党适应性的内部因子。党情决定着政党的"内适应性"，即党内要素结构是否科学、功能是否得以发挥、配置是否合理、信息是否通畅、执行是否得力等。党情不仅决定着政党内部的稳定、协调、力量和目标，而且决定着政党"外适应性"程度。哈默尔和简达等学者采用内源性模型来解释政党"内适应性"，认为党的组织结构惰性越大，其结构稳定性就越强。他们还特别强调，影响政党适应性的主要自变量是政党领袖、政党领袖更替、党内掌权派别的变化，以及党龄等要素。

一个政党首先要保持内部的稳定和协调，这是其生存和发展的前提，但这并不意味着党内不存在矛盾和问题。事实上，这些矛盾和问题是无时不有、无处不在的：每个政党既要面对党内派系的挑战，又要面对党员利益、诉求和权利变化的挑战，还要面对党内机构运行是否顺畅的挑战等。为此，政党必须把握好内部各要素的关系、活动和运行，使党内派系、组织机构、党员的局部利益、个体利益、部门利益与政党整体利益保持一致。总体而言，政党内部环境的构成要素，亦即影响因素，主要包括以下方面。

第一，党纲党章。党纲党章是政党内部环境的主要构成要素，是政党区别于其他政党的主要标志，是政党指导思想、理论路线、奋斗目标的集中体现，是政党制定具体方针政策、斗争策略的主要依据，

[①] 戴维·米勒、韦农·波格丹诺主编，邓正来译：《布莱克维尔政治学百科全书》，北京：中国政法大学出版社，2002年版，第567页。

是政党内外行为的规范和党内法规。政党制定并发表的党纲，旨在统一全党的思想和行动，提高全体党员的觉悟和认识，鼓舞党员队伍的斗志和士气，并争取潜在党员和广大群众的支持，建立广泛社会基础。而党章是管党治党的总章程、总规矩，是对党的性质和宗旨、路线和纲领、指导思想和奋斗目标、组织原则和组织机构、党员义务和权利，以及党的纪律等作出的内部规定，也是政党为实现党的纲领、开展活动、规定党内事务的根本法规，是党的各级组织和全体党员必须遵守的基本准则和规定。一般来说，党章对于政党来说具有内部最高法和根本法的效力。任何政党都有自己的党纲党章，但对每个政党来说，其党纲党章理论的严谨性和实施的强制性是不同的。正因为如此，政党党纲党章在对环境变化的反应和适应方面表现出迅速或迟滞的差异。

正式的党纲党章是由党的代表大会通过，而非正式的党纲党章是指政党在议会或总统竞选中提出的竞选纲领、施政纲领等。不同国家、不同类别的政党制定的党纲党章各有特点。一般来说，资产阶级政党的党纲一般缺少系统的理论阐释和对长远奋斗目标的描述，更侧重于当前的施政方针，尤其是大选时的竞选方略，旨在拉拢选民、争夺选票。且党纲党章大多数为政党内部各派不同政策主张妥协的产物，因而时常变动且缺少稳定性。例如，美国共和党和民主党都习惯在总统选举前，将党代表大会通过的竞选纲领作为本党的政纲；英国保守党、自由党及后来成立的社会民主同盟和独立工党，通常会制定较详尽或正式的党纲，但由于党内缺乏监督党纲实施的权力机构，党纲党章对领袖的约束力不大。无产阶级政党的党纲党章理论性较强，具体表现为目标明确、规范全面、约束性广。马克思、恩格斯指出，"制定一个原则性纲领，这就是在全世界面前树立起一些可供人们用以判定党的运动水平的界碑"，"一个新的纲领毕竟总是一面公开树立起来的旗帜，而外界就根据它来判断这个党"。①

---

① 中共中央马克思恩格斯列宁斯大林著作编译局编译：《马克思恩格斯选集》（第三卷），北京：人民出版社，1995年版，第3—4、31页。

第二，政党领袖。政党领袖又称"党首"或"政党首脑"，既可以是一个人，也可以是一个集团；既可以在党内有正式职务，也可以无具体职务但有实权。不同的政党对于政党领袖有不同的称谓，例如，中国共产党叫"总书记"，中国国民党叫"主席"，日本自由民主党（以下简称"自民党"）叫"总裁"，日本公明党叫"党代表"，日本共产党（以下简称"日共"）叫"委员长"等。政党领袖的另一称谓叫"党魁"，二者可以通用，都意指党的首脑人物，但党魁在党内一般没有正式职务，职权也无明确规定，党内对其言行一般也无实质性约束。美国等个别西方国家是存在党魁的典型国家，例如，在美国，如果哪个党赢得大选，当选总统自然就是该党的党魁。现代世界各国政党领袖一般都是通过选举来产生和更替的。

政党领袖是一个政党的灵魂，在很大程度上引领着政党的发展方向，甚至对一些政党的存亡起着决定性的作用。列宁十分强调无产阶级政党领袖的重要性，他指出，"阶级通常是由政党来领导的；政党通常是由最有威信、最有影响、最有经验、被选出担任最重要职务而称为领袖的人们所组成的比较稳定的集团来主持的"，[①] 他又说，"历史上，任何一个阶级，如果不推举出自己善于组织运动和领导的政治领袖和先进代表，就不可能取得统治地位"。[②]

詹姆斯·麦格雷戈·伯恩斯在他的著作《领袖论》中认为，政党领袖宣传、劝导追随者为自己的政党目标奋斗，而这些目标就是联系政党领袖和追随者的纽带，体现了政党领袖和追随者具有相同的价值观和动机、愿望和需求、抱负和理想等。他特别强调，所有政党领袖必须拥有实际或潜在的权力，然而并非所有拥有权力的人都是政党领

[①] 中共中央马克思恩格斯列宁斯大林著作编译局编译：《列宁选集》（第四卷），北京：人民出版社，1995年版，第197页。

[②] 中共中央马克思恩格斯列宁斯大林著作编译局编译：《列宁选集》（第一卷），北京：人民出版社，1995年版，第210页。

袖，政党领袖的才能在于他们看问题及行为的方式。① 可见，政党领袖的素质对所在政党的发展起着关键的作用，也是影响政党适应性的首要因素。

王韶兴在其《政党政治论》中指出，政党领袖是政党活动最主要的组织者和领导者，是政党形象的代表和政党内部事务的主导者，是政党的思想和组织灵魂。他们的素质、水平、经验和能力，甚至直接决定着一个政党在选民中有无威望、能否赢得大选、内部能否团结、政策是否科学、是否具有强大的发展动力等，进而直接影响政党的兴盛衰亡。"作为一个政党领袖，崇高的声望，渊博的学识，远大的眼光，丰富的领导经验，卓越的领导才能以及高尚的个人品德，是其具备的基本素质和条件。"②

政党领袖的主要素质包括：政治价值认同感，即必须对所在政党的价值理念高度认同；高超的党内协调能力和问题解决能力，即当党内意见不一致时能及时化解分歧，能有效解决党面临的内外问题；敏锐把握国内外形势变化的能力，即能及时洞察国内外形势变化，并主导推动党对原有政策作出相应调整；人格魅力高，即在党内有较高的威望，并获得党内大多数人的支持等。如果一个政党领袖具备这些能力，那么他所在党的适应性就较强；反之，适应性就较弱。"政党权力的大小取决于党的各级领导者的能力，也就是其了解、激发现有和潜在的党的追随者的需求和愿望的能力，以及调动各种经济、社会和心理的手段来满足——或答应满足——他们要求的能力。"③

政党领袖的突出作用对于发展中国家尤为明显，这些国家的政党领袖大多是"个人魅力型领袖"，即党对政党领袖的依赖性较强，这对政党适应性影响较大。若该政党领袖能及时洞察党内外生态变化，并

---

① 詹姆斯·麦格雷戈·伯恩斯著，刘李胜、郑明哲、陆震纶译：《领袖论》，北京：中国社会科学出版社，1975年版，第20—21页。
② 王韶兴：《政党政治论》，济南：山东人民出版社，2011年版，第87—88页。
③ 同①，第112页。

迅速作出反应，政党就具有较强的适应性，但这种模式容易造成个人崇拜，导致民主制度缺失、适应性机制难以制度化等问题。反之，如果该领袖对环境的变化反应迟钝，或者完全没有反应，甚至作出错误反应，就会给所在政党带来严重的，甚至是灾难性的危害。

在现代社会，政党领袖的适应性还突出地表现为其与媒体的关联越来越紧密。当前各国，尤其是西方国家，都不同程度地形成了政治媒体化、政党媒体化和政党领袖媒体化的趋向，即当下的政治动作、政党活动和政党形象塑造领袖已经离不开媒体支持，媒体也越来越具有明显的政治化倾向。传统政党领袖的选拔，往往是看其党内资历、领导能力、实践经验、协调能力和理论水平等。而在今天，这些传统因素已经不再显得那么重要了，政党领袖的选拔在很大程度上遵循现代媒体的特征和传播规律，特别是主流媒体的价值取向，即政党领袖的形象应符合主流媒体的传播旨趣，政党领袖也应深谙媒体传播的逻辑。除此之外，政党领袖还应擅长与媒体互动，并善于在媒体面前推销自己及所在政党。因此，政党领袖媒体化成为当前多数国家政党政治的一个显著特征。

不难看出，政党领袖是政党适应性的关键和核心，其个人素质能影响政党变革的走向。政党的"内适应性"如何，主要取决于政党领袖及领袖集团能否采取恰当的政策策略，并获得大多数党员的支持。如果党内民主顺畅、制度健全，就会给政党适应性带来积极效果，反之，就会给政党适应性带来消极影响。

第三，政党精英。政党精英就是政党中的干部或骨干。在政党体系中，虽然政党领袖处于权力结构的中心，但政党精英是政党活动的主要力量，他们与政党领袖一样，强烈认同党的理念和目标。"政党精英"在各国的称谓不尽相同：有的叫"积极活动者"，有的叫"积极党员"，有的叫"干部"，有的叫"党的中心成员"，有的叫"名流"，有的叫"专职党员",有的叫"职业党员"。① 一些政党对政党精英有特殊的规定和要求,有的对此作了专门规定,有的则是约定俗成。如马克思主义政党就要求政党精英除了履行一般党员的各项义务外,还必须具备较高的马克思主义理论水平;新加坡人民党的精英则"必须从经过斗争考验、经过党的实际工作锻炼的党员中谨慎地挑选"。②

政党精英在政党内部体系里发挥桥梁和纽带作用,从政党适应性角度观察,政党精英是最能感受到普通党员有无变化、为什么变化的群体。因此,政党精英的良好素质是他们迅速付诸行动的前提,他们可以及时把变化情况提供给政党领袖,并拿出解决方案。同时,当政党领袖作出决策后,政党精英知道如何贯彻、执行和落实。因此,政党精英在政党中发挥着上传下达的功能。

尽管政党精英认同政党的价值理念并追随政党领袖,但是他们作为鲜活的生物个体,不仅有各自的家庭,也有各自的性格特征和特殊利益诉求。因此,如何处理好政党精英与政党领袖、普通党员间的利益关系,是政党"内适应性"建设中必须重视的一个课题。

第四,党员。党员是组成政党的细胞,无党员则无政党。虽然不同性质和不同类型的政党对于党员的定义和准入标准千差万别,但是普遍而言,政党党员一般由四部分组成:政党领袖、政党精英、普通党员及潜在党员。判断一个政党实力的重要指标之一就是该党的党员数量。一个政党的党员数量越多,表明民众对该政党的政治价值目标和政党领袖的认同感越强。

一定数量的党员是现代政党组织资源的重要组成部分,持续不断地吸纳新的社会成员加入政党是每个现代政党存续、发展和壮大的必要条件,如何不断吸纳党员,夯实自身的社会基础,对于任何一个政党来说都具有十分重要的意义。由于各政党在性质、目标和理念等方面不完全相同,因此,在吸纳新党员的原则和条件上存在差别,这些

---

① 王长江:《政党论》,北京:人民出版社,2009年版,第60页。
② 冯倩莲:《新加坡人民行动党》,上海:上海人民出版社,1975年版,第112—113页。

原则和条件会在相当程度上影响着党员的整体质量及其作用的发挥程度，并最终决定着政党力量的强弱、发展走向和组织目标的达成与否。马克思、恩格斯指出，无产阶级政党吸纳的党员应当是"不知疲倦的、无所畏惧的和忠实可信的先进战士"，是"最坚定的共产主义者也是最勇敢的士兵"。① 列宁也指出，"徒有虚名的党员，就是白给，我们也不要"。② 可见，与其他政党相比，无产阶级政党的入党原则和条件应该说是更为严格的。

但是，无论何种类型和性质的政党都必须不断适应党内外环境的变迁。及时根据变化了的形势调整入党原则和条件，积极吸纳认同本党核心价值、愿意维护本党核心利益的合格党员，是所有政党建设发展的永恒主题。从政党适应性角度上看，如果党员数量多且能够自觉服从党组织，则表明党员与政党较为适应；反之，则不适应或不太适应。

政党在政党"内适应性"体系里，以同一要求对待普通党员、政党领袖和政党精英是不恰当的，更不能以政党利益或政党大局为由忽视、掩盖甚至扼杀普通党员的个人利益，这无助于政党适应性的形成，只会增加政党适应性面临的阻碍和问题，从而影响政党目标的实现。如何正确处理政党整体利益与党员个人利益的关系，是政党"内适应性"面临的一个重大挑战。

第五，领导体制。领导体制是指政党内部以领导职权划分为基础的相互关系规范，核心是政党领导机构及其领导人的产生机制、决策机制、党内上下级关系，以及党的领导集体与职能部门及每个成员之间的相互关系及相关规定。其主要内容是根据党纲党章，通过制度化的内容和形式对政党组织系统内的领导权限、领导机构、领导关系及领导活动方式等作出合理科学的规范，这对于政党活动的规范化、民

---

① 马克思、恩格斯：《马克思恩格斯全集》（第十卷），北京：人民出版社，1998年版，第94页。
② 中共中央马克思恩格斯列宁斯大林著作编译局编译：《列宁选集》（第四卷），北京：人民出版社，1995年版，第51页。

主化具有重要意义。

领导体制主要包括党首负责制和委员会制。党首负责制，即政党的决策权力集中于政党领袖个人身上，这种模式的优点是责任分明、行动果敢、效率较高，缺点是易受个人知识、才能和智慧等因素的限制，且可能导致专制和权力滥用等现象。委员会制，亦称"合议制"，即政党决策权力由领导集体掌握，其优点是能够集思广益、兼顾各方利益，决策过程民主科学，有利于避免个人专权和权力滥用；缺点是权力分散、行动迟缓、效率较低、责任不明等。

不同政党基于自身面临的不同政治生态作出不同选择，从而形成这两种体制，二者在实践中难分优劣。事实上，这两种体制是相互联系、相互渗透的，绝对的党首负责制或委员会制并不存在。无论采用哪种体制，如果其组织结构合理、职权明晰、运转顺畅，就表明该领导体制适应政党组织系统；反之，则不适应或不完全适应。

领导体制以党内组织机构为载体，党内组织机构需通过科学民主的制度，保障领导活动中关系、权责等的完整性、长期性、一致性、稳定性和连贯性，如此才能在政党内部领导者与被领导者之间建立正确的关系，使领导活动成为组织机构系统发生作用的桥梁与纽带，确保政党正常运转。反之，如果领导活动缺乏规范与制度约束，或依赖个人主观意志随意开展，则该政党就无适应性可言。

政党内部不同的组织机构承担着不同的职能，共同确保政党活动的正常运行，这就要求政党内部组织机构设置科学合理，避免因职能交叉导致政出多门、效率低下、相互推诿等问题，使党内出现不适应状态。政党还要随着党内外形势的变化，适时增减组织机构、调整职能。但是，此类调整可能会引发政党内部利益的重新分配，这就意味着需要重新界定政党的目标或调整政党的战略策略，过程中可能会产生各种矛盾和问题，进而影响政党的适应性。这两种情况都十分考验政党及其领导人的智慧。

领导体制和各组织机构的顺畅运行，又是以健全的制度为保障和前提的。如果说领导体制和组织机构是党内"硬件"的话，那么各种制度化规范则是党内的"软件"。这些"软件"是政党正常运行的润滑剂，它们必须科学、适用，才能发挥其应有作用。为此，规范的制度既要适应党内生态，又要及时反映外部环境的变化。制度规范一旦形成，上至政党领袖、政党精英，下到普通党员，都必须严格遵守，尤其是政党领袖不能凌驾于这些党内"法规"之上，否则势必破坏党内规章制度和党的正常运行秩序，进而对政党适应性造成严重损害。

第六，意识形态。意识形态即政党的核心价值观，是政党生存和发展的灵魂和根本，是甄别不同政党的一个重要标志，具体表现在政党的党纲和党章等文献中。不同性质的政党具有不同的意识形态，通常统治阶级会把自己的意识形态上升为国家意识形态。在实践中，人们往往以意识形态来识别不同的政党、选择不同的政党和支持不同的政党。意识形态与政党相辅相成、紧密联系，意识形态是政党产生的思想理论基础，政党是意识形态的物质载体。任何政党的意识形态都具有阶级性、价值性、理论性、实践性、传承性、群体性、系统性和历史性等特点，其主要功能包括凝聚、整合、批判、辩护、激励、动员、引导和建设等。

"意识形态是具有符号意义的信仰和观点的表达形式，它以表现、解释和评价现实世界的方法来形成、动员、指导、组织和证明一定的行为模式或方式，并否定其他一些行为模式或方式。"[①] 英国学者布赖斯指出，多数政党的建立源于其追随者对该党的理性信仰，政党的成长、存续和竞争力来源于政党心理和党员对政党的情感认同。这里的心理、信仰和情感的共同指向就是政党的意识形态。

对于政党而言，意识形态是其价值理性的旗帜，是党内凝聚力的方向，时刻为政党的存在、目标和行动提供理论和辩护，并对对立的意识形态进行批判。

---

① 戴维·米勒、韦农·波格丹诺主编，邓正来译：《布莱克维尔政治学百科全书》，北京：中国政法大学出版社，2002年版，第345页。

政党的意识形态属性集中地体现在其党纲党章（纲领路线）中。政党的纲领路线是政党为服务本阶级、阶层和集团利益而提出的奋斗目标和行动路线。政党的意识形态如同生物个体的基因，具有稳定性的特点，即意识形态一经形成就具有相对稳定性，是一个政党在长期实践中形成的核心价值理念和是非标准，政党制定的任何政策、提出的所有主张，都必须自觉地将这一核心价值理念贯穿其中。

各政党都有各自的政治核心价值，并以此作为制定路线、方针、政策的思想和理论依据。政党意识形态的稳定性决定了除非万不得已，政党往往不会主动放弃其坚守的核心价值。对此，英国学者西摩·马丁·利普塞特一针见血地指出："要说服一个民主政党放弃其主要原则之一可能是罕有的，而且这个党也从来不会尝试抛弃它的主要神话。"他还举例说明："保守主义者一定要为企业辩护，即使他们实际采用国家计划之时。工党政府必须把与社会主义绝少相关的政策作为真正的社会主义政策为之辩护。党的领导人的工作，常常是说服其追随者相信，传统的政策仍在执行，哪怕是在可以证明这不是事实的时候。"[①] 可见，即使政党的意识形态已经发生实质性变化，政党及其领导人也不愿承认这一变化，因为这关乎政党的合法性问题，关乎政党的核心价值观，最终关乎政党社会基础的稳固性。

然而，意识形态具有可变性，经济社会发展到一定阶段会引发社会结构的变化，从而要求政党意识形态与时俱进。从宏观层面来看，政党的适应性就是政党意识形态随着经济社会的变化而调整。这种调整首先反映在政党的政策策略的灵活性上。如此，政党就能随经济社会的发展而不断壮大；反之，则会因不适应经济社会发展而日渐式微。对于不同政党来说，其调整的幅度是不同的。一般而言，以机会主义和实用主义为价值取向的政党，其意识形态的可变性更为显著；而意识形态比较鲜明的政党，其调整过程则相对困难而漫长。

---

① 西摩·马丁·利普塞特著，张绍宗译：《政治人——政治是社会基础》，上海：上海人民出版社，1997年版，第392页。

政党的意识形态基因是不能轻易改变的，否则政党就会发生质变。当然，在特殊情况下，即政党政治核心价值遭受严重冲击时，可能通过改变自身性质来求得生存，但这种情况对于政党来说不能叫作"适应"，而应看作"演变"。例如，原东欧国家的执政党在东欧剧变、苏联解体后，就出现了政党领袖和领导集体背离原有政治核心价值的情况。

政党意识形态在随环境变化而调整时，需避免陷入"意识形态困境"，即政党"领导人其实不能专断地造出和操纵一套意识形态。因为，政治意识形态一旦在政治体系中被广泛接受，领导人本身也就成了它的囚徒。如果他们违反其准则，就会冒毁坏自己的合法性的风险"。[1] 不难看出，政党意识形态是一把双刃剑，一方面，政党需要以意识形态凝聚人心；另一方面，政党又可能被意识形态所束缚。

为此，政党应尽量规避意识形态的绝对性，始终保持其可塑性，即意识形态的"模糊性"。对此，一些西方学者指出，"党的纲领不能过于明确，这样它的有效性就不会如此密切地依赖于客观条件。这并不意味着政党纲领要广泛到空洞无物的地步——纲领的基本原则仍然必须是清楚的"。[2] 可见，这些学者虽然强调意识形态的"模糊性"，但最后还是回归政党意识形态的核心价值不可动摇的逻辑。马克思主义政党的意识形态刚性到目前为止在所有政党中还是最为突出的。这样的刚性虽然可以直接体现共产党人敢于担当的理论品格和斗争风格，但相对来说也存在"弹性"不足的问题，所以当前西方国家的马克思主义政党的意识形态一直受到对立政党的攻击和诬蔑。

由于意识形态不同，政党还存在着左、中、右之分。从实践看，左翼和右翼的政党更强调党的意识形态属性，因为这两种类型的政党

---

[1] 罗伯特·A. 达尔著,吴勇译：《现代政治分析》,上海：上海译文出版社,1987年版,第79—80页。
[2] 让·布隆代尔、毛里其奥·科塔主编,曾淼、林德山译：《政党政府的性质——一种比较性的欧洲视角》,北京：北京大学出版社,2006年版,第26页。

目标非常明确,且与其政策主张结合紧密。这在动员党员、支持者和潜在支持者等方面具有独特优势,但在适应环境方面往往显得力不从心。

在经济全球化时代,随着互联网在社会经济、政治和文化等各领域的广泛应用,现代社会中的多数政党在保持意识形态继承性的同时,也在努力扩大其包容性。在实践中,西方各国无论是执政党还是在野党,都在谋求意识形态的变革和调适,以增强其弹性和张力,从而实现更广泛的利益覆盖,对更广泛的社会阶级、阶层、集团的利益诉求进行有效整合、协调与表达,使其更快更好地适应社会的发展。

当前西方政党意识形态的变革确实出现了某种"趋同"的迹象。一是政党核心价值观淡化。为了成为执政党,争取更多选民支持,政党往往刻意模糊自己的意识形态,不断扩大其包容性,使得政党意识形态中间化趋向明显。二是政党纲领路线同质化。不同类型的政党纲领路线相互借鉴、吸收,越来越同质化。三是政党社会基础扩大。政党极力突破原有的阶级、阶层和集团的社会分层限制,最大限度吸收社会支持力量,呈现向"人民党"和"全民党"靠拢的趋势。四是政党活动方式转变。政党注重加强同外围组织和群体的联系,听取各方意见,尊重选民意愿,通过互联网等先进技术手段开展宣传,进行党内外沟通。

但是,意识形态的调整和变革是政党面临的棘手问题,不仅会引发党内的质疑和反对,还会引来党外的各种揣测,甚至是对政党变质的质疑,进而影响政党适应性进程。有的西方学者根据政党与意识形态关系的紧密程度,将政党分为意识形态型政党和实用主义型(或机会主义型)政党。前者适应外部环境的能力较弱,后者适应外部环境的能力较强;前者可能始终保持自身特质,而后者虽然名称未变,却已不是原来的性质了;前者可能停滞不前,而后者可能穿上"新衣"继续存在。例如,实用主义型政党目标模糊,意识形态属性较弱,且与政策主张的关联松散,虽政策灵活性较强,能较快速地适应环境变化，但却因意识形态模糊而难以与其他政党相区别，从而缺乏对公众的价值吸引力。

第七，经费。政党活动经费对政党适应性有着较大的影响。西方有观点认为，"金钱是政治活动的'母乳'"，"金钱是政治的'燃料'"，"金钱是政治参与的手段"等。虽然这些看法较为偏激，但政党活动确实离不开资金支持。政党活动经费通常有四个主要来源：一是党费，二是社会捐助，三是政府拨款，四是自主经营。一般来说，经费充足的政党适应性较弱，因为它无需为了生存而轻易作出改变；经费紧张的政党适应性较强，因为它为了生存会被迫作出改变。当然，并不是所有经费紧张的政党都会为了经费而改变立场。

总的来看，政党领袖权威化、意识形态固化、领导体制集权化、运行机制公式化、经费来源固定化的政党，适应性往往较弱，对内部环境变化的刺激反应迟钝，对党内精英和党员变革的要求重视不足，虽然这类政党的社会动员能力和执行力强，但容易官僚化和行政化。相反，政党领袖产生民主化、价值多元化、领导体制分权化、运行机制灵活化、经费来源多样化的政党，其适应性往往较强，对内部环境变化的刺激反应迅速，并能很快作出回应，对党内精英和党员的变革要求高度重视，但这类政党存在灵活性有余而原则性不足的问题，且基层社会动员能力与执行力较差。

二、党外要素

如前所述，在多数情况下，政党适应性在很大程度上是针对政党如何适应不断变化的外部环境而提出的，外部环境主要包括国情和世情。政党适应性既取决于政党的内部环境及要素，也受制于更为复杂的外部环境及要素。为此，政党必须随时保持对包括国内外经济社会结构、政党政治结构、选民诉求、政党潜在支持者、国际环境等在内的国情和世情变化的敏感度，并根据这些变化情况适时作出有利于政党生存和发展的反应，这就是政党的"外适应性"。美国学者安杰罗·

帕尼比昂科也认同"外适应性"的逻辑，认为政党组织的变革大多来自外部要素的刺激，在此基础上进一步推动内部要素的变化，由此再推动政党的整体变革。

（一）国情

国情是指一国的自然资源和社会状况。在特定的历史阶段，国情既具有相对稳定性，又处于不断发展变化中。对于政党适应性来说，社会变迁对其影响巨大。社会变迁主要体现为一国法律制度、政党体制、经济发展、社会分层、社会意识形态、传统文化、民意舆情和社会问题等要素的变化。政党若能适应这种变迁，不断提高自身能力，有效回应国情的新变化并汲取国情资源的支持，就能形成有效的"外适应性"，进而推进政党自身领导体制、组织机构和纲领路线的"内适应性"调整。

第一，法律制度。法律制度是指一个国家或地区所有法律原则和规则的总和，不同国家或地区有不同的法律制度。在现代国家，政党都是在其所在国法律框架内进行活动的。政党的最终目标是通过合法的方式获得执政地位。目前，世界上绝大多数国家的政党都是通过选举的方式来实现最终目标的。所以，对于政党来说，深刻了解、全面把握选举的相关法律规定具有特别重要的意义。但对于执政党来说，由于其掌握比在野党更多的资源优势和信息优势，可能会对于自己不利的法律规定进行修订，或者在法律规定对自己有利或不利时，通过提前举行大选等方式来维护自己的执政地位。而对于在野党来说，每当遇到这种情况，则处于相当被动的局面，要么被迫"适应"，要么进行抗争，但无论采取哪种方式，大多数在野党只是在选民中增加了曝光率，对选举结果影响有限。

第二，政党体制。政党体制是指一国的政党结构或政党关系网络，主要模式有一党制、两党制和多党制。莫里斯·迪尔韦热把政党体制看作政党"共处的形式和模式"。① 从历史上看,政党体制不是刻意建立的,而是各国基于自身国情在特定条件下自然形成的,且各国的法律制度对政党体制的形成也有直接影响。当今世界绝大多数国家或地区实行政党政治。政党通过对本国政党体制和政党政治活动进行比较,科学分析本党在国家政治生活中的地位和作用,在政党政治活动中摸清自身实力,辨明对手与盟友,从而制定适应政党政治活动关系的战略和策略。

在政党政治发展过程中,各政党还会寻求与其他政党、集团和组织结成联盟,这一过程往往引发自身变革的需求。世界上大多国家政党林立、相互竞争。大多政党仅凭一己之力难以取得国家政权,通常会与其他政治势力求同存异、结成统一战线。为此,结盟的政党都会进行程度不同的政策和策略调整,一般而言,势力强的政党调整少一些,势力弱的政党调整多一些,以此适应结盟的目的和要求。

第三,经济发展。一个国家的经济发展不仅表现在该国财富、产品、劳务等量的增加和扩张上,而且体现在质的优化和创新上,即产业结构、收入分配、消费结构的优化与升级等。促进经济发展是当今政党尤其是执政党肩负的除维护国家安全外的最重要任务,经济发展状况会影响国家综合实力,进而影响选民对执政党的态度,从而直接决定着执政党能否继续执政。所以,每当大选时,各政党都会提出自认为适应国内外经济发展的竞选政策,与其他政党的经济政策进行竞争,并许诺改善国民的工作环境、提高国民的工资待遇和福利、维护国民经济利益等,以此争取选民的支持。而在野党在执政党执政过程中,则主要针对执政党经济政策中不适应国内外经济环境、有损国民利益的部分进行批评。总之,经济发展问题已经成为大多数国家朝野斗争的焦点。

第四,社会分层。经济发展必然引发经济结构的变化,并导致阶

---

① Maurice Duverger, *Political Parties: Their Organization and Activity in the Modern State*, London: Methuen & CO. LTD, 1954, p. 203.

级、阶层结构的变化，最终引发政党社会基础和阶级基础的变化，这就要求政党主动适应社会分层的新变化。现今的资产阶级和工人阶级已与马克思、恩格斯所处时代有了天壤之别。随着资本形式的多样化，资本家构成日趋复杂化。如在互联网浪潮下，一些人将知识（高科技成果）转化为商品，在风险基金的支持下迅速致富，成为新"知本家"（本质上仍属于资本家）。工人阶级内部也出现了新特征：从事技术、管理、服务工作的群体呈现知识化、白领化、脑力化趋势，形成"新工人阶级"（中产阶级），其在数量上已经超过了传统工人阶级。同时，在全球化时代，西方国家传统行业开始大量使用外籍劳工和机器人，或者将产业转移到发展中国家。总之，中产阶级的不断扩大是西方社会结构的显著特点，整个社会呈现"两头小、中间大"的"橄榄型"分布。"如果问美国人他们属于什么阶级，大多数人会说'中产阶级'，只有极少数人认为他们是上层或下层阶级。"[①] 这一变化导致西方国家阶级矛盾缓和、社会冲突解决方式法治化、工人运动陷入低谷、政党社会基础（阶级基础和群众基础）同质化、左右翼政党中间化及国家治理民主化等现象，从而进一步导致政党意识形态淡化。

针对这些现象，波兰学者亚当·沙夫认为，在当代资本主义社会，社会主义主体出现了找不到所依赖阶级的"空白领域"困境。在他看来，随着生产和服务领域大规模使用机器人、自动化进程加速，传统无产阶级开始走向消亡，这对资本主义国家的左翼政党是一个巨大挑战。对此，列宁曾指出："先进阶级只有客观地考虑到某个社会中一切阶级相互关系的全部总和，因而也考虑到该社会发展的客观阶段，考虑到该社会和其他社会之间的相互关系，才能据以制定正确的策略。"[②]

虽然每个政党都有相对稳定的阶级基础和社会基础，但这些基础

---

① 詹姆斯·麦格雷戈·伯恩斯著，吴爱民译：《民治政府——美国政府与政治》，北京：中国人民大学出版社，2007年版，第137页。
② 中共中央马克思恩格斯列宁斯大林著作编译局编译：《列宁选集》（第二卷），北京：人民出版社，1995年版，第602页。

并不是固定不变的，而是随着社会结构的变化不断变化。对于特定政党来说，从本阶级、阶层和集团中分化出来的部分群体可能从原本的支持力量变为中间力量甚至反对力量；同样，从其他阶级、阶层和集团分化出来的部分群体可能从原本的反对力量变为中间力量甚至支持力量。如果一个政党无视这种变化而固守原有的阶级基础和支持力量，必然会影响前途。因此，政党必须调整原有的价值取向，不断适应变化的社会结构和阶级基础，持续吸纳新的支持力量，以发展存续。

第五，社会意识形态。社会意识形态即一国社会公众的主流意识和主流社会心理，在社会结构和阶级结构发生急剧嬗变的情况下，社会的主流意识形态也会随之发生前所未有的变化。社会意识形态是对社会一定精神生活现象的反映，主流社会意识形态是对整个社会精神生活现象的总体反映。一般情况下，执政党的意识形态会作为国家意识形态成为社会主流意识形态，但这并不排斥非主流意识形态的存在——它们不仅能对特定阶层和社会群体施加影响，而且在一定条件下有可能成为社会主流意识形态。

当前，西方中产阶级的形成和壮大强烈地冲击着西方政党的传统意识形态，形成了"中流意识"。当"中流意识"成为西方国家主流意识形态后，社会价值观嬗变的一个显著特点就是社会主体政治意识淡化、革命性弱化、安于现状与保守等。这就使政党面临的社会意识形态从原来的相互对抗转向相互包容和吸纳——这要求政党改变原有的政策、策略和主张，以适应新的社会生态和"中流意识"。

"新马克思主义者"的代表马尔库塞认为，西方经济结构变化引发社会阶级结构的新变化，使资产阶级与工人阶级日益"趋同"，因而在意识形态上，工人阶级逐渐被资产阶级"同化"，工人阶级的社会主义革命性日渐减弱，不再是社会主义革命的动因和主要依靠力量。因此，未来的社会主义必须寻找"非无产阶级基础"，[①] 如新工人阶级、青年

[①] 李年宜：《"西方马克思主义"的当代资本主义理论》，重庆：重庆出版社，1990年版，第132页。

学生和一些社会边缘群体。虽然这样的观点有待进一步商榷，但社会意识形态的这一新变化对于西方左翼政党而言确实是一个严峻的挑战。

不仅如此，在西方国家的选举中，工人阶级并不一定支持共产党和其他左翼力量，反而可能支持其他政党，甚至是资产阶级政党。同样的情况也发生在其他政党身上，如美国共和党的传统支持力量不一定投共和党的票或弃权，反而可能会投民主党的票；民主党的传统支持力量也可能会投共和党的票。同样的情况也发生在国会层面，当某政党提出方案提交国会表决时，本党议员不一定全部投票支持，可能会投弃权票甚至反对票，而其他政党的议员反而可能投赞成票。这些在西方国家已经屡见不鲜的情况表明，政党不仅面临复杂的社会基础和阶级基础，而且亟须解决如何对待党内不同声音等传统思维范式等问题。

第六，传统文化。简言之，传统文化是社会历史的积淀物，它不是抽象的，而是具体的，即一个国家或民族世世代代传承下来的物质的和精神的文化实体和文化精神。人类学家爱德华·泰勒认为，文化既指一个国家和民族的知识、信仰、艺术、法律、道德、风俗等，又是指该国和该民族社会成员所获得的能力与习惯，其核心是作为该国和民族精神层面的各种知识，其本质是各种知识的传承。世界各国和各民族都有自己的传统文化，每一种传统文化都既有精华也有糟粕，当然，我们现在所说的传统文化，一般是指优秀传统文化，优秀文化和"糟粕文化"在一定条件下是可以相互转化的。

传统文化是流淌在每个国家、地区和民族血液中的基因，具有长期的稳定性并持续对该国和该民族发挥作用，因而对政党适应性有重大影响。每个政党都是在特定国家及特殊传统文化环境里生长的，都深深带有该国传统文化的烙印，因此，从某个角度来看，传统文化对政党的影响远远大于意识形态的影响。传统文化不仅对国家、地区和民族的世界观、价值观、人生观，以及思维方式、行为模式影响极深，而且对该国、该地区和该民族的政党、政党领袖、党内精英有着较大的影响。同时，这种影响具有长期性，是影响政党适应性的重要因素。世袭文化就深深影响着东方国家的政治。如日本政界一些著名人物，其祖父辈就已经是日本政坛的风云人物。安倍晋三的祖父安倍宽是日本"进步党"的创始人，外祖父岸信介是二战甲级战犯（1957—1960年出任日本首相），父亲安倍晋太郎曾任日本外务大臣。这种世袭现象在日本政坛普遍存在，不仅对日本自民党适应性产生影响，对日本政党政治的深远影响也不言而喻。

第七，民意舆情。民调是民意测验组织或机构运用科学的调查与统计方法，针对委托人委托项目或自身项目内容，在公众中进行随机调查的过程和结果。在大多数情况下，民调可直接指代民意。就其内容而言，民调属于舆论调查范畴，旨在通过分别或综合的舆论倾向调查社会公众、组织和机构等了解不同主体对经济、政治和社会问题的态度；就其方法而言，民调属于社会抽样调查范畴，主要包括问卷调查法、电话采访法和个别访谈法等。民调机构从性质上看有官方、民间和学术机构；从专业上看有经济、政治和社会类机构等；从内容上看有综合类和单一议题类机构。

今天的西方，民调已与政党政治密不可分，政府、执政党、在野党、选民、社会公众无不重视民调。一个政党及其政党候选人的民调数据可以影响政党的执政或在野，以及政党候选人的选举结果。民调及其结果已经成为西方国家政党证明自身合法性、攻击他党的有力工具，尤其是在大选前，各政党都会根据民调结果调整政党形象、大选策略、候选人提名等；待大选结束后，再根据选举结果，对党的纲领路线和方针政策进行适应性调整。

第八，社会问题。社会问题一般来说是指无处不在、无时不有的社会现象，而作为学术研究的社会问题则指那些影响多数社会成员共同生活、破坏社会正常活动、妨碍社会协调发展、引起社会和政府共同关注的社会现象，其主要特征表现为：社会问题产生原因的复合性，即同一社会问题不是由单一原因造成的，而是由多种原因综合造成的；

社会问题表现形式的多样性，即社会问题是通过各种各样的方式表现出来的，如贫困问题、环保问题、治安问题、分配问题等；社会问题后果的极大破坏性，即社会问题造成的后果不是只影响个别人或少数人，而是对大多数人的公共生活、安全等造成极大影响等。但无论哪种社会问题的爆发，都会引起多个社会问题的连锁反应，从而给社会带来严重危害，极易引发社会公众对政府、对执政党的不满。

在西方，社会问题历来是朝野斗争和选举的焦点，在社会问题攻防两端上，在野党往往处于攻势，而执政党往往处在守势。因为在在野党和普通公众看来，这些社会问题的存在和爆发，是执政党执政无能的表现。实践中，在野党常常抓住并放大一些社会问题来搅动公众神经，激发他们对政府的不满情绪，进而攻击执政党治国无方、应该下台；而执政党面对在野党的指责和公众的抗议，大多会推卸责任，指责在野党是这些问题和混乱的始作俑者和背后推手。执政党因无法解决突出的社会问题而失去执政地位的事件，在世界各地不时发生。因此，如何操控社会问题、利用社会舆论来为自己服务，是摆在朝野政党面前的棘手任务。

（二）世情

世情即世界的情况，是政党外部环境的另一个生态系统。在经济全球化的今天，各国都生活在"地球村"中，其紧密联系的程度超过了历史上任何一个时期，"蝴蝶效应"非常明显。因此，世情的变化必然会在一定程度上影响到各国，即必然会影响到各国政党的适应性。世情的主要构成因素包括世界经济格局、世界政治格局、超级大国、大国元首、世界性问题等。

第一，世界经济格局。世界经济格局是指世界各国、国际经济组织、国家集团在世界经济中所处的地位与作用，是世界经济内在结构的外部表现形式，其核心是指对世界经济起主导作用的国家、国际经济组织、国家集团在特定历史时期内形成的经济力量对比关系及其支配他国经济乃至世界经济的权力配置结构和态势。世界经济格局与世界经济形势紧密相联,是影响政党"外适应性"的基础性要素。

世界经济格局一旦形成,就在一定时期具有相对稳定性,其主导国家、国际经济组织或国际集团引领其他国家经济和世界经济的发展走向。但这种状况不是一成不变的,从历史上看,当个别国家经济总量在世界经济格局中的占比超过现有经济主导国家时,会引发世界经济权力的重新分配。这一新变化会对世界经济、政治产生广泛影响,甚至导致国家之间的对抗,这就必然要求其他国家相关政党尤其是执政党,作出相应的政策调整。

冷战时期,世界经济呈现美苏两极格局。冷战后,两极格局被打破,美国、欧盟、日本三大经济体长期居于主导地位,这种状况一直持续到21世纪初。中国经过30多年的改革开放,经济持续高速发展,经济总量在2010年超过日本,成为仅次于美国的世界第二大经济体,标志着世界经济格局发生了变化。这对美国产生了巨大的震动。为了保住世界霸主的地位,美国不仅高调宣扬"中国威胁论",甚至联合盟友以莫须有的罪名对中国进行制裁,一时之间,"中国威胁论"成为这些国家的选举语言和政党政治的时髦话题,从而预示着这些国家的政党作出相应的政策调整,尤其是对中国的政策。

第二,世界政治格局。世界政治格局是指世界上各个国家、国家集团和国际组织等各种行为主体,在国际政治舞台上按照国际规则进行政治活动的一种结构,其核心是指各个国家、国家集团、国际组织在世界政治体系中所处的地位与作用。世界政治格局与世界经济格局一样,一经形成就在一定时期具有相对稳定性。世界政治格局与世界经济格局总体上呈正相关关系。

冷战结束后,美苏争霸的两极格局被打破,美国进一步巩固和加强了在世界政治格局中的主导地位,逐步形成了如有些学者总结的"亲美力量庞大""中间力量弱小""反美力量极少"的"倒三角形"世界政治格局,而这一格局的实质是美国的"一超独霸"。虽然在这一大格局下，还有西欧、日本、俄罗斯、中国、印度等"多极化"之说，但在国际事务中，美国仍然居于世界政治的核心，世界"多极"是在美国"超极"主导下的"多极"。以美国为首的一些西方国家企图以其制定的游戏规则取代以国际法为基础的国际秩序和以《联合国宪章》宗旨和原则为基础的国际关系基本准则。

随着世界经济格局的变化，世界政治格局也会发生相应的变化，虽然这一过程可能比较漫长。事实上，后发国家的崛起往往被先发国家视为威胁，并受到先发国家的阻拦和打压（甚至可能是军事上的）。但毋庸置疑的是，世界政治格局多极化是世界政治发展的大势，世界政治格局正从"单极"或"超极"向"多极"发展。

第三，超级大国。超级大国是指在特定时期在综合国力上远远超过其他国家的国家。由于超级大国具有其他国家难以比拟的强大的经济、政治、军事、文化、科技等优势，其内政外交政策不仅影响本国的发展，而且也间接影响他国的经济政治发展。超级大国被视为世界经济政治格局中心，往往决定着世界经济政治的发展方向。但是，超级大国是一定时期的超级大国，当产生该超级大国的条件消失时，它就会被新条件下孕育的新超级大国超越，所以超级大国不是永恒不变的。

虽然我们普遍认为当今世界格局呈现经济全球化、政治多极化特点，但从较长历史跨度看，世界处于大国强国的"强权政治"状态，大国强国自近代以来就是世界的引领者。因此，小国弱国的执政党只有不断调整本党及本国的内政外交政策，才能更好地实现本国的发展。

与此同时，这些小国弱国开始团结起来，建立多种国际政治经济组织，试图获得相应的地位和身份认同，同时这些国家和国际组织提高了在国际社会发声的频率，呼吁建立更加合理的国际政治经济秩序。但是，这些诉求的通过和落实受到多种因素的掣肘。在现阶段，虽然后发国家的多边诉求还难以撼动超级大国的单边霸权，但国际社会（包括个别先发国家）已经出现了批评超级大国单边霸权的声音，表明现阶段的国际政治经济形势出现了新特点，改变不合理的国际政治经济秩序已经成为很多国家的共识。

当前，美国作为世界唯一的超级大国，其霸权主义和强权政治更加凸显，"唯美独尊"的逻辑甚至开始运用于其西方盟友身上。为了保持同美国的关系，一些国家，特别是美国的盟国，十分关注美国内政外交政策的变化，小心翼翼地进行内政外交政策的调整，以期适应美国的变化。

第四，大国元首。从某种意义上说，国际政治经济的实质是大国强国，尤其是超级大国的经济政治。如果说超级大国是当前世界经济政治格局的中心，那么其国家元首就是该中心的"核"。一般来说，大国元首既是一国元首，又是一党党首。因此，大国元首的综合素质，即知识结构、年龄、从政经历、婚姻状况、心理状况、处事能力、应变能力、沟通能力、协调能力、判断能力、创新能力等，不仅直接影响其执政水平，还会直接或间接影响本国与他国的关系。当然这种影响的程度对于不同政党制度的国家来说是不同的：对于国家元首和政党领袖稳定性较强的国家，其元首和领袖的综合素质对本党和本国具有较大的影响；而对于实行选举制、政党轮替较频繁的国家和政党来说，则影响较小。

虽然美国实行选举制，但美国共和党特朗普于2017年首次当选总统后，反对经济全球化，反对外国移民，退出《跨太平洋伙伴关系协定》，对世界贸易组织持抵制态度，推行经济孤立主义政策，提出"美国优先"的口号。英国媒体发表文章认为，由于特朗普在经贸问题上的特立独行、固执己见，今后世界很可能陷入不稳定期。

在特朗普的强大政治压力下，加拿大、墨西哥、欧盟与美国重新达成自贸协议，可以说，重新达成使美国感到"满意"的自贸协议，具有鲜明的特朗普式风格。事实再一次证明，超级大国及其元首在国际政治经济中起着重要作用。

第五，世界性问题。世界性问题亦称"全球性问题"，是指特定时期内国际社会面临的超越地区和国家疆域，关系到全人类安全、生存与发展的重大而严峻的问题，这些问题具有全球性、综合性、挑战性、合作性等特征。当前，这些问题主要包括气候、环境、人口、粮食、难民、宗教冲突、毒品、国际恐怖主义、跨国犯罪和地区冲突等。

随着经济全球化的不断深入与拓展，世界各国在经济、政治、社会、文化等方面的相互影响、相互依存日益加深，全球性问题也随之日益增多和凸显，且一国的国内问题上升为区域性问题，甚至是全球性问题，而这些问题的解决需要多个国家、国际组织或国家集团的共同参与。

总之，政党适应性是政党生存和发展的客观要求和本质特征。任何政党都面临党情、国情和世情三大系统的影响，这三大系统又分别由不同的要素构成。党情是政党的内部生态系统，国情和世情是政党的外部生态系统。因此，政党适应性有"内适应性"和"外适应性"之分，"内适应性"和"外适应性"各构成要素相互作用、形成合力的动态过程，就是政党适应性的建构过程，其作用模式是变化—刺激—反应—适应。

政党在面临内外环境变化的情况下，一般会有三个选择：一是无视环境变化，二是改变环境，三是适应环境。采取何种选择主要由三个要素决定：一是政党领袖、精英的互动与共识，二是党内监控环境变化的反馈机制，三是党内外对改革的呼声和诉求。由于适应性行为必然包含相应成本，因此，只有当政党内部环境威胁其生存和发展时，其领袖、精英和组织才会对既有的认知和政策进行主动调适，而大多数政党往往被动采取适应内外部环境的外源性方式。

现代政党更需要主动监测内外生态环境的变化，并及时对党内外需求作出回应。虽然外部环境因素是影响政党适应性的根本性动因，但是政党内部生态的不同变量对外部环境和政党适应性起着迎合或排斥、加快或延迟的功用，因此，政党也应高度重视党内各要素的变化，并及时采取相应措施进行应对。在大数据背景下，政党应主动适应国内外环境变化，始终把握住政党发展的制高点，推动政党转型。

由于各政党本身的素质不同，其适应性自然有强弱之分。政党的弱适应性会给党的生存和发展带来不确定性，最终可能诱发党内分裂乃至消亡；而强适应性不仅有利于增强政党的生存和发展能力，还能对党内外生态保持有效的控制和平衡，甚至对外部环境产生持续影响和并引导社会向有利于自身发展的方向变迁。在新形势下，政党首先要代表自身阶层的利益，同时要尽可能地对全社会各方利益进行综合、凝聚和表达，以此拓展、夯实自身的社会基础。

第二章 日本政坛总体右倾化的主要原因与影响

在世界面临百年未有之大变局的背景下，作为世界第三大经济体、从二战后就一直紧随美国的日本，在美国贸易保护主义、单边主义和霸权主义的影响下，顺势调整内外政策以期适应美国的新方略，使其国内政治急速右转。同时，日本是世界上少数实行君主立宪制的国家，其政治和社会意识形态相对其他国家更为传统和保守，在一些因素的刺激下更容易向右转。当前，日本政坛总体右倾化是日本政党面临的外部生态环境特点，这一特点的形成与发展是一个长期的、复杂的过程，有着深刻的历史原因和现实缘由，并在经济、政治、思想和文化等方面表现出不同的特征和形式，对日本政党政治产生着广泛而深刻的影响，尤其给日共这样的左翼力量带来了极大挑战。

第一节 日本政坛总体右倾化概述

日本政坛总体右倾化是指日本政坛的主流政治意识、政策主张和政治言行等向右转。对此，我们先要把握与右倾化相关的一系列政治术语，如"右""右倾""右翼""极右"，以及与此相对应的"左""左倾""左翼""极左"概念，再在此基础上对右倾化进行全面解析。

第二章　日本政坛总体右倾化的主要原因与影响

一、右倾化释义

每个人知识结构、生活环境、身体年龄、心理素质等的不同决定着他们对社会和事物有不同的认知，借此可以将他们归为不同的"群"（组织）。近代以来，人的"群"特征越发明显，一些以政治为目的的组织就升格为具有不同价值观的政党。

从源流上考察，人们不同的政治思想意识在法国资产阶级大革命时期公开服务于国家政治时，才被赋予了特殊意义，也才有了左、中、右之分。而在此以前的国家大多属于专制社会，人们虽也有不同的思想意识，但还上升不到政治意识形态层面，左、中、右只是隐性地存在。在法国资产阶级大革命后期，当时各派在讨论如何推翻法国封建王朝时，座位分布形成了最初的政治分野——坐在会议主持人右边、以罗兰为首的吉伦特派（保守派）认为，应以人道方式对待没落的封建王朝及其成员；坐在会议主持人左边、以罗伯斯庇尔为首的雅各宾派（激进派）则认为，应让封建王朝及其成员彻底退出历史舞台；而紧挨会议主持人的则是左右摇摆、立场不定的中间派。从此，凡政治思想保守的人士就被称为"右翼分子"，政治思想保守的组织和政党就被称为"右翼政党"；反之，则是"左翼分子"和"左翼政党"；居于二者之间的就是"中间分子"和"中间政党"。

近代以来，左、中、右既指一种社会政治思想意识，又指具有这种意识的个人、组织和政党，还指左、中、右各自的运动。一般情况下，左、中、右是构成社会成员政治思想意识的三极，左、右两极人数不多，但影响较大；中间的人数众多，但影响较小。然而，在广大的中间层中，其思想有的还是偏左，有的还是偏右，不是没有价值观。在马克思主义看来，没有绝对的中间派或中间势力，他们在无产阶级革命时期，往往会发生向左或向右的偏转，而在大多数情况下是后者。

如果再对社会政治思想意识的偏向进行细分的话，可以用一个模型来表述：极左←左翼←偏左←中→偏右→右翼→极右。左、中、在一定条件下是可以相互转化的。"中"是指人、组织和政党的政治思想意识保持"中立"立场；左向或右向的人、组织和政党的政治思想意识偏左或偏右；在此基础上政治思想意识继续发生偏向，就形成了左翼和右翼；在左翼和右翼基础上继续发展就是极左和极右。具有极左和极右政治思想意识的人、组织和政党在社会中占比较少，但给社会带来的危害相对较大。

左与右无论是作为一种思想意识、势力，还是作为一种组织运动，都犹如一对寄生于社会肌体的孪生兄弟，它们客观地存在于资本主义社会以来的各社会阶段之中。左与右相伴而生，虽然左与右在价值理念上有着根本的对立，但没有左也就无所谓右，没有右同样无所谓左。左与右不是固定不变的，在一定环境和条件下，左可能变换为右，右可能转化为左。在特定社会时期，或左强右弱，或右强左弱，也可能双方处于均势。在特定历史时期，当左或右一方处于强势地位时，就表明该阶段的社会思想意识处于左倾或右倾状态。当然，我们可以根据不同政党的纲领路线将其分为左、中、右倾向。在不同国家的语境中，左、右的政治意蕴表现出明显的不同，西方国家强调的更多是政党、组织和个人在政策主张、思想意识等方面的激进与保守，东方国家强调的更多是政党、组织和个人在价值理念、理论路线等方面的进步与反动。

右倾是指个人、组织和政党的政治思想意识向右偏，右倾化就是从中或左向右转化的过程；左倾则是指个人、组织和政党的政治思想意识向左偏，左倾化就是从中或右向左转化的过程。总体右倾化是指一个社会的政治思想意识总体向右转，总体左倾化或总体中间化则是指一个社会的政治思想意识总体向左转或总体中立。当然，总体左倾化或中间化的提法较少见。政坛（政治）总体右倾化就是指一国政坛的主流政治意识、政策主张和政治言行等向右转。

在日本，左与右在价值观上的对立一直十分鲜明和尖锐。日本学者堀幸雄在其主编的《右翼辞典》中指出，右翼"一般指反动的、反近代的国家主义思想及其运动";"作为近代革命的对立面,指保守派的政治态度";"一般讲,右翼没有系统的理论,其指导理念因人而异。但是,需要指出的是,它首先是对近代的反动。它否定作为人类普遍理念的平等,将国家放在价值中心的位置。现在,基本上将国家主义、民族主义、帝国主义、极权主义、国家社会主义作为右翼概念来理解。右翼具有排外主义、沙文主义式的对国家过分的忠诚,以及对社会主义、共产主义的敌视。他们强调民族使命,具有打破现状、改动政权的强烈愿望"。①

另一位日本学者高坂健次认为,在日本,由于独特文化的影响,对比政治问题、大选中的候选人、政党、政治制度、政治信条等政治态度指标,日本人的政治派别归属是高度稳定的。可以将日本政治派别大致划分为四种类型:一是支持执政党自民党的力量(保守势力),二是支持反对自民党的社会民主党②(以下简称"社民党")和共产党的力量(革新势力),三是支持处于以上两个极端中间的其他政党的力量(中间势力),四是不支持任何政党的力量(无党派势力)。或者将自民党的支持者称为"保守主义者",将社民党、共产党的支持者称为"革新主义者"。③

中国学者孙立祥在研究日本右翼后得出的结论与堀幸雄的结论大同小异,认为"右"或"右翼"一词泛指"奉行封建主义、民族主义、超国家主义、国家社会主义、排外主义、沙文主义、帝国主义的反共、反和平、反民主自由、反社会进步"的个人、组织和政党或其中的一部分。④ 可见,日本的右翼具有强烈的政治意识形态指向,可谓与日本的左翼"针尖对麦芒"。当然,在不同时期,左翼和右翼的内涵

---

① 堀幸雄:《右翼辞典》,东京:三岭书房,1991年版,第48—49页。
② 社会民主党原为社会党,1996年1月,社会党分裂并失去政权。原社会党大部分成员退党加入民主党,剩余力量更名为"社会民主党"。
③ 高坂健次著,张弦译:《当代日本社会分层》,北京:中国人民大学出版社,2004年版,第106页。
④ 孙立祥:《战后日本右翼势力研究》,北京:中国青年出版社,2013年版,第1页。

可能会发生变化,因此,不能简单地以政治态度上的激进和保守来划分左翼、右翼。

一些学者还指出,日本右翼除了具有上述极端民族主义、国粹主义或国家主义特征外,还具有日本大和民族的特质:一是"天皇崇拜",将天皇奉为"神",把日本视为"神国",自诩大和民族是世界上"最优秀的民族",并对天皇和国家绝对忠诚;二是热衷暴力,注重个人行动,推崇个人暴力、暗杀,甚至政变;三是反共反社会主义,对共产党、社会主义和共产主义等左翼思想和势力极其仇视。

日本政坛总体右倾化还无法回避与政坛"保守""保守化""总体保守化",以及"保守主义""新保守主义"的关系,而这又与日本最大保守政党——自民党直接相关。《布莱克维尔政治学百科全书》中以具体事例对"保守政党"进行了描述,认为保守政党信奉保守主义,是以维持现状、传统、历史、习惯为目的的政党,"主要指奉行传统资产阶级意识形态,坚持自由资本主义制度的具有保守倾向的政党。这些政党大多强调要实现民主、有限政府、社会正义、个人自由和公民自由,反对'第三条道路'。经济上主张实行'有竞争的市场经济',支持全球化进程"。① 在日本,自民党一直是集传统思想之大成的保守政党,并与共产党等革新政党对立。

"保守"一词在《辞海》中解释为"保卫坚守,保持不使失去""维持现状,不求改变"。② 1989年上海译文出版社出版的《汉英大词典》对"保守"一词列出多项词义,如"因循守旧的""传统的""稳当的""保守主义哲学的""保守党的"等。日本讲谈社1982年出版的《国语词典》对"保守"一词列出了两项词义:一是"保持原有习惯,并反对革新的",二是"尊重传统、风俗的"。该词典还特别指出,"保守"与"革新"是相对应的"反对语"。1999年日本岩波书店出版的《广辞苑》也列出了两项词义,一是"维持正常的状态",

---

① 吕耀东:《冷战后日本的总体保守化》,北京:中国社会科学出版社,2004年版,第7页。
② 夏征农主编:《辞海》,上海:上海辞书出版社,1998年版,第688页。

二是"回归旧有的风俗、传统,并且予以保护"。可见,"保守"是指人、组织、政党的一种思想意识,"保"就是保持现状与稳定,"守"就是守住传统和秩序。①

保守化是指个人、组织和政党的思想意识从原有的状态向保守方向演变。日本学者公平慎策在其著作《现代日本人的政治意识》中,以 20 世纪 70 年代以来的日本政党政治和社会意识为背景,指出保守化有两方面含义:一是日本保守政党支持率出现回升,二是支持保守政党的社会结构和政治环境发生了根本的变化。② 而中国学者杨孝臣在《日本政治现代化》一书中则认为,在日本,"所谓保守化,就是中流政治意识"。③ 更多的学者认为,日本政坛保守化是在人们生活因为经济高速增长而获得极大改善后出现的一种思想意识。本书更倾向于将日本政坛保守化定义为"政党体制从保守与革新两党体制向保守体制过渡的趋向",即日本政坛总体"自民党化",④ 其中包含了国民的"中流意识",而这种意识在很大程度上又与自民党的意识形态相似。

日本政坛总体保守化是指冷战结束后日本政党政治格局由原来的"保革对立"向"保保轮替"转变,实质是日本保守势力上升与革新势力下降的趋势,即日本大多数政党的价值理念与实践政策向自民党靠拢。保守主义则是指保守思想意识成为主导社会思潮。在日本,自民党主要通过具体的党纲党章及具体的施政方针来体现其所代表的保守意识形态,而不是像一些西方国家的保守政党那样通过抽象的理论来表现。⑤ 早在 1960 年,自民党七大通过的《保守主义的政治学哲学纲要》提出,"所谓保守主义,是指积极保持优良的传统和秩序,清除邪恶,力求在传统基础上有所创造,在秩序之中求取进步,摈弃破坏

---

① 任晓、沈丁立:《保守主义理念与美国的外交政策》,上海:上海三联书店,2003 年版,第 1 页。
② 公平慎策:《现代日本人的政治意识》,东京:日本庆应义塾大学出版会,1997 年版,第 19 页。
③ 杨孝臣:《日本政治现代化》,长春:东北师范大学出版社,1998 年版,第 319 页。
④ 吕耀东:《冷战后日本的总体保守化》,北京:中国社会科学出版社,2004 年版,第 17 页。
⑤ 北冈勋:《日本保守主义》,东京:御茶水书房,1992 年版,第 49 页。

性的激进主义，也不信守只拘泥于过去和现在的反动保守主义"。① 这里的所谓"传统和秩序"主要指日本的天皇制传统和资本主义秩序，而所谓"破坏性的激进主义"则更多是指当时与自民党意识形态相对立的、具有鲜明反现行体制的社会党和共产党等左翼革新政党的思想和主张。

随着冷战的到来，尤其是 20 世纪 60 年代日本经济的高速发展及 70 年代日本世界经济大国地位的确立，日本的民族自豪感开始显现，大国意识开始出现，与此相适应的是自民党的保守主义具有越来越明显的"民族主义"倾向，其国内外主要政策开始向右转。对此，日本前首相中曾根康弘在其著作《新的保守理论》中，概括了自民党保守主义理念的四大支柱：保卫日本领土；保卫日本人的生活及其价值观；保护自由的市场经济；保护日本民族长期形成的民族活力和民族气魄。② 不难看出，这"四保"具有典型的民族主义倾向和国家主义意识。随着冷战的结束，日本保守主义又有了新发展，并被赋予了新内涵，这就是"新保守主义"。"新保守主义"中的国家主义越发明显，突出表现为必须反对和平主义，否定套在日本脖子上的"侵略国家"这副"枷锁"，恢复日本"民族自信心"和"民族精神"，使日本成为"正常国家"——这已成为日本政界、学界和右翼势力的共识。

虽然不少学者和政治人物都对这种保守主义作出各种反省和批判，认为其宣扬的民族主义和国家主义不仅不利于日本的可持续发展，而且易引发邻国的警惕，但由于日本长期深受"天皇崇拜"和国家主义的影响，很难消除保守主义在日本社会生活各领域的影响，这也就自然成为保守政党长期支配日本社会的重要文化和社会心理原因。③ 从这一角度观察，保守主义不仅是日本自民党主张、理念和价值观的体现，

---

① 北冈勋:《日本保守主义》，东京:御茶水书房，1992 年版，第 70 页。
② 中曾根康弘著，金苏城、张和平译:《新的保守理论》，北京:世界知识出版社，1984 年版，第 102 页。
③ 林尚立:《政党政治与现代化——日本的历史与现实》，上海:上海人民出版社，1998 年版，第 241 页。

而且是日本传统主流政治思潮和意识的体现。不难理解，日本其他政党在特定时期的意识形态极易"自民党化"，只不过在大多数情况下是通过自民党的政策、主张、理念和价值反映出来，这就是当代日本新保守主义的总体价值取向。

可见，在日本，"保守""保守化""保守主义""新保守主义"主要是指保守政党自民党通过其主张、信念、理想对自身总体政治价值取向进行的集中表达。在缺少有效外力制约的情况下，这种价值取向的发展趋势和结果大多是政治右倾化，并具体体现为保守政党的保守主义执政理念对国家内外政策的影响。

综上所述，右倾就是持保守主义思想的人、组织或政党，将其所坚持的传统、秩序、历史、文化固化并竭力扩大的一种政治思想意识和社会思潮。右倾化就是这种政治思想意识和社会思潮固化的行为或过程。右翼政党就是持这种政治思想意识和社会思潮的政党。极右表现为持右倾思想的人、组织和政党，将其所坚持的传统、秩序、历史和文化固化到极端，反对对其价值观的任何修正，有的还采取非正常手段对与其政治意识形态相对立的人、组织、政党进行攻击，甚至使用暴力手段。

日本政坛总体右倾化是与日本"保守""保守化""保守主义""新保守主义"紧密相联的，它不仅是日本自民党的主张、信念和价值观，也成为日本多数政党的价值观，是日本传统政治意识和政治思潮在当前日本政坛的集合，是当前日本主流的政治意识形态。其主要表现包括：一是执政党自民党内部右翼势力取代自由势力和中间势力成为党内的主流势力；二是作为联合执政党的公明党"自民党化"；三是除日共、社民党等少数政党外，立宪民主党、日本维新会等其他主要在野党的政策日趋"自民党化"。在这种情况下，无论日本国内外环境如何变化，只能在一定程度上抑制日本政坛总体右倾化的发展进程，但并不能从根本上改变日本政坛的总体右倾化趋势及性质。① 在短期内，日本政坛从总体右倾化向中或向左转的证据还不明显。

二、右倾化进程

从内容上看，日本政坛总体右倾化指的是日本政坛对二战侵略性质总体持否认态度，具体表现为一些政治人物不时美化侵略战争，鼓噪修改和平宪法②，篡改历史教科书，参拜靖国神社等；从主体上看，不仅包括日本政界，还包括财界、学界等，他们又与民间的右翼组织和势力互为表里；从形式上看，表现为日本政党总体"自民党化"；从时间上看，学界一般认为，日本政坛总体右倾化可界定在"55年体制"后。但是，日本政坛总体右倾化有一个从量变到质变的发展过程，所以本书认为，日本政坛总体右倾化的过程大体可分为三个阶段。

第一阶段，初始时期，即从"55年体制"形成到冷战结束。战后初期，美国占领军在日本推行了全面的"民主化"改革，使日本国内形成了两大阵营：一是曾受压制的日本社会党、日共及劳工大众运动合法化并发展壮大，形成了以社会党、日共为中心，联合社会民主、进步群体的革新力量；二是旧的保守政党得以复活，形成了以自由党、进步党和协同党为核心的保守阵营，但保守阵营中有大量右翼人士，甚至是战犯，这为战后日本政坛总体右倾化埋下伏笔。1949年1月，从自由党中分裂出来的部分议员成立了民主自由党，该党在日本第二十四届众议院中获胜，成为议会中的第一大政党，其在竞选中提出的取消统制经济和实行减税政策的主张，得到了中小企业主和广大农民的支持，这一群体也就自然地成了民主自由党的稳定"票仓"。1955年10月，具有革新特征的社会党左、右两派达成了合并协议；为了制约和抗衡社会党势力，同年11月，具有保守特征的自由党和民主自由

---

① 吕耀东：《冷战后日本的总体保守化》，北京：中国社会科学出版社，2004年版，第13页。
② 和平宪法又称《日本国宪法》，1946年由美国占领军制定。

党合并为自民党，史称"55年体制"，合并后的两党对后来日本政党政治产生了广泛而深刻的影响，标志着日本政坛总体右倾化的开始。

"55年体制"以战后美国对日本的"民主改革"、冷战格局的形成和日本国内工人运动高涨为背景，主要表现为两大特点。一是与两大阵营的对抗相适应。在美苏两大阵营对抗的两极体制下，美国竭力帮助自民党维持执政地位，防止革新政党社会党掌权，而社会党则与苏联共产党保持着良好的关系。二是开启了日本保守政党与革新政党长期对峙的政治格局。"55年体制"的形成标志着日本政党政治进入一个新阶段，从此开始了保守政党自民党连续38年执政的历史，以及与在野党、革新政党社会党连续38年的对峙和竞争。

战后十年的多党联合组阁拉开了保守政党自民党长期执政的序幕。这一时期，虽说日本政党政治表面上是"保革对立"的"两党制"，但是由于自民党在国会中一直占据多数席位并长期处于执政地位，社会党虽然在席位上仅次于自民党，但作为在野党长期被排除在国家决策过程之外。因此，日本国家政权的转移或更迭，已由不同政党之间的竞争变为自民党内部不同派系之间的轮换，首相也从由各政党选举获胜的党首出任变为从自民党派系领导人中产生。财界作为日本重要角色开始登上政治舞台，由此，日本形成了由政治家、官僚和财界组成的"三位一体"的政治体制，这个"三位一体"的复合体长期支配着日本的权力机构，并向日本政界施加显著的影响力，呈现出"政治家比官僚硬气、官僚比财界硬气、财界比政治家硬气"的关系特征。因此，日本政坛"两党制"外衣下掩盖的实质是保守政党自民党"一党独大"、长期执政的格局。

同时，我们不能否认冷战格局对日本政治体制的影响，保守的自民党对应的是以美国为首的资本主义阵营，革新的社会党对应的是以苏联为首的社会主义阵营，可见，"保革对立"具有明显的意识形态对峙特征。

随着冷战的到来，一些被褫夺公权的政客、军国主义分子、极右翼分子甚至战犯等重新在政治舞台上活跃起来，有的甚至加入政府，并被委以重任，其中就有甲级战犯重光葵等。在此背景下，右翼团体也陆续复活，如1951年5月成立的"新日本国民同盟"、同年8月成立的"协和党"、1952年2月成立的"全日本反共联盟总部"等，到1955年，右翼团体已有270多个。① 由此，日本政坛总体右倾化有了坚实的组织基础。

此间，在美国的扶植下，日本保守政府的右倾化是以反社会主义和共产主义为主要特征的。美国占领军总司令道格拉斯·麦克阿瑟在1950年1月1日的元旦致辞中，污蔑中国革命的胜利对日本造成了"直接威胁"，他在日本向美国呼吁，必须尽快重新武装日本，以防止日本被"赤化"。而时任美国陆军部长肯尼思·罗亚尔则在旧金山与之遥相呼应，认为在这种情况下，美国新的"对日占领政策的方向在于培植强有力的日本政府"，使日本"对于今后远东可能发生新的极权主义的威胁发挥防波堤的作用"，使日本成为美国的"远东的工厂"和"遏制共产主义的屏障"。② 麦克阿瑟还声称，如果日共等左翼组织不停止罢工、示威等活动，就要宣布其为非法组织。

自民党本身就有保守的基因，又借朝鲜战争和冷战的契机，在美国的直接庇护下与右翼势力结合，开始了从保守向右倾的转向。"55年体制"的形成使日共等左翼组织面临着极大挑战。一方面，饱受战乱之苦的日本国民盼望政局稳定，因而不支持日共等左翼组织的各类抗议活动。1955年后，日本经济进入飞速发展阶段，国民生活获得极大改善，广大国民产生了因循守旧和不思进取的"中流意识"，从总体上更易接受政府的政策主张，而对日共的"革命"理论难以认同，使日共在扩大阶级力量和增强群众基础等方面面临新的挑战。另一方面，由于自民党和社会党在战后分别进行了合并，壮大了各自的力量，而

---

① 关南、赫赤、姜孝若：《战后日本政治》，北京：航空工业出版社，1988年版，第143页。
② 金明善、宋绍英、孙执中：《战后日本经济发展史》，北京：航空工业出版社，1988年版，第60页。

日共力量不仅没有显著的提升，还因"50年问题"而有所下降，实力和在群众中的影响力远不如社会党。社会党虽是在野党，但实力仅次于自民党，是日本政坛第二大政党，这一力量对比决定了社会党与日共的关系是以社会党为主、日共为辅的，其关系的性质是策略性的而不是战略性的。

第二阶段，形成时期，即冷战结束到安倍晋三上台。东欧剧变、苏联解体标志着冷战结束，世界政治格局和国际关系进入了一个"序列易位和要素重组"的新阶段。自民党内部各派系斗争激烈，结果一分为四；社会党没能把握住自民党分裂的机遇，在1993年6月的大选中，两党因所获国会议席都没有过半数而无法单独组阁，只能联合组阁，标志着1993年与两大阵营对峙相适应的"55年体制"宣告瓦解，日本政治进入了"不确定时代"。

自民党分裂后，其他政党单独执政或联合组阁成为可能。为了夺取政权，各党之间存在多种组合的可能。于是，许多政党开始调整既有的政策和策略，但结果却是纲领路线和方针政策出现了"自民党化"或"保守化"。如社会党为了组成联合政权，逐渐放弃了原有的价值取向，向"兼容型政党"方向发展，政策上逐步"自民党化"。

时任社会党委员长的村山富市1993年组阁成功后，为了最大限度地保持与其他政党在政策上的一致，于1994年通过了《我党对当前政局的基本姿态》，对原有理论路线和方针政策进行了全面修改，从党纲中删除了"和平、民主地实现社会主义"的提法，改为"选择社会主义最民主的方针——社会民主主义",[①] 即通过"第三条道路"实现党的目标，这一修改使其失去了革新政党的特色，标志着日本政治体制从1955年形成的"保革对立"转向了"保革合作"。

为了进一步向自民党政策靠近，社会党紧接着通过了"1995年宣言"，直接删除了"社会主义"的提法，主张以"公正、共存、和平、

---

① 吕耀东：《冷战后日本的总体保守化》，北京：中国社会科学出版社，2004年版，第72页。

创造"为基本原则,以"民主、自由"为基本理念,建立一个宽容的"市民型政党",但结果是社会党在选举中并没有达到预期,反而失去了大部分的传统支持者,党内也再次出现分裂,很多成员加入民主党。1996年1月,社会党在其六十四大上决定更改党名为社民党,并通过了新党纲,规定社民党是民主主义的"共同之家",是社会民主主义者、自由势力等均可参加的公民政党。① 但这一改变并未使社民党实力增强,相反,在1996年的第四十一届众议院选举中,社民党议席锐减到15席,失去了在众议院提出议案的权利。后历经起伏,2003年,土井多贺子宣布辞去党首一职,标志着社民党在日本政治舞台上的影响力日益微弱。

另一革新政党日共虽然也在东欧剧变、苏联解体的巨大冲击下被迫作出了一定的理论路线调整,但仍坚持"独立自主"的主体性和组织性,坚持反对自卫队和《日美安全保障条约》(以下简称《日美安保条约》),反对实行小选举区制,反对政治腐败,反对企业和团体向政党捐款,拒绝接受国家对政党的财政资助等。在度过国际国内的动荡之后,日共开始稳住阵脚,缓慢提升实力。日共认为,在日本其他政党保守化的情况下,日共是唯一继续维持和捍卫着革新政党特征的政党。

公明党为了参与联合政权,在政策上逐步与自民党"同质化",这是日本政坛总体右倾化的一个标志。公明党原是宗教性质的政党,长期奉行中间路线,游离于保守政党与革新政党之间。但随着"55年体制"的解体,公明党为了取得执政地位,迅速改变原有策略,并最终加入保守政党自民党的联合政权。无疑,公明党的政策转向助长了右倾势力的发展,加快了日本政坛总体右倾化的进程。

这一时期,日本众议院选举制度的改革也在体制机制上成为日本政坛总体右倾化的催化剂。结果表明,"小选区与比例代表并立制"的

---

① 吕耀东:《冷战后日本的总体保守化》,北京:中国社会科学出版社,2004年版,第82页。

选举制度对大党最为有利，而对小党和在野党造成了巨大冲击，导致一些小党和在野党不断分化、重组。在此过程中，这些小党和在野党开始主动放弃原有政策，最终从制度、法律、体制层面加剧了日本政坛总体右倾化趋势。

在东欧剧变、苏联解体后不久，自民党出现了"意料之外"的分裂，虽然从表面上看，其力量受到了削弱，但仔细观察会发现，这恰恰是自民党的一种自我"扬弃"——分裂出去的是一些意志不坚定者，留下来的是中坚力量。与此同时，借东欧剧变、苏联解体及国际共产主义运动陷入低潮之机，自民党成功将社会党和日共边缘化，去除了社会党和日共等革新力量的制衡后，自民党主体重振旗鼓，不久又成为执政党，继续从保守向右倾转向。

从自民党分裂出来的"鹰派"势力另组新生党，为了与自民党传统保守势力相区别而自称"新保守势力"。不久，"新保守势力"为了扩大影响、增强实力，又与新党、公明党等联合成立新进党，成为日本政坛中仅次于自民党的第二大保守政党，新旧两大保守政党占据了国会五分之四的议席。日本政党体制从"保革对立"向"保保竞争"转型，实现了总体向右倾的实质性转化。这一实质性转化还表现在，这一时期的政党党首担任联合政府首脑后，都会强调其将继承自民党的既有内政外交政策，导致出现了自民党政策被除日共以外的其他各党派所共有的现象，从而导致日本政坛"自民党化"，即总体右倾化。

正是在这一大背景下，日本政界、学界、财界和舆论进一步保守化，越发公开地讨论有关靖国神社、安保条约、和平宪法、美军基地、自卫队、核军备等"政治问题"。他们批判战后日本政府只注重经济发展和走和平主义的发展道路，无视追求政治大国的目标，没有履行与日本经济大国相称的国际责任，主张"对内建设丰富、充实的生活，对外担负起大国的责任、对世界作出贡献的政治新思维"，[①] 为此必须

---

① 大前研一:《平成维新》，东京:讲谈社,1989年版,第19页。

修改和平宪法，否认二战的侵略性质，才能使日本成为堂堂正正的国家，才能名正言顺地向海外派兵。可见，在日本政坛总体右倾化进程中，日本多党联合政权的保守主义政策具有明显的国家主义倾向，使日本朝着从经济大国向政治大国，甚至军事大国方向发展。

在这些问题上，自民党保守政府又常常与右翼势力互为表里、里应外合，有组织、有系统地美化侵略历史，否认国际社会已有的共识，企图为侵略战争翻案，复辟军国主义。如从森喜朗上台到以小泉纯一郎为代表的自民党内部右翼保守势力掌权期间，体制内的右翼政客和体制外的右翼分子互动频繁，他们不顾国际社会和国内民众的强烈反对，多次参拜靖国神社，将修改和平宪法提到了自民党的议事日程，加速推动日本政坛的总体右倾化。

从"55年体制"瓦解到2006年安倍晋三首次上台执政期间，虽说日本多数政党出现了分化、重组、整合、调整，也出现了多党联合执政的局面，自民党还一度从执政党变为在野党，或与其他政党联合组阁，但新旧保守政党在参众两院中仍占议席多数，不同政府政策体现的仍是自民党的政策实质。

自民党"一党独大"，在野党日渐式微、"自民党化"，与日本面临的国内外大环境变化密不可分。从外部环境看，东欧剧变、苏联解体后，日本左翼革新势力受到削弱，并由此开始出现整体性衰落的趋势。同时，随着美国亚太战略东移和日美同盟的加强，日本保守力量也借机提升自己的实力，强化执政地位。从内部环境看，日本众议院议员选举制度的改革对小党极为不利，同时起到了逐渐消解日本各政党政策差别的作用，使总体右倾化进入质变阶段。在原有的"保革对立"格局严重失衡的情况下，失去革新势力牵制的保守政党自民党经过裂变，形成了新保守势力，随着其力量不断发展壮大，日本政坛总体右倾化也就在所难免。

第三阶段，横行时期，即安倍晋三执政时期。安倍晋三于2006年首次出任日本首相，不到一年即下台。2009—2012年，其执政权曾短暂被民主党取代。2012年,安倍晋三第二次上台执政。2020年9月,安倍晋三因身体原因辞职,由时任自民党总裁菅义伟出任首相。安倍晋三创造了二战后日本首相最长执政时间的纪录。

安倍晋三出身政治世家,又与商界财阀联姻,接受的是精英教育。从安倍晋三执政后的内外政策上看,他是一个强硬主义者,秉承保守价值信条。所以,他上台后除了继续反共、反社会主义外,还曾多次表示,修改和平宪法是其"一生的夙愿",并给出了"2020年施行新宪法"的明确时间表;其任命的内阁成员大多数都比较保守,甚至右倾。再加上原持中间路线的公明党为了达到与自民党联合执政的目的,对其党纲进行了重大修改,逐渐"自民党化";日本国内没有一个在野党能与自民党比肩,即使所有在野党联合起来,其两院议席总和也不敌自民党及其联合政权,因此,在野党尤其是左翼在野党日渐衰弱已是不争的事实。在此情况下,日本政坛总体右倾化已成事实。

冷战期间,"保革对立"的焦点主要包括:是搞资本主义,还是搞社会主义;是修改和平宪法,还是维护和平宪法;是坚持日美同盟,还是和平中立;是加强军备,还是"非武装中立"。[①] 而这些问题在安倍晋三执政时期不复存在。在没有有效抗衡和制约的前提下,日本政坛总体右倾化得以完全实现和进一步发展,右翼势力不断发展壮大。在此期间,日本政坛总体右倾化主要表现为对外鼓吹"中国威胁论"和"朝鲜威胁论";对内从主张修改和平宪法到付诸行动,以及加强同美国的同盟关系等。

2006年,安倍晋三首次当选日本首相,成为战后最年轻的首相,他在竞选自民党总裁时态度还算温和,强调如果他当选首相,在对外政策方面,将致力于加强日美同盟和与中韩两国的信赖关系。安倍晋三曾表示,要改善小泉政权时期的日中关系恶化现象。但是他又声称将谋求使日本成为联合国安理会常任理事国,其国家主义得以展现,

---

① 蒋立峰:《日本政治概论》,北京:东方出版社,1995年版,第138页。

并由此成为新时期日本新保守主义的代表。在对内政策方面，安倍晋三表示，将继承小泉政权时期的结构改革路线，修改和平宪法，尽显其保守和右倾的执政理念。

但是，由于小泉政权遗留下来的问题众多，日本国内矛盾重重。2007年7月，自民党参议院第一大党地位被民主党取代，形成了众参两院分别由朝野政党控制的"扭曲国会"格局，使得在野党可以在参议院否决自民党提出的各项法案，并且，民主党还可以在参议院通过追究首相和内阁大臣责任的决议案。由于安倍晋三执政后表示要改善与中国的关系、积极推动东亚自贸区谈判，于是，在美国授意下，自民党内部反对派联合起来要求追究其在参议院选举中失败的责任，而此时安倍内阁重臣又相继被爆出财务丑闻，加上在野党的火上浇油，2007年9月，安倍晋三在任职不满一年后即宣布辞去首相职务，让位于民主党。

2012年，安倍晋三再次当选日本首相。他充分吸取上次执政失败的教训，为了应付党内反对派和在野党而讨好美国，在政治思想上急速向右转，并对中国采取更加敌对的强硬态度。其内阁成员大多思想右倾，在"慰安妇"、靖国神社、钓鱼岛、南京大屠杀等问题上频频发出令国际社会震惊的言论，如"殖民不是侵略""侵略定义不清""参拜靖国神社有理"等，企图借此否认日本发动侵略战争的历史。这些公然否认二战侵略战争性质的言论当即受到包括二战受害国等在内的国际社会的一致强烈谴责。

在对华关系上，因"购岛"问题引发的两国关系紧张不仅没有得到缓和，反而愈加严峻。安倍晋三第二次上台执政后，倚仗右翼势力，在钓鱼岛问题上不断对中国进行挑衅。2013年1月，他在记者会上声称，"尖阁诸岛"（日本对钓鱼岛的称谓）是日本的固有领土，在此问题上日本政府与中国没有谈判的余地。同年9月，他再次发表类似言论。

然而无论安倍晋三如何辩解，历史文献和二战后国际条约等都载明了"钓鱼岛主权自古以来属于中国"的历史事实。在此问题上,中方的一贯立场是,中日双方应通过谈判和对话来解决领土争端,管控好钓鱼岛有关问题,不使局面升级。但安倍晋三始终一意孤行,扬言要在钓鱼岛上派驻警察和军队,这种言行引发了中国的强烈不满和坚决反对,使局势陡然升级。不仅如此,安倍晋三还试图趁机使海上保安厅自卫队化、自卫队正规军化。

由于日本国内其他政党无法与自民党抗衡,2017年,安倍晋三第三次当选日本首相。此时,信心满满的安倍晋三谈到了国际社会和他最为关注的修改和平宪法问题。在新一届日本国会中,具有明显保守和右翼特征的自民党、希望之党和维新会三党对修改和平宪法持肯定态度,执政联盟中的公明党态度较为谨慎,最大的在野党立宪民主党则"反对修改和平宪法第9条",日共、社民党两党也明确反对修改和平宪法。但安倍晋三在选举前就强硬地表示,不仅要修改和平宪法,而且希望在修改后的新宪法中增加自卫队的内容,即让自卫队名正言顺地成为国防正规军,并承诺将于"2020年施行新宪法"。

为此,安倍晋三领导的自民党还利用外部右翼势力大造声势,与之里应外合,加速修改和平宪法进程。修改和平宪法的核心就是宣布日本修改"放弃战争"的和平宪法第9条,并为将自卫队最终升格为军队、重获战争权和集体防卫权、复归"正常国家"扫清道路。虽说修改和平宪法是一国主权之事,但在日本政坛总体右倾化情况下,一旦失去和平宪法的约束,日本会走向何方、会对东亚局势造成什么样的冲击,曾遭受日本侵略的中韩等国对此无比担忧。

其实,早在2013年9月25日,安倍晋三在联合国大会发表演讲时就宣称:"如果大家想把我叫作右翼的军国主义者,那就请便吧。"[①] 安倍晋三的狂妄言论暴露了他的右翼基因。对此,就连过去一直被日本左翼视为"保守反动"的右翼学者梅原猛也不由表示担心:

---

① 《当前日本政治的右倾化及其对中日关系的影响》,http://www.cssn.cn/zzx/201408/t20140829_1308483.shtml。

在当今这种汹涌的日本右翼化思潮中，令人感到危险的是，日本不久就要修改和平宪法第9条，再度成为军事国家，我们这些经历过战争的人切身感到恐惧，担心日本是否又要进行战争。由此可见，日本政坛总体右倾化特征十分明显。

安倍晋三执政时期，判断日本政坛总体右倾化主要有五项指标：一是自安倍晋三执政以来，日本关于推卸战争责任、否认战争性质、美化侵略战争、修改和平宪法的态度越来越强硬；二是自安倍晋三执政以来，日本联美抗中的意图越来越明显；三是安倍内阁成员不仅越来越保守，而且越来越右倾；四是日本大多数政党的内外政策与自民党同质化倾向越来越严重；五是安倍晋三及政府决策越来越受到右翼政客、右翼财阀、右翼军人、右翼学者和民间极右分子及其组织的影响。[①]

三、右倾化表现

日本政坛总体右倾化在政府、学界、民间有各种各样的表现，不仅表现为政府的政策主张总体向右转，而且表现为学界学术取向总体向右转，以及民间的思想意识总体保守化。虽然日本社会各领域在总体向右转的过程中表现出不同的特点，但在一些日本国内外共同关注的问题上，却又表现出高度的一致性。

（一）参拜靖国神社

靖国神社的前身是"东京招魂社"，是明治政府于1869年6月为追悼戊辰战争中战死的将士而设立的，1879年6月改名为"靖国神社"，并沿用至今。战前，作为国家宗教——"神道"的最高设施，每年春秋两季，通常在4月21—23日和10月17—19日，靖国神社都要举行隆重的祭奠活动，所谓对为天皇和国家献出生命的将士的"慰

[①] 孙立祥：《战后日本右翼势力研究》，北京：中国青年出版社，2013年版，第2页。

灵",实质是对军国主义战争行为的美化。可见,靖国神社从一开始就与"天皇崇拜"、军国主义、国家主义等有着密切的关系,是日本军国主义对外扩张的精神工具。正因为如此,二战后,美国占领军颁布法令,在日本实行政教分离原则,以此断绝靖国神社与国家之间的特殊关系,同时,法令还规定任何宗教团体都无国家特权,国家机关及其公职人员不得参与宗教活动。

但是,由于冷战到来、朝鲜战争爆发等原因,一些右翼分子和保守势力又开始蠢蠢欲动,试图重新恢复靖国神社"国教圣地"的地位,在靖国神社问题上不断制造事端。每年"8·15"日本投降日,日本一些保守政党要员、右翼分子、部分二战老兵和二战官兵遗族都要到此祭奠,表面是对所谓"英烈"的缅怀,实质是否定日本发动二战的侵略性质,企图复辟军国主义。

靖国神社里不仅供奉着自1868年明治维新以来在甲午战争、日俄战争、侵华战争、太平洋战争等日本对外侵略战争中死亡的246万多名军人的灵位,而且供奉着他们大部分的遗物和历史资料等。在这些战死的军人中,有80%以上是在二战中战死的官兵,其中包括被远东军事法庭判处死刑的东条英机等14名甲级战犯和2000多名其他战犯——靖国神社存在的目的和政府要员、右翼分子持续参拜的目的也就昭然若揭了。所以,中国和韩国等曾遭受日本侵略的国家均认为,靖国神社是日本军国主义的象征和精神支柱,日本官员参拜靖国神社是对日本发动侵略战争的认可,是日本企图恢复战前军国主义的行为。而在日本这些保守政党、参拜官员和右翼分子看来,这些战犯是为"保卫日本而献身的英灵",参拜是对这些人的缅怀和敬意。长期以来,日本阁僚是否参拜靖国神社堪称衡量中日、韩日关系好坏的一个重要指标。

战后日本和平宪法禁止国家公职人员参拜靖国神社,但是长期以来,一些保守势力的公职人员,尤其是保守执政党要员多次冲破禁区参拜靖国神社。如1951—1985年,先后有吉田茂、三木武夫、福田赳夫、中曾根康弘四位首相以及政府的大多阁僚参拜了靖国神社。最为恶劣的是1985年8月15日，中曾根康弘在参拜靖国神社时说："对于那些为国捐躯的人，国家应有个感谢的场所。这是天经地义的，否则还有谁来为国家奉献生命呢？"① 在中韩等国的强烈抗议下，1985—1996年这十年间，没有日本首相去参拜靖国神社，可是前往参拜的内阁成员还是络绎不绝。1996年，桥本龙太郎不顾中韩等国的反对，参拜了靖国神社。2001—2006年，时任首相小泉纯一郎冒天下之大不韪连续六次参拜靖国神社，成为日本二战后参拜靖国神社次数最多的首相，对中日、韩日关系造成严重影响。

安倍晋三在2012年9月14日自民党总裁记者见面会上，对自己在2006年第一次执政时没能参拜靖国神社感到"痛恨至极"和"深表遗憾"，于是，在2012年10月17日，安倍晋三不顾中韩等国的强烈反对，迫不及待地以自民党总裁和在野党党首双重身份参拜了靖国神社，这与他一直宣称的"侵略无定论"和"参拜靖国神社自有日本的道理"等错误言论密切联系。② 2012年第二次执政初期，安倍晋三在中韩等国反对下没有参拜靖国神社，却在2013年2月发表讲话时宣称，日本领导人对靖国神社祭祀亡灵表达敬意是理所当然的。虽然他在2013年前期没有亲自参拜靖国神社，但在同年的4月、8月、10月，他以"内阁总理大臣"的名义三次向靖国神社供奉祭品或祭祀费，企图以此转移国内外正义之士及受害国的批评和谴责。同年12月26日，他以首相身份参拜了靖国神社。

安倍内阁要员们在其纵容下更是有恃无恐，多次集体参拜靖国神社。如2013年年初，1981年成立的"大家一起参拜靖国神社国会议员会"组织了跨党派议员102人前去参拜，如此大规模的参拜在战后尚属首次，引起了国际社会的强烈不满和谴责，但安倍晋三表示，无论"面对怎样的威胁都不会屈服"。同年10月18日，又有大约160名

---

① 《又是靖国神社问题》，http://www.aisixiang.com/data/26286.html。
② 《安倍晋三首相：宪法问题访谈录》，载《产经新闻》，2013年4月27日。

国会议员集体参拜,创下了冷战结束以来秋季参拜议员人数最多的纪录。对此,有日本媒体评论,"参拜人数上升是日本政治力量格局变化导致的,是日本政治右倾化的表现"。① 总之,与历届首相的参拜相比,安倍晋三的参拜更加右倾化,战后历届领导人在参拜时还对在战争期间给别国造成的伤害口头表示"反思"和"遗憾",而安倍晋三参拜时连口头表达的歉意都没有,因此,安倍晋三"参拜靖国神社,在性质上和动机上比战后日本历届首相参拜都更为恶劣"。②

2014年,安倍晋三迫于访问美国的压力,没有参拜靖国神社,但他却表示内阁成员是否参拜由他们"自行决定"。在这种放任纵容的态度下,日本超党派国会议员联盟140名议员进行了集体参拜,同年10月17日的秋季大祭,又有110名国会议员进行了集体参拜。2015年二战结束70周年之际,日本部分内阁成员不顾国际社会的强烈反对和抗议,公然集体参拜靖国神社。2019年4月21日,安倍晋三以"内阁总理大臣"的名义供奉了供品,同月23日,"大家一起参拜靖国神社国会议员联盟"又组织议员进行了集体参拜。从1981年成立以来,该组织在每年的"8·15"日本投降日和春秋大祭期间都会组织国会右翼议员集体参拜靖国神社。

2013年4月24日,安倍晋三在参议院预算委员会上针对中国、韩国"突然有一天"就靖国神社问题提出的抗议,作出如下答辩:"向为祖国献出尊贵生命的英灵表示尊崇之念,这是理所当然的事情,我阁僚无论遇到怎样的威胁也不屈服。确保这样的自由是当然的事情。"③ 可见,安倍晋三将各国对靖国神社问题的批判视作"威胁",并认为这是日本国内的事情,拒绝国内外社会的批评声音。安倍晋三声称,在外交场合,日本已经21次向中国和韩国谢罪,但中韩两国还

---

① 《当前日本政治的右倾化及其对中日关系的影响》,http://www.cssn.cn/zzx/201408/t20140829_1308483.shtml。
② 朱锋:《安倍参拜靖国神社与中日关系》,载《现代国际关系》,2014年第1期。
③ 山田朗著,李海译:《日本如何面对历史》,北京:人民出版社,2014年版,第36页。

总是纠缠这些问题不放。①

我们承认每个国家和民族都有祭祀和追思先人及逝者的权利，我们也不反对普通的参拜，但这种政府公开为侵略者歌功颂德的行为，是对历史正义和人类良知的公然挑战，严重伤害了中国、朝鲜、韩国等遭受侵略国家民众的感情，应予以坚决反对。

（二）扩充军事力量

一国加强国防建设，可以将军事力量限定在合理范围内，但当一国有侵略前科，且毫无理由或以莫须有的理由进行军事力量扩充，这就会引发国际社会的担忧。虽然日本罗列了一系列扩充军事力量的理由，但仍引起了中国、朝鲜、韩国等邻近国家的警惕，以及日本国内左翼组织、正义人士的反对。

近代以来，日本对大国地位怀有一种锲而不舍的理想和追求，大力推行"大日本主义"。战前，日本是东亚乃至亚洲的强国和大国，直到二战结束，但这种追求从未停止，只不过在美国占领时期被强烈压抑，这符合日本民族的"忍"之精神。当20世纪50年代中期日本成为世界经济强国后，这种意愿又开始抬头。

对此，美国著名学者兹比格纽·布热津斯基在深入研究日本历史、文化后认为，从历史和自尊心两个维度观察，日本对自己在世界的地位是不满意的，认为自己对世界的贡献与其经济实力相称，但是并没有换来世界对其世界大国地位的认可。为了改变世界对其"经济巨人、政治侏儒"的偏见，战后尤其是冷战结束以来，日本政府和许多学者从各自立场出发，提出了一系列日本发展战略和策略，诸如"正常国家""第三次开国""政治大国""国际国家""普通国家"等，其实质无一例外都是为了改变日本政治地位与经济实力的不匹配状况，实现从"经济大国"到"政治大国"的转变。然而，这一路径是以扩充

---

① 安倍晋三：《给美丽的祖国》，东京：文艺春秋出版社，2013年版，第154页。

军事力量为前提的。由于日本没有对侵略历史进行正确的认识和反省，因此，其"大国化"进程自然会引起周边国家的警惕。

1982年中曾根康弘组阁标志着新保守主义正式登场。他在不同场合多次强调，日本应在世界建立与本国经济地位相适应的政治地位。他曾表示，日本处于"重大的转换期"，随着经济迅速发展，日本应该"为人类和平、繁荣作出积极贡献"，为了进一步发挥日本在国际上的作用并作出应有贡献，必须提高日本在国际社会的政治地位，"之所以提倡建设国际国家日本，是考虑到我国在国际上地位的提高，国际社会对我国的期待和要求也将增大"。① 对此，日本就要在世界舞台上提升自己的话语权，"不仅增加日本作为经济大国的分量，而且增加作为政治大国的分量"。② 顺理成章地，日本应加强防卫力量，把自身建设成为一个"强大的日本"，成为一艘"不沉没的航空母舰"。③

为了建成政治大国，日本谋求扩充军事力量。日本国会陆续通过多项包含进攻主义的法案，表明执政的自民党将保守主义纲领和执政理念上升为国家法律，使这些法案具有明显的国家主义倾向，充分体现了日本政坛总体右倾化的趋势。

安倍晋三在2006年首次就任首相时就提出要"摆脱战后体制"，成为"正常国家"。为此，他通过修改和平宪法、扩充军事力量、向海外派兵、争取成为联合国安理会常任理事国等举措，来摆脱二战后形成的国际秩序的限制。他在2012年第二次组阁后，不断突破和平宪法的制约，明确提出其执政的目标是实现"富国强兵"。2012年，他第二次上任后就立即指示新任防卫大臣小野寺五典，要求其对民主党2010年制定的《防卫计划大纲》和《中期防卫整备计划》进行修改，主要内容包括增强自卫队实力，大幅度增加国防预算，大量引进进攻型武器，如美军最新型无人侦察机"全球鹰"和美国最先进的濒海战

---

① 吉田茂：《激动的政治百年史》，东京：日本国会年鉴编纂会，1992年版，第479、483、490页。
② 金熙德：《日美基轴与经济外交》，北京：中国社会科学出版社，1998年版，第94页。
③ 世界和平研究所：《中曾根内阁史》，东京：世界和平研究所，1995年版，第180—181页。

斗舰,放宽武器出口限制,打破了近50年的武器出口禁令,并对日本自卫队进行整编,提高其作战能力等。

尤其需要指出的是,在日本保守政府和右翼势力合谋,强行推进"修宪、建军"进程之际,2013年,号称战后日本建造的最大战舰、准航母"出云"号正式加入海上自卫队服役。"出云"号这一舰名曾用于参加日俄战争的舰艇,后来在二战中又参与了对华侵略战争。"出云"号舰名的再次使用,不仅是日本扩充军事力量的象征,更是日本政坛总体右倾化的表现。

不仅如此,日本尝试突破向海外派兵的限制。2009年7月生效的《应对海盗法案》实施后,日本决定在吉布提建立军事基地,并与吉布提签订协议。2011年7月7日,日本驻吉布提基地正式启用。2013年8月27日,安倍晋三视察该基地时宣称,基地将对日本自卫队反海盗及维护地区和平发挥积极作用。表面上,"反海盗"是日本建立吉布提军事基地的目的,但实际上,该基地还具有两大功能:一是成为日本影响非洲的前沿基地,二是成为日本和美国海外军事合作的新平台。总之,日本海外军事基地的建成标志着自卫队执行海外任务的方式实现了从"海外派兵"到"海外驻军"的质的突破,执行海外任务的性质也实现了从间接保障任务转为直接战斗任务的质的转变,为日本自卫队向正规"国防军"转变作了铺垫。

事实上,日本早已成为一个军事大国,其自卫队也已成为一支强大的军队。早在20世纪80年代,日本的整体军事力量就已超过了和平宪法规定的"专守防卫的需要",这主要表现为三个方面。一是日本自卫队技术装备先进性位居世界前列。如日本海上自卫队已经成为一支世界先进的进攻型海上力量,不仅拥有技术装备先进的常规海上防御舰艇,还拥有技术先进的"苍龙级"AIP潜艇、"大隅级"船坞登陆舰、"日向级"直升机驱逐舰等。此外,日本还增购F-35A隐形战机、空中加油机、重型直升机、10式主战坦克和新型两栖战车,扩大潜艇规模,研制升级版"苍龙级"潜艇。同时,日本还积极推进本国隐形战斗机的研发,这些军事装备甚至已经超过了一些大国,整体的军工水平达到世界一流,甚至在电子、材料等关键领域位于世界领先地位。二是海外派兵和海外基地等行为冲破了"专守防卫"的规定。三是以外向型为主要特征的"主动先发"战略蓝图已初步勾画。

不仅如此,除了美国,日本还与一些国家加强了军事合作。2013年,日本和英国认为,双方有必要加强防卫和安全保障合作,因而签署了《情报保护协定》。2015年年初,日本和英国的外交大臣、防卫大臣、国防大臣表示,两国将在军事训练、武器研发、网络安全等领域加强全面合作。2016年,英国战机首次在日本与日本自卫队实施了代号为"北方卫士"的联合军演。2017年,日英又签署了《相互提供物资与劳务协定》。2017年8月,日英双方发表了涉及双边经贸关系和安保战略合作的宣言。双方将就联合军演、防卫装备以及在反恐和网络安全等领域加强交流合作。可见,日本和英国的军事合作呈现出从技术策略合作向战略合作、从单一合作向全面合作转变的态势。

2017年7月,安倍晋三又与印度总理莫迪就推进包括美国在内的三国防务合作达成一致。2018年,日本与澳大利亚就签署《军事互访协议》展开了高层磋商和对话,就加强双边及更广泛地区层面的军事合作、深化"特殊战略伙伴关系"达成共识。同期,日本与法国举行了外交与国防部长级别的2+2磋商,计划进一步加强防务合作,在南海等"印太"地区更为频繁地举行联合军演,以共同维护南海"地区和平"。

安倍晋三执政时期,日本政府还不遗余力地推进与英、法、印、澳等域外国家的军事合作关系,大有使国际社会认同日本加强军事力量建设的考量。安倍晋三希望借助外力实现"突破和平宪法、构建对华战略包围圈、摆脱美国控制"的三大战略目标,通过对外军事合作实现其"借船出海"的目的,以摆脱和平宪法的"禁锢",营造一个相对宽松的国际舆论环境。特别是日本极力推动与英国、澳大利亚等国签订《军事互访协议》,其实质就是让这些国家公开支持日本解禁集体自卫权、修改和平宪法，以及向海外派遣自卫队。

日本还大幅增加军事预算。安倍晋三再度执政后，一改上任前日本军费减少的做法，军事预算逐年大幅增加，由原来的1310亿日元增到2014年的4.88万亿日元；2015年则达到4.98万亿日元；2016年为5.05万亿日元；2017年再创新高，达到了创纪录的5.16万亿日元。安倍晋三上台后大量增加军费的行为引发其东亚邻国的担忧和警惕。

日本在扩充军事力量的过程中，始终不忘为自卫队"正名"。2012年11月，安倍晋三在众议院的竞选纲领中提出："在继承和平主义的同时，明确写入自卫权，规定保持国防军。"2013年2月，安倍晋三又在参议院强调："虽然自卫队在日本国内未被称为军队，但在国际法上则被当作军队对待。"2018年9月，安倍晋三再次宣称，世界上没有一个国家的宪法像日本宪法一样，用"必要及最小限度"来规定武装力量。安倍晋三一直坚持认为，应尽快修改宪法，在宪法中为自卫队"正名"，"结束关于自卫队是否违宪的讨论"。①

日本加强对外军事合作，利用美国在其"亚太再平衡"战略中急欲在更广阔的范围构筑遏制中、俄的战略锁链，实现所谓"印太"战略的情况，乘机拉拢更多域外国家介入亚太事务，在壮大美国同盟体系的同时，也提升了日本的国际影响力和军事实力，从而为日本逐步摆脱美国控制积累了"资本"。一方面，《日美安保条约》的存在使日本可以依托美国的保护而不易受他国的侵犯，同时在美国的庇护下对他国采取强硬态度；但另一方面，一旦日本挣脱《日美安保条约》的束缚，摆脱美国的控制，成了日本所谓的"正常国家"或"普通国家"，那么日本也就彻底摆脱了美国及《日美安保条约》对其发展军力甚至发展核武器的制约，二战后压抑了80年的日本是否会再一次走上军国主义道路，值得各国高度警惕和关注。

---

① 《为何"中国威胁论"在日不衰？安倍一策略可知一二》，http://news.sina.com.cn/w/2018-09-27/doc-ihkmwytp3731814.shtml。

（三）修改和平宪法

日本现行宪法《日本国宪法》，即和平宪法，是 1946 年由美国占领军制定的。战后初期，美国占领当局在日本国内外民主力量的压力下废除了明治宪法，日本政府和其他各党派提出的宪法草案都不同程度地带有旧宪法的痕迹，甚至是倒行逆施，于是麦克阿瑟令他的顾问班子重新起草新宪法并获得其认可，于 1947 年 5 月 3 日正式施行。该宪法以和平与民主为特色，以"主权在民、尊重人权、和平主义"为基本原则，得到了日本大多数民众和国际社会的支持，也是日本经济腾飞的前提和社会稳定的保障。

和平宪法中以日本"放弃战争"为核心内容的第 9 条尤为重要："日本国民衷心谋求基于正义与秩序的国际和平，永远放弃以国权发动的战争、武力威胁或武力行使作为解决国际争端的手段。""为达前项目的，不保持陆海空军及其他战争力量，不承认国家的交战权。"[①] 但是，日本国内政界一些保守人士和右翼势力却以此为耻，先后掀起了多次修改和平宪法的恶浪，由此激起了日共等左翼民主势力的"护宪"斗争。

战后，日本保守政府和右翼势力都以和平宪法为耻。他们认为，当今世界各国宪法都是各主权国家自主制定的，而堂堂大国日本的宪法却是由外部力量——美国强制制定的。尤其是和平宪法第 9 条的内容使日本永远无法成为一个"正常国家"。因此修改和平宪法尤其是修改第 9 条，成为战后日本历次大选各政党论战时必须回答的问题，对此问题的不同回答是划分保守和革新政党的一个重要指标——赞成修改的是保守政党，反对修改的则是革新政党。修改和平宪法也一直是日本新旧保守势力和右翼势力的重要目标。

日本修改和平宪法的种种迹象，从冷战期间美国对日本政策转向时就开始了，20 世纪 80 年代有加剧的趋势，冷战结束至今更是肆无忌

---

① 《日本国宪法》，https://baike.baidu.com/item/日本国宪法/8148435。

惮。尤其是日本成为经济大国后,和平宪法成了其进行各种突破的绊脚石。于是修改和平宪法被提到执政党的议事日程。他们认为,和平宪法是"美国强加给日本的",是占领时代的产物,作为主权国家的日本应自主制定体现日本国民自主意识的宪法。他们还主张恢复战前的天皇制、限制国民权利、扩大内阁职权、实行征兵制等。

战后初期,保守政党和右翼势力企图修改宪法之声虽然不绝于耳,但由于当时民众对战争有切肤之痛,再加上左翼势力的强烈反对和及时揭露,执政当局和右翼势力企图修宪的行动并没有取得实质性的进展。但冷战结束后,日本左翼势力逐渐衰弱,二战后出生的国民对战争痛苦的感知逐渐淡化,加之日本经济实力增长、政治大国意识增强,于是,保守政府和右翼势力的修宪动向又日趋活跃。

1955年3月,时任日本首相鸠山一郎在众议院接受质询时就曾强调,和平宪法一定要修改,修改的重点是第9条,前言也要修改,并进一步指出,"为了自卫可以保持军队",甚至还"可以保持现代化军队"。[①] 从20世纪50年代到2006年安倍晋三执政前,日本自民党政府首脑在修宪问题上的态度都非常明确:支持修宪。其中以中曾根康弘的表现最为突出——在他担任议员时就曾上书麦克阿瑟,指责美国制定的宪法是"强加在日本头上的束缚"。20世纪80年代,他成为首相后立即明确表示,"日本的法律、制度都不完善,宪法也是如此","我个人是改宪论者,我认为需要就宪法进行研究",应该"打破禁区"。在他的直接要求下,1983年自民党大会将"改宪方针"列入自民党的决议中。[②] 对于和平宪法,他还多次强调,"我们迟早会处理国家的根本大法——宪法的问题","原因是它是麦克阿瑟对日本巧妙地、间接地、强制性地制定的,不能说是日本人民以完全自由的意志制定

---

① 姜孝若、宋绍英:《战后日本政治经济大事记》,沈阳:辽宁人民出版社,1984年版,第135页。
② 渡边治:《政治改革和宪法修改——从中曾根康弘到小泽一郎》,东京:青木书店,1996年版,第334页。

的宪法"。① 因此,日本要对此进行"战后政治总决算"。

修宪也一直是安倍晋三的政治目标。安倍晋三在 2006 年当选自民党总裁后立即表示,和平宪法第 9 条是"与时代不相称的典型条文",② 声称将在任期内对其进行修改。首次执政后,他公开宣称要"将 60 多年前美国占领时期制定的宪法交还国民手中",③ 强调"我的政治 DNA 继承了岸信介的遗传"。④ 甲级战犯岸信介是安倍晋三的外祖父,他在出狱后随即表示,"我在狱中就觉得新宪法不行,并因此成为改宪论者"。1958 年岸信介当选首相后,立即成立了"宪法调查会",对如何修宪进行调研。2017 年 5 月 3 日是日本和平宪法实施 70 周年,安倍晋三继续强硬表示, "希望将 2020 年变为新宪法施行的一年"。⑤ 可见,安倍晋三继承了岸信介的政治基因,其核心就是否认二战的侵略战争性质、推动修宪。

安倍晋三在担任小泉内阁官房长官期间,就对修宪抱有很高的期望。他当时自负地表示:"修宪不能一条条地改,必须全部推倒重来,从前言开始修改和平宪法全文。因为前言完全是战败国对同盟国的道歉。"⑥ 2006 年安倍晋三当选日本首相后就反复强调战后自民党的建党理念是以"终结战后体制,自主制定宪法"为基础的,对其系列言行进行观察不难发现,其执政理念的核心就是要让日本"摆脱战后体制",最终使日本在世界上成为"具有领导地位的国家",亦即让日本

---

① 中曾根康弘著,金苏城、张和平译:《新的保守理论》,北京:世界知识出版社,1984 年版,第 31、92、94、129 页。
② 《日首相安倍表示要修改日本宪法》,http://www.chinadaily.com.cn/jjzg/2006-11/02/content_722632.htm。
③ 《安倍亡父墓前发誓洗脱污名欲实现修宪夙愿》,http://www.chinadaily.com.cn/hqgj/2012-12/26/content_16059814.htm。
④ 《安倍晋三:我的政治 DNA 继承了岸信介的遗传》,http://www.360doc.com/content/13/1030/12/607082_325283783.shtml。
⑤ 《安倍晋三 2021 年的使命:如何处理同美国及中国的关系》,http://news.sina.com.cn/w/2018-09-27/doc-ihkmwytp3731814.shtml。
⑥ 《安倍修宪无法逾越的障碍 美国反对》,http://www.crntt.com/doc/1051/0/0/0/105100035.html?coluid=7&kindid=0&docid=105100035&mdate=0617002946。

回归"正常国家"或"普通国家",进而向"政治大国"迈进。2012年安倍晋三第二次担任首相后表示:"与我五年前担任首相时相比,我的立场没有任何变化。我依然认为,日本面临的最大问题就是摆脱战后体制。"①

2014年12月14日,安倍晋三再一次当选日本首相时表示:"修宪是我的大目标,也是我的信念。"而在24日举行的记者招待会上,针对记者的提问,安倍晋三表示,要努力加深日本国民对修宪的理解和支持,以实现修宪的目标。安倍晋三在参加2015年新年电视节目时表示,他将推动制定体现21世纪日本国情的新宪法,并呼吁右翼政党维新会积极参与和配合修宪的相关事宜。安倍晋三还就修宪问题声称,这是"我国的宪法",中韩两国的反对对此"没有影响"。

根据和平宪法第96条规定,如果要对宪法进行修改,参众两院必须有三分之二的议员赞成,且还要选民二分之一的投票通过,修宪门槛相当高。安倍晋三及其执政联盟和其他右翼政党的议席已经超过了法律规定的三分之二,在参众两院通过修宪议题障碍较小,更大的阻碍是选民的支持率。因此,安倍晋三在行动上想尽一切办法,积极通过修改相关法律来进行修宪的量变积累。2014年6月14日,安倍晋三推动并通过了规定修宪程序的《国民投票法》,规定将投票年龄从原来的20岁下调到18岁,虽然这次下调投票年龄旨在让年轻人积极参与政治,提高他们的社会责任感,但不可忽视的另一原因是,民调显示,日本年轻人对修宪抗拒较小,这显然有利于提高修宪动议在选民中通过的概率。同时,他还试图将两院三分之二的门槛下调到二分之一。

特别值得注意的是,2019年7月22日结束的日本第二十五届参议院选举结果出炉,虽然自民党-公明党执政联盟获得71个改选议席,仍然超过半数,但是对修宪持积极态度的"修宪势力"共获得改选议席数81个,加上79个非改选议席,合计为160席,未达到法律规定

---

① 《中美贸易战关键时刻,日本竟对我国伸出最大援手》,http://baijiahao.baidu.com/s?id=1600547166279931469&wfr=spider&for=pc。

的在参议院发起修宪动议的三分之二以上议席。而具有左翼性质的最大在野党立宪民主党势头强劲，获得 17 个改选议席，议席数增长了近 1 倍。安倍晋三对选举结果深感失望，因此，选举结束后，他频繁拜访其他在野党议员，希望他们支持修宪。

（四）否认二战性质

否认二战性质是战后历届自民党政府的"必备动作"，主要表现为各层政界人物的"失言"。战后初期，政界官员因尚不明确美国占领军的真实意图，以及面临日本国内外民主势力的强大压力，其否认二战性质的言行被强烈压制，但随着冷战的到来，这些言行就从幕后走向台前，从暗处走向明处。于是，政府高官在战争性质等问题上出现了"失言"现象，这些"失言"绝对不是个人行为，而是日本政治右翼化的标志之一，是右翼政治家刮起战争翻案歪风的重要信号，不仅诱发了政府要员的政治冒险，也鼓动了社会各界及右翼势力的极端民族主义、国家主义情绪。

20 世纪 80 年代，中曾根康弘明确提出，有必要重新评价"东亚战争史"并重新认识远东审判，甚至认为日本在战争中"有功绩"。安倍晋三第二次当选首相后，为了迎合右翼势力，吸取首次当选首相不到一年便辞职的教训，不顾中、韩等国家的感受，多次在战争观等问题上，无视历史的重要性，抛出"侵略未定论"，发表美化侵略战争的言论，公然开历史倒车，引发中韩两国的强烈不满。

2011 年 8 月，安倍晋三表示，如果他重新掌握政权，将否定或取消"河野谈话""村山谈话"。2012 年，他再次提出要废除"村山谈话"。2013 年 3 月，他又质疑二战后对日本战犯进行的东京审判，认为"审判结果不是由日本做出的"，因而不具有公正性，这一公然否认国际共识的表态当时就引起了包括中、韩、美多国在内的舆论质疑和谴责。同年 4 月 23 日，他再次强调不会继承"村山谈话"，声称"关于侵略的定义,不管是学术界还是国际上都尚无定论"。①

面对中、韩等国政府和民间对日本首相、内阁成员参拜靖国神社一事的强烈抗议和谴责,安倍晋三表示,我们"向英灵表达崇敬之情是自由的、理所应当的","绝不向任何威胁屈服"。②但是,日本政坛如何对待靖国神社问题,是日本邻国和国际社会观察日本今后发展走势的重要参照。无论日本领导人是以公职身份还是以私人身份,不论是亲自参拜还是以祭祀礼品、礼金方式参拜,其本质都是企图否认日本发动侵略战争的历史,这一点必须引起国际社会尤其是日本邻国的高度警惕。韩国政府多次表示,如果日本没有对历史的正确认知,韩日两国很难发展正常且面向未来的友好关系。韩国《朝鲜日报》援引该国多名韩日关系专家的观点,指出安倍晋三否认日本二战的侵略性质"极具震撼力",意味着其越来越偏离正确轨道;韩国世宗研究所日本研究中心主任陈昌洙表示,日本首相近乎否认侵略行为的言论,导致事态"非常严重"。

日本国内一些正义之士和媒体对安倍晋三及其内阁成员否认二战中日本的侵略行径等相关言论也进行了有力批驳。如社民党党首福岛瑞穗明确指出,安倍晋三及其内阁成员参拜靖国神社的右倾化行径,是导致日本与邻国关系恶化的直接原因。福岛瑞穗进一步指出,安倍晋三否定"村山谈话"的动机令人担忧。路透社则分析认为,安倍晋三已宣布将每年4月28日定为"恢复主权日",以纪念二战后盟军对日本占领的结束,但其真实意图值得深思。

(五) 篡改历史教科书

战时教育体制所宣扬的军国主义、皇国史观等在日本发动对外侵略战争中发挥着助推作用。对此,战后初期,麦克阿瑟连续向日本政

---

① 《安倍再抛挑战历史言论 被批短视将陷外交孤立》,http://www.chinanews.com/gj/2013/04-25/4764454.shtml。

② 同①。

府发出了四项指令,即《关于日本教育制度管理指令》《关于对教员及教育工作者进行调查、开除、任命的指令》《关于对国家神道、神社神道政府的保障措施及监督、废止的指令》《关于停开修身、日本历史及地理课的指令》,要求日本对战前教育体制和内容进行全面整改。迫于压力,日本政府从1946年3月开始对战前日本军国主义教育体系和教育内容进行了一定程度的改革,但是教育改革具有不彻底性和矛盾性,主要表现为没有强调军国主义思想和天皇制之间的必然联系等。

自战后起,日本保守政府就有篡改历史教科书的企图,并分别在1955年、1982年、1986年三次掀起了篡改历史教科书的逆流。而右翼势力在保守政府的纵容与鼓舞下,力图在教育问题上重走军国主义的老路。因此,保守政府和右翼势力一直在不同程度上篡改正确反映历史的教科书,不断在历史教科书内容表述上进行不当调整。到了安倍晋三执政时期,这一状况变得更为突出,但这并不能掩盖日本在二战中的侵略罪行和发动侵略战争的历史事实,这一行为既是对历史和日本下一代极其不负责任的体现,也严重伤害了邻国民众的感情。

毫无疑问,日本是发动二战的罪魁祸首之一,这已经是国际社会公认的历史事实。但二战后,日本部分势力为了维护天皇制及所谓国家尊严,让国民继续沉浸在"愚忠"的氛围里,不让日本新生代了解战争的真实情况,从20世纪60年代开始,日本部分政府官员及社会势力迫切希望修改能够正确反映历史的教科书。日本历史教科书主管部门——日本文部省在这一过程中起到了推波助澜的作用。历史教科书问题是日本保守政府和右翼势力合流,试图全面否认侵略历史,企图重走军国主义道路的一个重要表现,它与参拜靖国神社、修改和平宪法、扩充军事力量、向海外派兵等动向构成一个整体。

篡改历史教科书问题一再出现,日本政府对此负有不可推卸的责任,这与其对右翼势力长期纵容、直接支持相关。实际上,日本保守政府和右翼势力从未停止掩盖或否认日本发动侵略战争罪行的言行,他们一再利用教科书问题制造事端,企图全面否定侵略历史、美化侵略战争。教科书问题的实质是如何认识和看待日本过去的侵略战争历史，以及用什么样的历史观教育日本年轻一代，它直接关系到日本未来的国家发展走向。

但是，随着冷战的到来，日本教育领域内的皇国史观和军国主义倾向再度抬头，日本右翼势力对在教科书中记载日本发动侵略战争的历史事实大肆批判，声称这会影响日本人"爱国心的建立"。例如，1955年8月10日，日本民主党率先攻击中小学教科书是"马列主义的和平教科书"。① 20世纪60年代，日本政界、军界、财界陆续介入教育领域，要求恢复皇国史观和军国主义教育。进入20世纪80年代，随着日本经济大国地位的确立，为了推动日本人树立"大国意识"，修改历史教科书的议题再度被提出，日本右翼势力更是要求对战后历史进行"总决算"。

1980年7月22日，日本自民党内阁法务大臣奥野诚亮公开批评日本历史教科书"在培养爱国精神方面存在欠缺"，②并指示政府设立相应机构来处理教科书问题。在此背景下，执政的自民党率先在党内设立了五个教科书问题小委员会，声称对教科书问题进行前期研究。1981年1月23日，自民党代表大会将"弹劾'左翼偏向的教育'"作为方针之一。1982年，日本文部省在教科书审议会议上指出，"现在的教科书把日本写得很坏。要把日本写得更好些，要培育理直气壮迈向世界的国民"。③ 20世纪90年代以来，日本政坛、企业界、学界等右翼势力相互勾结，利用历史教科书对日本军国主义发动的侵略战争进行了前所未有的重新"解读"，企图从根本上否定日本军国主义发动侵略战争的罪行，并提出历史教科书"带有自虐性"，扬言"要为恢复本国正史而编写具有见地的历史教科书"。④

---

① 何理主编：《日本右翼的历史发展演变及影响》，长沙：湖南人民出版社，2009年版，第217页。
② 《日本修改教科书的前前后后》，载《人民日报》，1982年。
③ 同①，第219页。
④ 《"批判日本政府篡改历史教科书座谈会"学者发言》，载《抗日战争研究》，2001年第2期。

安倍晋三担任首相期间多次强调，要修改正确反映侵略历史的教科书。他在首次出任首相时出版的书籍《给美丽的国家》就表达了推进教育改革、培养国民"爱国心"的愿望。他在国会接受质询时曾就教科书现行审定标准表示，其"没有体现包含热爱国家和家乡理念的《教育基本法》修订版的精神"，要求研究改善措施。2006年12月，在其力主下，日本对《教育基本法》进行了60年来的首次修订；在其第二次出任首相后，又推动该法完成第二次修订。这样的举动对于学界的右翼势力是一个示范，把篡改历史教科书的逆行推向了一个新高度。要达到"修宪、正国、强兵"的目的，安倍晋三深知必须先对教育领域进行调整，必须消除历史教科书中关于日本在二战中的"负面"描述，因此，强力推行教育改革以服务其政治目标，就成为他的重要策略选择。

总的来看，安倍晋三执政时期的历史教科书基本都是按照安倍政权的意见进行审查，即"教育政治化"，教育服务于政治。一方面，安倍晋三及其政权口头上表示要与中韩等国改善关系，维护亚洲及世界和平；另一方面，在历史教科书等问题上又倒行逆施。2013年4月10日，按照安倍晋三的要求，日本新制定的教科书审查标准出台，指出教科书的内容要很好地体现出"尊重日本传统与文化""热爱日本、热爱家乡"的理念。为了突显所谓"爱国心"和"乡土爱"，日本在历史教科书中歪曲事实，否认二战侵略历史。

2013年1月24日，日本文部省决定修改初中和高中的指南书《学习指导要领》，将中国的钓鱼岛称为"日本固有领土"。2015年世界反法西斯战争胜利70周年之际，日本文部省再次要求教育界在历史和领土等问题上体现日本官方主张，这导致历史教科书内容再次出现严重篡改。2013年4月24日，自民党举行"教育再生实行总部特别小组会"，特别强调要在新修订的历史教科书中载明所谓的"领土教育"。会议论点汇总中提到，"至今许多教科书中，仍存在基于'自虐史观'

的问题记述"，还有参会者提出"有些教科书没有关于钓鱼岛问题的记述"。①

虽然日本文部省表示，在修改历史教科书时，要考虑到中韩等亚洲邻国的感受，但实际上，在消除日本历史教科书中"自虐史观"的要求下，"近邻诸国条款"②已变得无足轻重。对此，日本共同社认为，"可以预见，中国和韩国将提出批评"。更有分析人士指出，若相关规定被修改或撤除，会使日本右翼势力在教科书问题上更加肆无忌惮。

总之，日本政坛总体右倾化的各种表现并非彼此孤立、毫无关联的个体，而是相互联系的整体，即在谈及某一右倾表现时，必然要论及其他右倾表现，才能把握日本政坛总体右倾化的全貌。

第二节　日本政坛总体右倾化的主要原因

日本政坛总体右倾化呈现出持续时间长、影响范围广、国民容忍度强的特点，这在其他国家实属罕见。其原因具有综合性：既有历史原因，又有现实原因；既有国内原因，又有国外原因；既有执政党内部原因，又有执政党外部原因。在这些众多原因之中，执政党自民党的保守化倾向是日本政坛总体右倾化的直接原因；右翼势力是日本政坛总体右倾化的重要推手；其他原因则从不同侧面对日本政坛总体右倾化起着助推作用。

一、"安倍谈话"

"安倍谈话"对日本政坛总体右倾化起到直接推动作用。"安倍谈

---

① 《日自民党计划修改教科书审定标准"近邻条款"》，http://news.cnr.cn/gjxw/list/20130424/t20130424_512443067.shtml。
② "近邻诸国条款"指的是，在涉及近邻亚洲各国近现代历史事项时，须从国际理解和国际协调的视角出发进行充分考量。

话"指安倍晋三任首相后,在其著作、发言和谈话中,对日本前首相村山富市,官房长官河野洋平、宫泽喜一就二战中日本发动侵略战争表示道歉内容的"重新认识",即对"宫泽谈话"(篡改历史教科书问题、"近邻诸国条款")、"河野谈话"("慰安妇"问题)和"村山谈话"(侵略、殖民地问题)进行直接和间接否定的总称。安倍晋三的历史修正主义认为,这些谈话"无不有损日本人的荣耀",进而否认日本在二战中的侵略性质。为了排除"自虐的""有伤荣耀"的东西,安倍政府首先欲将束缚政府的有关谈话精神剔除掉,即否认"村山谈话""河野谈话""宫泽谈话";在背离这些谈话精神的基础上,又通过在靖国神社等问题上的立场来确定安倍晋三、日本自民党和政府更加强硬的立场。当然,如果没有"安倍谈话",日本政坛总体右倾化也会发生,因为在日本特殊的国内外环境下,日本政坛还存在其他推动总体右倾化的因素,安倍晋三执政只是加速了日本政坛总体右倾化的进程。

"宫泽谈话"是铃木内阁时期,时任官房长官的宫泽喜一就历史教科书问题于1982年8月26日发表的谈话。当时,由于文部省在历史教科书审定时将"侵略"改为"进出",引发了历史教科书问题,该谈话就是为了回应此问题而发表的。该谈话的重点是:"日本政府和日本国民深刻认识到,过去我国的行为曾经给包括韩国、中国在内的亚洲各国国民带来巨大的痛苦和损害,站在反省并决心不能让此类事件再度发生的立场上……在今后的教科书审定时,要通过教学用图书调查审议会的审定程序,修改审定标准,充分落实上述宗旨。"[1] 以此为契机,为了获取中韩等国的理解,日本在教科书审定标准中增设"近邻诸国条款"。[2]

但2012年自民党总裁选举期间,安倍晋三表示,如当选首相,将"废除'近邻诸国条款'"。其实,早在2006年安倍晋三第一次组阁

---

[1] 山田朗著,李海译:《日本如何面对历史》,北京:人民出版社,2014年版,第35页。
[2] 王玉强:《驳日本右翼文人的"近邻诸国条款"论》,载《外国问题研究》,2015年第3期。

时,就在其著作《给美丽的祖国》一书中表示,战后历史教科书将"国家或国家主义视为恶"是日本历史教育问题的根源所在。他认为,战后日本将60年前的战争的原因和战败的理由一味归结于国家主义,导致"国家等于恶"的固化认知根植于国民心中。所以,从国家观点出发的想法不仅很难产生,甚至存在忌避的倾向。这是战后教育失败的原因之一。同时,他在书中高度赞扬了20世纪80年代英国"恢复荣耀的撒切尔夫人教育改革",认为她的教育改革"成功矫正了具有自虐性质的偏向教育"。此处所谓"自虐性质的偏向教育"指的是,有些历史教科书将英国历史描述为"殖民统治的历史""掠夺的历史",而撒切尔夫人的教育改革就是"矫正"这些"有损自尊心的教科书内容"。① 因此,为了让日本青年对国家抱有荣耀感,回归传统价值观是非常重要的,为此,有必要推行"大胆的教育改革"。2012年10月,安倍晋三明确表示要"全面修订《教育基本法》,确立'养成热爱祖国和故乡的态度'等教育目标",目的是"培育国民的国家荣耀感"。② 在此背景下,安倍晋三成立了"新历史教科书编撰会",对历史教科书修改进行指导。

"河野谈话"是宫泽内阁时期,时任官房长官河野洋平就"慰安妇"问题于1993年8月4日发表的谈话。1991年12月,韩国的日军"慰安妇"制度受害者首次向日本法院提起诉讼,要求日本政府就此问题向韩国谢罪并对"慰安妇"制度受害者进行赔偿。在国际舆论的巨大压力下,1992年1月,时任官房长官加藤纮一在调查后,承认日军与"慰安妇"问题存在直接关联。不久,宫泽喜一就此问题向韩国道歉。然而,日本政府又强调,召集"慰安妇"、管理"慰安所"等行为是日本民间团体所为。就在这时,韩国与日本国内相继发现大量原日军殖民地当局经营"慰安所"的直接证据,包括征集和管理"慰安妇"的官方文书。面对如山铁证,1992年7月,日本政府不得不公开

---

① 安倍晋三:《给美丽的祖国》,东京:文艺春秋出版社,2013年版,第204、209页。
② 自由民主党:《自由民主》第2532号,2013年7月12日。

承认国家机关与"慰安妇""慰安所"存在直接关联,但又宣称"慰安妇"并非日军强制征集,而是"主动应征"。这遭到韩国方面强烈抗议。

在韩国持续抗议和国际舆论的压力下,河野洋平代表日本政府发表公开讲话,承认日军在"慰安妇"问题上存在强制性。他表示,"在很长一段时间内,日军在广泛区域设置有慰安所,存在大量慰安妇。慰安所是根据当时军方的要求设置、运营,原日本军队直接或间接参与了慰安所的设置、管理以及慰安妇的运送。在慰安妇的征集方面,存在大量哄骗、强制等违反妇女意愿的事例,也确实存在日本官宪当局直接参与强征慰安妇的事例。此外,慰安所内女性的生活处在强制状态下,非常痛苦。被运送到战场的慰安妇中,来自朝鲜半岛的女性占了很大比重,当时朝鲜半岛处于日本殖民统治下,在慰安妇的征集、运送、管理等方面,采取哄骗、强制等手段,总的来说违反了受害者的意志"。① 他对此明确表示谢罪和反省,这一表态在国际社会引发广泛关注与积极回应。

2006 年安倍晋三第一次组阁后,在当年 3 月面对众议院议员就"慰安妇"问题的质询时答辩道:"就慰安妇问题,政府从平成 3 年 12 月到平成 5 年 8 月为止,调查相关资料并走访了相关人员,得到全面判断的结果,即为同月 4 日内阁官房长官谈话内容。截至调查结果公布当日,政府发现的资料当中并未找到能够直接证明军队、官兵参与所谓'强征'行为的记述。"

2012 年,安倍晋三第二次出任首相后不久,在接受采访时对"河野谈话"进行了事实上的否定。2013 年 7 月 30 日,他在接受《产经新闻》采访时已不再遮掩,在实质上否定了"河野谈话",强调"河野洋平官房长官谈话只是官房长官的谈话,是没有经过内阁决定的谈话。……政府所发现的资料当中并不存在直接显示军队、官宪强征的记述。这样的答辩书已经通过了内阁决定。接下来,准备将此内容写

---

① 山田朗著,李海译:《日本如何面对历史》,北京:人民出版社,2014 年版,第 9 页。

入内阁的方针,由官房长官对外宣示"。① 由此可见,虽然安倍晋三表面上并没有对"河野谈话"的对错进行判断,仅强调该谈话代表的是河野洋平的个人意思,并非日本政府意志,但他实质上否认了"慰安妇"制度受害者的存在。事实上,在1992年由大月书店出版发行的日本学者吉见义明《从军慰安妇资料集》一书中,就曾公布日本大量公文书,力证日本官宪机构与召集"慰安妇"、管理"慰安所"有着直接关联,但是日本右翼政客和右翼学者对此视而不见。

在安倍晋三看来,当时的日本政府没有找到直接证据来证明军方和官宪强征"慰安妇",所以"慰安妇"是不存在的。于是,日本一些历史修正主义者和右翼分子认为日本政府没有强征"慰安妇",甚至认为"慰安妇"并非强制而是自愿。日本维新会代表桥下彻在2013年5月13日就此问题称:"当时世界各国都干的事情,为什么只有日本受到特别批判。"② 面对事实,日本右翼势力矢口否认,对于他们来说,承认这一问题将"有损日本人荣耀",所以只能否认"慰安妇"问题,将其继续掩盖。

"村山谈话"是日本前首相、社会党党首村山富市于1995年8月15日以《值此战后50年的终战纪念日》为题发表的谈话,其核心是代表日本政府承认日本侵略战争的性质,对战争给被侵略国家带来的损害表示谢罪,对给其国民造成的痛苦表示道歉。他表示,"在过去不太遥远的一个时期内,错误的国策使日本走上了战争道路,日本国民陷入了存亡的危机。由于进行殖民统治和侵略,给许多国家特别是亚洲各国人民造成了极大的损害和痛苦。为避免将来重犯这样的错误,我毫不怀疑地面对这一历史事实,并再次表示深刻反省和由衷的歉意。同时,谨向在这段历史中受到灾难的所有国内外人士表示沉痛的哀

---

① 《产经新闻》,2013年7月10日。
② 《日在慰安妇问题上受"不当侮辱"》,http://world.cankaoxiaoxi.com/2013/0515/208931.shtml。

悼"。①

同样，在安倍晋三第二次就任首相后不久，在2012年12月30日接受《产经新闻》采访时，对"村山谈话"进行了某种程度上的否定。他称，"那是纪念战争结束50周年，时任自民党、社会党、新党政权的首相村山富市所发表的谈话，但现在早已迎来了21世纪。我想发表符合21世纪未来志向的安倍内阁谈话。具体发表什么内容，在什么时候发表，我想召集有识之士讨论后再作决定"。虽然安倍晋三在此没有直接否定"村山谈话"，但认为"村山谈话"已不符合"21世纪未来志向"，即"村山谈话"已被时代抛弃、不能与时俱进了。

2013年4月23日，日本自民党议员丸山和也在参议院预算委员会上对"村山谈话"提出质询，认为"村山谈话"的"内容暧昧，很有问题……'错误的国策'，什么样的国策是错误的？应该采取什么样的国策？……'殖民统治和侵略'，殖民地有很多含义。如英国在印度的统治，以及所谓的'日韩合并'等，说是殖民，其实不过是国与国意见一致的结果"。对此，安倍晋三借机表示赞同，他说，这也"正是我认为暧昧的地方。特别是有关'侵略'的定义，不管是学术界还是国际上都尚无定论。其定义从国与国的关系看，如果立场不同，结论就会不一样。以此观点来看，'村山谈话'确实被指出存在这样的问题，我想这也是事实"。此时，考虑到因桥下彻"慰安妇"问题引发的风波未平，历史认识问题可能对即将进行的选举不利，同年7月3日，安倍晋三对媒体说："我没有否定过殖民统治，没有否认过侵略，但我没有为侵略下定义的立场，我想这样的谦虚态度是有必要的。"② 可见，安倍晋三把没有明确承认侵略说成是"谦虚"的表现。

2014年3月3日，安倍晋三在众议院答辩时又表示，日本曾给亚洲各国人民带来巨大的损失和痛苦，新一届政府将继承"村山谈话"

---

① 《村山富市关于日本侵略战争问题的谈话》，https://news.cctv.cn/news/special/zt1/book/4202.html。

② 山田朗著，李海译：《日本如何面对历史》，北京：人民出版社，2014年版，第3、12、22—24页。

对历史的认知。但是，到了 2015 年 1 月 25 日，他在 NHK 电视节目中表示，他将于二战结束 70 周年发表的"安倍谈话"不会原封不动地沿用"村山谈话"中"殖民统治""侵略"等关键措辞，而是表达新政权对二战结束 70 周年新的认识和思考。

但在一些日本学者看来，安倍晋三对于继承"村山谈话"的表态"并非安倍的真心"，"对于安倍晋三来说，从国与国的关系角度看侵略问题，立场不同就会有不同的看法，也就是说对方所说的'侵略'，在我们看来并不是这样"。[①] 正如安倍晋三在其著作中所写："从那个时代生活的国民的观点来看，虚心凝视并修正历史，这不是自然的和最重要的事吗？"[②] 然而，"侵略"不是如何定义的问题，而是作为历史事实如何认识的问题，但安倍晋三试图通过偷换概念来否定侵略、掩盖事实。

日本一些政治家口头上谢罪，在实际行动中却是另一行径，这让中、韩等国怀疑这些政治家的谢罪是否出自真心。他们否认侵略战争和殖民统治的历史，并且不打算告诉后世战争的真相。时任首相的安倍晋三在公开场合否认日本发动二战的侵略性质，在篡改历史教科书、参拜靖国神社、"慰安妇"等问题上要么持否认态度，要么持暧昧态度，这给日本右翼势力以极大的示范和鼓舞，是造成日本政坛总体右倾化的直接原因。

二、"天皇崇拜"

深植于日本民族文化基因和社会心理潜层的"天皇崇拜"，是当前日本政坛总体右倾化的思想根源，而"天皇崇拜"是"皇国史观"的核心内核。在日本，"天皇崇拜"是日本民族凝聚力的纽带，是日本精神的凝练，是支配日本国民行动的主流价值观念，是日本区别于其他

---

① 山田朗著,李海译:《日本如何面对历史》,北京:人民出版社,2014 年版,第 22 页。
② 安倍晋三:《给美丽的祖国》,东京:文艺春秋出版社,2013 年版,第 30 页。

国家政权更迭模式的根本。

因此，无论是战前还是战后，日本历任政府、学界、民间都不容对天皇的"妄议"，否则就会被视为"大不敬"，在战前甚至可能面临逮捕乃至极刑。即使在战后，天皇已经做出了他"是人而不是神"的《人间宣言》，但由于天皇在公众认知中强大的精神地位，大部分民众的"天皇崇拜"意识仍然没有发生根本性转变，尤其是保守政党一直企图把国民对天皇的崇拜作为维系其统治的重要手段。因此，日本政坛总体右倾化与社会各界对"天皇崇拜"在日本政治、经济、社会生活中重要作用的认知有着密切联系。

日本统治者培植和强化民众的日本式神国观念，试图以此树立天皇的绝对权威，实现国富民强，维护自身统治。对此，圣德太子起了重要作用。他在法律上确定了天皇"万世一系"原则："国靡二君，民无两主；率土兆民，以王为主。"为了使天皇教化更深入、持久、固化，他还把中国以"仁爱"为核心的儒家思想，改造为具有日本特色的以"忠诚"为核心的民族主义儒教；把中国的道教改造成为具有日本特色的以"事君至命，移孝为忠"为核心的神道教。[①]

日本的"天皇崇拜"与神道教存在密切联系。神道教尊奉的天照大神被视为日本的"皇祖"，天皇则被认为是天照大神的后人，日本的国土乃至国土上的万物，都是天照大神缔造的。久而久之，"天皇崇拜"思想和神国观念逐渐植根于日本的民族心理之中。1274年、1281年，面对蒙军的进攻，日本上至天皇，下到百姓，面向神像祈祷。而蒙军因长途奔袭、疲惫不堪、不习水战，又遭遇狂风大作、海啸山鸣，最终惨败，于是天皇将这场胜利称作"天佑神助"，将掀翻蒙军战船的狂风视为"神风"。于是，神国观念和"天皇崇拜"思想在日本国民中更加根深蒂固。

对于"天皇崇拜"和国家神道在日本政治生活中的特殊重要作用，

---

① 王金林：《简明日本古代史》，天津：天津人民出版社，1984年版，第111页。

伊藤博文曾指出,统治近代日本需要一种类似西方基督教的信仰体系。在日本,实践已经证明,佛教未能承担这一功能,但在基督教还没有真正深入日本社会的情况下,日本只能从本土的神社、神道中去寻找民族共同信仰,于是把皇室神道改造为国家神道,使其成为日本皇族实施统治的专有工具。①

1889年2月11日,日本颁布《大日本帝国宪法》,该宪法是日本基于立宪主义和国体论制定的首部宪法,标志着日本成为东亚首个实行有限宪政的君主立宪制国家。宪法规定,"大日本帝国由万世一系之天皇统治之","天皇神圣不可侵犯","天皇为国家之元首,总揽统治权,并依宪法之条规行使之";天皇拥有"统率陆海军""宣战""讲和及缔结条约""任免文武官吏""召集帝国议会、决定其开会、闭会、休会及众议院的解散"等大权;内阁由天皇任命的总理大臣和国务大臣组成,只对天皇负责,不对议会和国民负责;司法权"以天皇名义,依法律由法院行使之";国民为天皇统治下的"臣民"。② 该宪法的颁布与施行表明,日本天皇至高无上的权力最终得到了法律的赋予和确认,由此,日本政治体制确立了"天皇主权论",即国家最高权力源自天皇,天皇的个人意志就是国家意志。

不仅如此,政府为了树立天皇的绝对权威,还对其进行神化,并长期对国民进行教化。明治政府于1879年颁布了《小学校教学规则纲要》《小学教员须知》,于1890年颁布了《教育敕语》。这些法规从教学大纲、教学内容、教学纪律、教师职责等方面对学校教育作出全方位规定,尤其是规定历史教育必须以培养"尊皇爱国"为目标,以"忠孝"为根本理念,要求日本学校、社会、家庭教育必须统一围绕培养天皇的"忠良臣民"展开。③ 这促成了天皇制专制主义意识形态的形成。

20世纪20—30年代,日本对外侵略野心急剧膨胀。为了适应战争

---

① 村上重良:《国家神道》,东京:岩波书店,1970年版,第128页。
② 《大日本帝国宪法》,https://baike.baidu.com/item/大日本帝国宪法/6312868。
③ 王桂编著:《日本教育史》,长春:吉林教育出版社,1973年版,第242页。

需要，在"天皇崇拜"和国家主义教育的基础上，新增军国主义教育内容，自此，日本的教育体系形成了"天皇崇拜"、国家主义、军国主义三位一体的教育导向。不仅向所有军人，还向全体学生灌输"天皇至上""大和魂""尽忠报国""武士道精神"等思想，最终构建起近代天皇军国主义体制，即天皇是"兵马大元帅"，军队是"皇军"，士兵必须为天皇效忠至死。"天皇崇拜"、国家主义、军国主义不仅成为日本对外侵略的理论依据，也成为日本右翼的思想来源。

"天皇崇拜"是日本右翼滋生、发展的思想基础。明治以来，日本政府利用神话传说和社会传统，宣扬、灌输"一君万民""一国一家"等以国体论为核心的天皇制专制主义意识形态，宣称天皇是神的后代，日本民族是一个"大家庭"，皇室是"本家"，天皇是"大家长"，所有臣民都是"赤子"，都应忠于天皇、忠于国家。而日本民间右翼普遍尊奉国体论思想，主张以天皇为中心改造国家，甚至要求天皇亲政，鼓吹一切以天皇为中心，把一切奉献给天皇。而这些右翼主张与"天皇崇拜"的基本理念高度契合，使得"天皇崇拜"思想与日本右翼主张紧密结合。

尽管日本右翼类型多样、主张各异，但其所推崇的"日本精神"和"日本主义"的基本指向均为"天皇崇拜"。所谓"日本精神"，就是"通过拥戴万世一系之皇室、君民一家、君国一体的国体所养成的国民精神，实质是以敬神敬祖为信念，以忠孝一体之大义为准则，崇尚武德、爱好和平的国民精神"。[①] 所谓"日本主义"，就是"日本国家是一君万民、以皇室为中心的家族国家，天皇即日本国家"。[②] 历史上的右翼代表人物多为"天皇崇拜"的狂热支持者，因为打着"尊皇"的旗号可占据道德制高点，获得社会舆论的话语权，其行为就有了合法性，这与日本政府长期维护天皇地位的逻辑一致。

2013年4月28日，安倍晋三在日本"主权恢复日"活动中，突

---

① 警备实务研究会：《右翼运动的思想和行动》，东京：立花书房，1989年版，第7页。
② 同①，第8页。

然三次高喊"天皇陛下万岁",这一举动令其随从要员都大感意外。对此,联合执政的公明党党首山口那津男也惊讶地表示:"很怀疑安倍是否充分意识到了这一举动的意味";有日本媒体人士认为:"在战后举行的与日皇并无直接关系的政府活动中,首相等高喊'天皇陛下万岁'尚属首次,让人感觉好像回到了战前";日本《东京新闻》则评论称,此举"激起了冲绳居民对战争的噩梦般回忆"。①

总之,神国观念和"天皇崇拜"是一种类似于宗教感召的观念意识,它比一般的政治学说更具有煽动性和迷惑力,且犹如一把双刃剑,久远而深刻地影响了日本人的心理归向和思想走势,特别是形成了与之相表里的超常的忠诚意识和以攻占杀伐的好战习性为特征的武士道精神。②当神国观念和"天皇崇拜"最终成为日本国民的一种思维方式和行为规范时,便成为统治阶级控制国民的精神工具。要在这样的国度里传播无神论的马克思主义,难度就可想而知了。1932年2月日本陆军省发布的一个调查报告显示,"反对帝国主义战争历来是极左势力有力的宣传口号。然而自'九一八事变'以来,他们的宣传被国民狂热爱国心所压倒,不仅没有效果,其宣传对象的工人、农民等所谓'无产阶级'也是热心的爱国者"。③正是因为"天皇崇拜"在日本有如此强大和特殊的作用,在今天仍然被部分势力利用,其蕴含的保守主义、传统主义思想,就成了当今日本政坛总体右倾化的重要思想根源。

三、"百年右翼"

在日本,右翼具有悠久的历史,有"百年右翼"之称,是日本政坛总体右倾化的历史因素。如前所述,从源头上看,日本右翼是建立

---

① 《安倍大打民族主义牌谋修宪 被批脱下假面露真容》,http://www.chinanews.com/gj/2013/05-03/4782417.shtml。
② 《战后日本右翼势力研究》,https://baike.sogou.com/historylemma?lId=63789051&cId=84312664。
③ 京极纯一:《日本人和政治》,东京:东京大学出版社,1977年版,第126—128页。

在"神国日本"基础上的"天皇崇拜"、极端民族主义、国家主义或国粹主义思潮、势力和组织，它们以维护封建主义的天皇制为己任，绝不容许任何对天皇不敬的言行，否则就将其作为暴力攻击的对象和目标。虽然现今右翼使用暴力手段的情况减少，但由于其存续时间长，且一直打着"维护天皇"的旗号，因此，在日本社会有较大影响，日本政界也深受其影响。而日本保守政府长期以来与日本右翼存在联系，在其催化下，日本政坛总体右倾化也就在所难免。

19世纪中叶，日本被西方列强的炮舰轰开国门，于是形成了一股试图在维护天皇制核心利益的旧体制下抗衡西方列强、反对"门户开放"、主张"尊皇攘夷"的以士族为核心的国粹主义保守势力——尊攘派，这是日本右翼最初的思想和组织表现。不久，随着岩仓使团的出访和明治初年改革的深入，一些日本精英似乎从西方列强那里找到了"富国强兵"之路——对外扩张主义。这一认识很快成为日本政界的主流意识。尊攘派中，除少数人开始顺应改革派的理念（甚至有的后来成为自由民权运动的领导者）外，大多更趋向保守甚至反动，成为后来日本右翼团体的骨干成员。然而，无论是尊攘派，还是改革派、革新派，受传统保守思想的影响，其"富国强兵"之路都是以维护天皇制为前提，都是以对外扩张主义为策略和手段，只是在处理不同问题的轻重缓急上存在差异。

明治维新后，右翼针对维新派"全盘西化"的策略，从维护天皇制"国体"的角度出发，提出了所谓"二次维新"和"三次维新"的主张，但其目的仍是强化天皇制。进入20世纪，面对西方列强在世界的蚕食鲸吞，右翼势力以社会"革新者"的面目出现，认为日本的落后在于日本政府，于是把攻击目标指向官僚、政党和财阀；在社会主义与资本主义之间，他们更强烈地批评资本主义，提出了建立国家社会主义的目标，但这种国家社会主义思想不是真正意义上的左翼思想，因为左右两翼在对待日本天皇制"国体"上是根本对立的。

可见，日本右翼虽然以维护"国体"作为思想武器，但又往往以反政府的形式表现出来，因此呈现出矛盾的复合体特征。维护天皇制这一"国体"，体现的是"忠君爱国"。但这种"爱国主义"只是一种极端的民族主义、国家主义和国粹主义。然而，右翼这种极具欺骗性的"爱国主义"言行很容易迷惑生活贫困的社会下层，并得到其响应——日本的所有问题是日本政府、官僚和财阀造成的，必须在维护天皇制"国体"的情况下，对日本政府进行结构性改造，甚至是打倒政府。这一思想在日本民间颇有市场，也是右翼及其思想影响至今的重要原因。可见，这种"爱国主义"具有强大的延续性，而现代日本统治者也试图将这一右翼基因作为实现自身政策合法性、利益最大化的工具加以利用。

日本右翼最初是由大量的社会边缘群体组成的。如"尊皇攘夷"运动便是以下级武士和浪人为首，还包括少部分富农和富商，以及僧侣和国学家。他们试图阻挡资本主义在日本的发展大势，因此从政治态度来看，他们属于保守势力；但在手段上却暴力攻击外国舰船和外国人，对与外国人"勾结"的国内改革派发动暗杀等等，这为后来的右翼人士提供了思想和行动范式。然而，资本主义在日本势不可挡，从表面上看，右翼势力有时不为政府所容，要么被镇压，要么被政府利用，因此在较长时间里，右翼思想与政府主流意识并非完全抵触。在大多数情况下，右翼往往被政府当作统治和打击左翼的策略与手段，因此政府与右翼又密切联系。

部分被政府打压的右翼边缘势力出现分化，主张开国政策。可见，日本政府和右翼在思想上有诸多的共同点与一致性，只不过二者在实现目标的手段与措施上，因认识不同而有时难以调合。另有部分右翼是从明治初年的"自由民权运动"演化而来，当"自由民权运动"遭到明治政府的弹压后，其领导人顺应朝野上下的"潮流"，将"民权运动"转变为"国权运动"，即追随政府当局把矛头指向海外，为日本的大陆扩张政策服务。所以，日本右翼从诞生之日起，就是供政府驱使的势力，尤其是在日本狂热推行对外侵略、掠夺殖民地时，右翼势力除了遵照战争指导部的意旨行动外，几乎没有自己独立的纲领或宗旨。

对此，日本著名政治学家丸山真男进行了详细的分析，他认为，日本早期的右翼分子主要由四部分构成：

一是失地农民、经营不善的小企业主和小商人。他们由于无法适应日本资本主义早期环境，转而对政府产生不满，这部分边缘群体是日本右翼的主体力量。

二是没落的士族，这是日本右翼的中坚力量。明治维新时期积极参与"尊皇攘夷"运动的士族，在明治维新后失去了俸禄而与政府对立。这些受大日本主义、国粹主义思想影响的人，对明治政府"脱亚入欧"的方针更是难以接受，认为明治维新的方向存在错误，于是对明治维新感到不满，要求重新实施"维新"并为此不断进行抗争。尽管这些士族的保守态度与明治政府形成鲜明对立，但是由于他们打着为贫苦农民奔走的旗号，被社会底层认为是有"正义感"的"志士"和地方的"侠客""壮士"。早期右翼部分出身于没落的武士家庭，这也是日本右翼比其他国家右翼更具攻战杀伐性格的原因。

三是日本军队中的一些中下层年轻军人。日本中下层军人大多来自农村，而且多为没有土地继承权的农村家庭中的次男、三男。他们不自觉地成了社会的边缘人士，认为农民困苦的根本原因在于地主和资本家的巧取豪夺和官僚的腐败，便将不满情绪转嫁到政府身上。同时，日俄战争和甲午战争后，一批充满黩武精神的军人对日本政府没有向中国扩张感到不满和失落。这部分人虽具有强烈的优越感，却因一开始被排除在日本主流社会之外而怀有强烈的自卑感，从而对政府和官僚产生较大反感。

四是思想激进的知识分子。这部分人对日本民权运动及工农运动十分关注，参加左翼活动的次数多于参加右翼活动，有的甚至还相信社会主义和共产主义。但是，这些知识分子的思想跳跃性和波动性很大，有可能发生转向。而一旦转向，当局又会怀疑他们是否真正"转向",所以他们总怀着不安与懊恼,不时表现为百分之百的"国体"主义者。因此,在国家主义运动的内部,他们往往是极端派。①

如原左翼分子转向后成为著名右翼领袖的北一辉,由"非议"天皇迅速转为肯定、歌颂和拥护天皇制,称颂明治天皇为"统一了两千五百年信仰而使国民的自由得以维护和扶持的大皇帝",是"国民之总代表"和"国家的根柱"。②正因如此,无论是战前还是战后,历届政府都不同程度地将尊崇天皇作为重要职责;反之,"非议"乃至反对天皇则会被政府、右翼及部分社会成员视为"不敬"。因此,对于旗帜鲜明主张推翻天皇制的日共等左翼,北一辉就主张采取"暗杀先于革命"的方式。

右翼组织及其主张从一开始就与政府存在密切联系。1881年诞生的日本首个右翼组织、被称为日本右翼组织"孵化器"的玄洋社就曾公开宣称其负有"越过朝鲜海峡君临大陆",③实现天皇"开拓万里波涛,布国威于四方"的使命。④这些在国粹主义、"天皇崇拜"、亚细亚主义指导下成长起来的日本右翼组织和势力,无不主张对内建立天皇专制统治,对外实行侵略扩张,这与当时日本政府的主张高度一致。1910年,日本政府为了加强对国内民众的控制、适应对外侵略的需要,将全国各地奉行狭隘民族主义、天皇中心主义、极端国家主义和军国主义的在乡军人团体等组织起来,建立了全国性的右翼组织——"帝国在乡军人会"。这个有着官方背景的右翼组织与其他民间右翼组织一样,"不仅在政治口号上、思想理念上异曲同工,其热衷于暴力的行为特征,也与其他民间右翼组织如出一辙"。⑤日本政府的内外政策主张之所以与日本右翼的主张高度契合,原因之一是日本在西方列强

---

① 步平、王希亮:《日本右翼问题研究》,北京:社会科学文献出版社,2005年版,第15—17页。
② 伊文成、汤重南主编:《日本历史人传》,哈尔滨:黑龙江人民出版社,1987年版,第624—635页。
③ 堀幸雄:《右翼辞典》,东京:三岭书房,1991年版,第79页。
④ 《明治文化全集》(第二卷),东京:日本评论社,1928年版,第34页。
⑤ 林晓光:《日本右翼思潮与右翼团体史考》,载《抗日战争研究》,2002年第1期。

面前显得格外弱小，因此，部分极端人士认为，只有对内强化天皇的绝对统治、对外走西方弱肉强食的路子，才能使日本迅速强大起来。这种认识一直延续至今。这也使得21世纪的日本，无论是政坛，还是社会民意，都易与右翼"合流"。

由于日本右翼打着"忠君爱国"的旗号，在社会各阶层中具有迷惑性和欺骗性。如1929年大萧条后，右翼打着"反权贵""反资本""救济农村""改造""革新"等旗号，赢得了部分民众尤其是城市底层市民和广大农民的认同。在这些社会底层民众和部分中产阶级眼中，日本右翼激进分子往往被视为"忠君爱国"的"英雄"，而法官在对这些激进分子进行审判时，也往往会形成一种思维定式：任何采取暴力行动者，只要是为了"国家荣誉"，就应该获得特赦。由此，凶手已不再是"凶手"，而是英勇无畏的"斗士"。这是日本右翼势力长期存在、发展、壮大，并在特定时期推动整个社会加速法西斯化的社会基础。①

同时，日本右翼极力推崇"海外扩张"和"解放亚洲"等思想，这主要源于日本独特的地理环境、稀缺的资源和西方入侵的冲击等因素。因此，日本右翼运动诞生的一个重要指向是"确立国权"。在此背景下，日本右翼对内坚持"天皇崇拜"、对外确立国权等主张，在日本政坛和社会中就具有强大感召力，迅速得到长期接受"天皇崇拜"教育的广大青年学生和军队中青年军人的共鸣与支持，对当时的社会运动产生了深远影响。

1932年5月15日，东京发生了由10名海军将校、11名陆军士官生和10名右翼分子联合发动的大规模政变，这些"革命者"袭击了政府的多个职能部门，还刺杀了首相犬养毅，这就是日本历史上影响极大的"五一五事件"。他们在《告国民书》中宣称，"当前挽救国家的唯一道路就是'直接行动'，杀死天皇左右的奸贼"。② 在对这一事件

---

① 孙立祥：《战后日本右翼势力研究》，北京：中国青年出版社，2013年版，第47页。
② 《现代史资料》，东京：三岭书房，1965年版，第104页。

的认知上，许多国民非但不同情遇害的首相，反而对凶手表现出前所未有的同情。审判中，一被告宣称："我和同伴的行动只不过是为唤醒祖国而敲响警钟，生死对我无关紧要……不必为我流泪，让我在改革的祭坛上牺牲吧！"① 在场的人报以雷鸣般的掌声，甚至全国有多达11万份用鲜血签名或书写的要求宽恕凶手的请愿书寄往审判机关，还有9位青年要求替凶手服刑。最终，该事件所有凶手均未被判处死刑，而被判刑的40人数年后全部获释。由此可见，国民将国家弱小的原因归结为右翼所宣称的上层腐败，并对此深恶痛绝，这些极端右翼分子在普通国民眼中已成为为国除害、英勇无畏的"斗士"。

在实践中，对内，极端右翼分子将其认定为有碍天皇专制统治和对外侵略扩张的对象列为暗杀的目标。因为暗杀活动与政府维护天皇制"国体"的目标是一致的，所以政府对极端右翼分子的暗杀活动表现出容忍态度，尤其是针对左翼人士的暗杀。对外，极端右翼分子的主张与政府制定的侵略性"大陆政策"不谋而合。从日本政府制造"征台之役""江华岛事件""吞并琉球"，到发动甲午战争、参与八国联军侵华战争、进行日俄战争、吞并朝鲜等一系列对外侵略和扩张行动中，都可看到民间右翼势力充当日本政府侵略扩张的"急先锋"和"马前卒"：他们为推动政府实行强硬外交进行舆论动员，为军队刺探情报等；同时，他们通过"爱国主义"主题演讲、著书立说、创办报刊等方式发表极端民族主义言论，向政府施压。另外，军队的天职就是保卫国家，因此，极端右翼分子这一思想很容易在军队里传播，于是，军队开始涌现大量的法西斯军国主义分子，并于1930年开始出现以军人为主或完全由军人组建的法西斯团体。

战后，日本右翼不仅没有随着二战的结束和时间的推移而自然消失，反而在日本社会中被经常性地复活和再造，并深刻地影响着当前日本的政治、经济、文化和公众生活等各方面；其不仅不时配合政府

---

① 约翰·托兰著，郭伟强译：《日本帝国的衰亡》(上)，北京：新华出版社，1982年版，第13页。

对日本国内左翼势力进行持续打压，还成为日本危害地区和平与稳定的因素。"战时盲从了侵略战争，战后仍持错误战争史观的部分不觉悟的日本国民是战后日本右翼势力存在和抬头的社会基础。"① 为了适应战后政治局势变化，右翼先后出现了两大流派：一是新右翼，鼓吹反美、反共，把打破以美苏两大阵营主导的雅尔塔-波茨坦体系作为活动的目标；二是传统右翼，鼓吹亲美、反共，以打破战后日本的民主主义政治体制、实现文化与教育的复古为主要目标。但无论是新右翼，还是传统右翼，基本上都继承了战前右翼的意识形态和主张，且在关键时候，这两大右翼往往会"合流"。

美国占领军曾根据《波茨坦公告》公布了《美国战后初期对日政策》等一系列文件，其中，《关于废除若干政党、协会、社团和其他组织的指令》《关于解除不适宜从事公务者公职之备忘录》《神道指令》《人间宣言》等，是意图整治日本右翼势力的重要文件。如果说否定天皇"神格"和禁止国家神道是对狂热崇拜天皇和信奉国家神道的日本右翼势力精神上的冲击，那么强行解散右翼团体和解除右翼分子公职则是对日本右翼在组织层面的严重打击。这些措施使日本许多右翼势力头目被整肃，众多右翼组织被解散，大部分财产被充公。

在国内国际民主势力的高压下，日本残存的右翼势力不得不改头换面，以保存和积蓄力量，并产生了一批新右翼团体——战后派右翼。为了争取国民的同情、扩大国民参与，他们纷纷披上了"和平""民主""自由"的外衣，并宣称"与老右翼诀别"，有的右翼组织还在自己的纲领中写进了"实现民主主义""履行《波茨坦公告》""反对再军备"等内容。然而，《旧金山对日和约》生效后，这些"外衣"很快被撕破。日本右翼迅速复活，并旋即提出"忠君""反共""修宪""强兵""民族至上""维护天皇制国体"等一系列口号。

在日本右翼问题研究专家木下半治看来，复活后的右翼势力已经

---

① 孙立祥：《战后日本右翼势力研究》，北京：中国青年出版社，2013年版，第2页。

"脱下民主主义、和平主义的外衣,露出了侵略主义、军国主义的铠甲"。① 在实践上,新右翼势力积极参加议员竞选,以向社会展示他们转向了"民主""自由""和平",树立正义形象,这也是其图谋通过参政和"合法选举"夺取政权、将日本拉回到战前老路的一种策略。如1952年举行的众议院议员选举中,有139名右翼人士被提名为议员候选人,其中39人当选议员。这鼓舞了日本右翼势力参政的野心。同时,日本右翼还拉拢政界头面人物加入其组织,以增强自身实力。如1951年8月成立的"祖国防卫同志会",聘请战犯岸信介和政界新星佐藤荣作兄弟担任顾问。

战后初期的新右翼与传统右翼相比,在思想主张上既一脉相承,又具有鲜明的时代特点。战后初期的新右翼继承了战前右翼拥护天皇制、反共、反民主主义的衣钵。在反共方面,战后工人运动和共产主义运动的高涨,使日本国内的反共活动迅速走向组织化和规模化。从1945年日本宣布投降到1949年,日本国内新建反共右翼团体多达300个。② 例如,"菊旗同志会"宣称是"全国唯一的彻底开展打倒共产党运动的革命团体",并对日共干部实施了多起暗杀。③ 在拥护天皇制方面,几乎所有新右翼团体都坚决维护天皇制,拒不承认天皇的《人间宣言》,不接受和平宪法规定的"天皇象征说",要求恢复天皇的"神圣"地位和在明治宪法中的绝对权威。不难看出,"打倒日共和维护天皇制"不仅"是这些战后反共团体的共同主张",而且与战前传统右翼势力的思想主张一致。④ 所谓不同的"时代特征",是指右翼从战前全面的"排外主义"——"反美反华",转向战后选择性的"排外主义"——"亲美反华",同时从战前的反民主、反和平,转为战后高唱"民主主义""和平主义"。但是,新右翼的实质是在合法的外衣下博

---

① 木下半治:《日本右翼研究》,东京:现代评论社,1977年版,第199页。
② 《右翼运动要揽 战后篇》,东京:日刊劳动通信社,1976年版,第6页。
③ 同①,第133页。
④ 同②,第7页。

得日本国民的同情,以及在转移美国占领军注意力的情况下,延续战前传统右翼拥护天皇、反对共产党等行径。

造成这一结果的根本原因是美国对日本的民主改革不彻底,以及日本政府对美国整肃的暗中抵制。日本宣布投降后不久,东久迩宫内阁成立,他在1945年8月28日会见记者时称:"捍卫国体是超越道理和感情的,是我们坚定的信仰。"① 这无疑给了战后右翼鼓舞和信心。除日共外,其他政党在各自纲领中都表示要继续捍卫天皇制的修宪主张。到1948年,出于冷战的需要及日本国内工人运动的高涨态势,美国占领当局改变了当初对日占领的政治、经济政策,公开宣布其反共立场,"允许其发展对抗共产主义势力的军事力量"。② 这立即得到日本朝野反共势力的响应,刺激了以反共、反赤化和拥护天皇制为主要宗旨的右翼团体,并为其抬头、复苏、重建和全面复活提供了政治合法性。仅1948年前后,就涌现出100多个右翼团体;1951年,右翼团体达540个;1975年,有102个右翼团体发展成为大型团体。③ 这些团体不仅反共、反苏、排华,而且采取恐怖手段对付日共及其他左翼组织人士。

冷战后,由于日本加入了西方阵营,虽然仍有少数右翼团体坚持反美,但多数右翼团体则从原来的反美转向亲美,而其原本就强烈的反共政治态度则更为坚决、顽固且带有暴力倾向。如右翼分子渡边信之认为,"日共在终战后的混乱时期煽动工人,不断制造争议,助长混乱,伺机搞共产革命。为了指明这一点,必须暗杀日共干部"。④ 总体上,这一时期右翼团体"没有一个不高举反共大旗"。⑤

进入20世纪80年代后,日本社会斗争焦点集中在改宪与护宪、

---

① 富森睿儿著,吴晓新、王达祥、高作民等译,赵城校:《战后日本保守党史》,上海:上海译文出版社,1984年版,第11页。
② 中村政则:《占领和战后改革》,东京:吉川弘文馆,1994年版,第84页。
③ 文国彦、兰娟:《战后日本右翼运动:1945—1990》,北京:时事出版社,1991年版,第45页。
④ 《右翼运动要揽 战后篇》,东京:日刊劳动通信社,1976年版,第88页。
⑤ 木下半治:《日本右翼研究》,东京:现代评论社,1977年版,第159页。

承认与否认侵略战争、严守和平主义与主张扩军备战等方面，右翼运动也基本上沿此方向展开，而政府直接或间接表明的立场与右翼不谋而合，可见日本政坛总体右倾化的严重程度。

当前，日本右翼虽然没有像战前和战时那样公开宣称对外侵略战争等主张，但由于其在日本政坛具有强大的影响力，仍是当今日本政坛总体右倾化的一个重要原因。对于现今的保守执政党来说，右翼的存在仍然不可或缺，尤其是保守政党和政府将其作为与日本左翼势力斗争的重要棋子。"日本右翼形成和发展的特点之一，即是右翼往往是作为左翼的对立面而存在和发展的；在很多情况下是先有左翼，后有右翼；先有左翼进步思想，后有反对左翼思想的极右主张。"① 日共成立后，这种现象尤为明显。于是，右翼为了对抗日共等左翼势力，从战后起就在思想主张上从分散走向集中，在结构上向组织化靠拢，在行动上逐渐实现对外与对内的结合。同时，保守政府和保守政党还与右翼公开的修宪、扩充军备、否认二战侵略性质、篡改历史教科书等主张相互呼应。当然，保守政府和保守政党还借助右翼的"忠君爱国"等主张，增强日本国民的凝聚力等。

实际上，除了自民党内部分党政要员，还有部分议员与右翼存在"合流"，他们直接参与右翼团体并兼任重要职务。如自民党头面人物竹下登、桥本龙太郎、森喜郎、小渊惠三等，都曾在右翼团体"靖国关系三协议会"中担任重要职务。不仅如此，他们还成立多个带有明显右翼倾向和特征的政治团体，如"全员参拜靖国神社国会议员会""奉答英灵国会议员会""自民党历史研讨委员会""终战50年国会议员联盟""思考日本前途与历史教育议员会""教育基本法改正促进委员会""宪法调查改正促进委员会""宪法调查推进议员联盟""神道政治联盟国会议员恳谈会"等。从这些名称可以看出，这些组织的主要活动包括否认侵略战争性质、篡改历史教科书、参拜靖国神社、修

---

① 林晓光：《日本右翼思潮与右翼团体史考》，载《抗日战争研究》，2002年第1期。

改和平宪法等。从他们在这些组织的任职情况来看，有人担任顾问或正副会长，有人身兼两个组织的负责人；从他们与民间组织的关系来看，这些组织大多与民间的右翼组织有着密切的联系。原民进党的一些成员来自自民党或社会党右翼，在政治观点上与自民党趋同，在加入右翼组织方面也不落后。2007年，美国参议院通过要求日本就"慰安妇"问题道歉的决议后，许多日本政治家联名在《华盛顿邮报》上发表反驳文章，其中除了自民党的要员外，还有20多名民主党的议员联名。除此之外，一些民主党议员还参与了其他政治家发起的右翼团体。

总之，战后右翼同执政党有着千丝万缕、难以割裂的关系。日本右翼从诞生之初，就成为可供日本决策当局驱使的势力：从接受资金援助到支持政府决策，特别是各右翼团体在两次安保斗争中为当局冲锋陷阵，联合警察武装破坏和干扰日本民间的和平反战运动，为日美共建的安保体制的制定和实施起到了保驾的作用。这种特性在战后被不同程度地保留了下来，从20世纪50年代岸信介政权驱使和利用右翼开始，右翼同执政党就结成了密不可分的关系。

可见，拥有悠久历史的右翼及其思想不仅广泛深入日本民间，更影响着日本政坛。虽然不同时期右翼主张的侧重点不同，但维护天皇制"国体"、高举国家主义旗帜，以及反共、反社会主义和共产主义始终是日本右翼的共同目标，而这又是战后日本各届政府相通的政策，因此，根深蒂固的右翼思潮和运动成为日本政坛总体右倾化的历史根源。

四、东欧剧变、苏联解体

东欧剧变、苏联解体无疑为日本政坛总体右倾化注入了一针兴奋剂，推动了日本政坛总体右倾化。东欧剧变、苏联解体是冷战结束的直接动因，标志着以美苏为首的两大阵营对峙格局的瓦解，国际政治格局从两极格局转向"一超多极"格局。东欧剧变、苏联解体使国际共产主义运动陷入低潮，日本保守政党、右翼政客和极右分子对此兴奋异常，认为这是资本主义的胜利和共产主义的终结。从历史维度观察，左右相峙占据历史较长时期，一般情况下，国际政治和国内政治中，当左强大时，右相对就弱；反之，当右强大时，左相对就弱。目前，国际政治环境正处在右强左弱时期，受此影响，日本国内生态也处于右强左弱的时期。

从两制关系观察，东欧剧变、苏联解体的一个严重后果是壮大了国际资本主义的力量，在资本主义国家进一步掀起了反马克思主义、反社会主义、反共产党的浪潮。多数社会主义国家先后宣布抛弃传统社会主义模式，效仿西方政治体制和经济体制重建国家，这无疑增强了国际资本主义的势力。与此同时，以美国为首的西方国家借东欧剧变、苏联解体之机，加大了反马克思主义、反社会主义、反共产党的攻势。一些资产阶级政客、学者和右翼团体称，东欧剧变、苏联解体的事实证明，共产党长期信奉的马克思主义和共产主义在世界范围内已经失去了广大人民的信任。他们认为，被世界各国共产党作为指导思想的马克思列宁主义是教条主义和严格组织控制的复合体，而作为共产党组织原则的民主集中制，不过是为了寻求他人盲目服从自己的代名词。美国社会民主党领袖米歇尔·哈林顿针对东欧剧变、苏联解体后世界社会主义运动陷入低潮的状况认为，社会主义与资本主义这两种制度之间的竞争，在不到75年的时间里已经结束，社会主义已经失败，资本主义赢得了最终的胜利，尽管资本主义商业文明带有一定的欺骗性，但是比社会主义文明更可信。[①]

东欧剧变、苏联解体的另一个严重后果是使国际共产主义事业遭受科学社会主义从思想向制度飞跃后最为严重的挫折。东欧剧变、苏联解体前，以马克思主义为指导思想的社会主义国家有10多个，共产党员人数达9100万，遍及欧洲、亚洲和美洲，在世界上自称实行社

---

① Robert Heilbroner, *Dissent*, [s. l.]: [s. n.], 1989, p. 155.

主义制度的国家更多达40个；东欧剧变、苏联解体后，以马克思主义为指导思想的社会主义国家在世界上只剩下5个，党员数量急剧减少，而深受苏共影响的许多非洲国家共产党或民族政党，也纷纷向西方政治经济模式靠拢。东欧剧变、苏联解体也深刻地影响到发达资本主义国家中的共产党。东欧剧变、苏联解体前，这些国家的共产党都与苏共关系密切；东欧剧变、苏联解体后，这些国家共产党的力量、地位和影响急剧下降，多国共产党宣布放弃共产党名称；有的共产党宣布自行解散；虽然少数国家共产党仍坚持共产主义，但是党员人数锐减，势力今非昔比。

东欧剧变、苏联解体也对日本左翼力量造成沉重打击。战后，日本社会党一直是日本左翼革新力量的代表，与苏共关系密切，东欧剧变、苏联解体对社会党造成沉重打击，最终造成该党在1996年分裂并改名为社民党，大部分党员加入民主党，社民党影响力大幅下降，表明日本左翼势力的总体势微。东欧剧变、苏联解体也极大冲击了日共，其党员人数从1989年的50万下降到1994年的36万；党报《赤旗报》发行量从东欧剧变、苏联解体前的200万份下滑到150万份；1990年大选后，国会席位从原有的27席减少到11席；党内思想也出现混乱，一些立场不坚定的党员退党，一些党员质疑党的价值观，党内个别领导甚至提出了"对内不问资本主义还是社会主义……对外反对大国霸权主义"的消极认识。①

东欧剧变、苏联解体为日本国内掀起反共、反社会主义高潮提供了机遇。冷战时期，日本一直是美国对抗社会主义阵营的前沿，随着苏共垮台、东欧剧变、苏联解体，日本执政当局似乎终于迎来了斗争的"胜利"。各反马克思主义、反共产主义、反社会主义的媒体对马克思主义理论进行全方位的攻击，"共产主义崩溃论""资本主义胜利论"等在日本甚嚣尘上。日本广播公司更是专门制作了歪曲科学社会

---

① 《朝日新闻》,1994年9月4日。

主义理论和夸大社会主义失误的特别节目,以"20世纪的社会主义"为题在日本各地放映。

同时,东欧剧变、苏联解体使日本自民党在与以日共为代表的日本左翼的斗争中信心满满、底气十足,在短暂的休整后迅速恢复"一党独大"的局面。时任日本首相海部俊树为了给日共等左翼势力"最后一击",提出了所谓的"体制选择"论,妄言马克思主义和共产主义的出现是一种历史选择错误,进而攻击日共称"在全世界出现共产主义崩溃的情况下,日共并没有提出自己所追求的社会主义的明确前景",并由此断言"日共已穷途末路"。而时任首相中曾根康弘认为,在东欧剧变、苏联解体这种"世界史的地壳变动"中,苏东社会主义的灭亡"不仅仅是列宁主义,即计划经济和共产党专政的失败,它也证明了近代二百年来"对马克思主义"理性信仰的终结"。① 在东欧剧变、苏联解体的冲击下,除日共外的大多政党迅速调整理论路线,政策出现"自民党化"现象,而右翼势力组建政党的数量则不断攀升。因此,由东欧剧变、苏联解体引发的国际政治意识形态和日本国内政治意识形态右强左弱的现实,是日本政坛迅速转向右倾化的重要国际环境。

五、中国发展强大

在古代社会,日本长期处于中华帝国的影响之下,形成了复杂的民族心态。近代以来,日本制定"脱亚入欧"政策后,中国和日本各自走上了不同的发展道路。在日本看来,两国处于零和博弈状态,一方的发展会引起另一方的警惕,因此日本对中国进行打压。日本通过明治维新,短时间里迅速超过中国,发展成亚洲乃至世界政治、经济、军事强国,并在甲午战争中战胜中国,由此激发了日本强烈的民族自豪感。虽然日本在二战中战败,但数十年后便从战争中恢复,再一次

---

① 中曾根康弘等著,东方编译所编译:《冷战以后》,上海:上海三联书店,1993年版,第24页。

成为亚洲经济强国和世界第二大经济体,跻身发达国家行列。而中国虽然实现了国家独立,但经济上长期落后于发达国家。从国际关系上看,"日强中弱"是日本乐于看到的局面。正如部分日本政客和右翼分子所言,日本不希望看到一个强大的中国,日本需要的是一个软弱无能的中国。

但自1978年实行改革开放以来,中国经济突飞猛进,国家实力日益强大。2010年,中国国内生产总值超越日本,成为世界第二大经济体,日本退居第三。为了应对"日强中弱"向"中强日弱"转变带来的心理落差,日本保守政党、部分政治家和右翼分子将中国发展视为对日本的有力挑战,于是加入"中国威胁论""遏制中国论"的舆论浪潮中,在历史和领土等问题上不断挑衅中国。日本一些媒体公开宣称,日本应该夺回亚洲的"领导权""争夺亚洲地位"。日本政府和右翼势力对中国发展强大的恐惧促使日本政坛进一步右倾化。

从历史上看,部分大国的崛起曾伴随对外扩张,但这并非普遍规律。然而,日本部分政治家带着固有偏见看待中国,右翼势力更是如此。日本的"中国威胁论"最先出现于1990年8月,由日本防卫大学副教授村井友秀在《论中国这个潜在的威胁》一文中提出。2001年,小泉内阁外交智库报告《21世纪日本外交基本战略》中称,日本面临"鸦片战争以来150年间未曾出现的'强大的中国'这一新问题,在安全方面,中国力量的增强,从中长期看可能对日本构成威胁"。[①] 2004年,日本公布的《防卫计划大纲》中第一次提及"中国军事力量的现代化及海洋活动范围的扩大",对"其今后的动向必须予以关注"。[②] 对此,日本有媒体评论称,《防卫计划大纲》明确记载了对中国的警戒感,这是1976年制定《防卫计划大纲》以来的第一次。[③]

---

① 《冷战后美日同盟关系的发展及其对中国安全的影响》,https://max.book118.com/html/2016/0509/42368266.shtm。

② 王希亮:《日本右翼势力与东北亚国际关系》,北京:社会科学文献出版社,2013年版,第312页。

③ 《朝日新闻》,2004年12月10日。

2005年12月，时任民主党党首前原诚司称中国的扩军路线是"现实的威胁"，时任外务大臣麻生太郎对此也称，中国军力增强"正在成为一定程度的现实性威胁"。①

在日本，中国发展强大带来的所谓"中国威胁"，不仅出自日本保守政府的决策和部分政治家的言论，还有右翼势力和右翼学者的鼓噪、煽动及相互配合。《产经新闻》指责中国国防军事预算增长是对周边国家的威胁，称"尽管中国方面一再强调对任何国家不构成威胁，但是不是威胁不由中国说了算，而是有关国家的判断。中国军费显著增长是不容置疑的事实。去年美国国防部的报告中也称，这对周边国家'的确是威胁'"，强调"强化日美同盟，加深同北约等价值观相同阵营的协作，以集团力量强调国际制衡力"是日本应对"中国威胁"之策。② 而右翼学者平松茂雄宣称，为了防止中国的核武器威胁、保障日本安全，必须发挥美国"核保护伞"的威慑作用，为此应允许"美国的核武器进入日本，允许核动力航空母舰和核动力潜艇进入日本"，他还称"现在是日本必须拥有核武器，认真积极地展开核武器讨论的时候了"。③ 右翼分子不仅在军事上煽动所谓"中国威胁论"，而且在中国人口、粮食生产、能源消耗等问题上大做文章，将其作为渲染"中国威胁"的借口。

2016年12月，安倍政府首次把"中国威胁"写进《新防卫大纲》。2017年，日本政府在《防卫白皮书》中歪曲中国海军在东海、南海的正常活动，鼓吹"中国威胁论"，声称这些活动对包括日本在内的东亚地区安全造成严重威胁。2018年，日本政府发表的《防卫白皮书》中依旧渲染"中国威胁论"。

面对"中强日弱"的事实，日本应如何正确认识？2017年8月，

---

① 《炮制"中国威胁论"让日本政府很疲惫？日本媒体也很累!》，http://world.huanqiu.com/weinxingonghao/2017-02/10097480.html?agt=15438。
② 《产经新闻》，2007年3月6日。
③ 平松茂雄：《中国は核兵器で日本を五分でゃつつけるぞ》，载《诸君》，2006年第2期，第142页。

美国《新闻周刊》刊登题为《等待日本的两种未来》的文章,其核心观点被日本 Mag2 网站转发:中国自古以来是地区大国,而日本只是其周边的中等国家,这是东亚近 1000 年以来的常态;日本从鸦片战争后才对华占据优势,这在历史长河中只是暂时的"特异"现象;近 30 年来,这种"特异"现象正逐渐消失,并恢复到"常态"。① 其实,日本叫嚣"中国威胁论"的实质,一方面是对中国改革开放以来所取得的成就超过日本感到焦虑,另一方面是试图以此为借口修改和平宪法、扩充军备、建立围堵和遏制中国的"国际统一战线"。

事实上,为了遏制中国发展,早在东欧剧变、苏联解体后,日本政府就提出了"价值观外交"的构想,这一构想实际上是冷战思维的延续,以意识形态为划分标准,将经济问题政治化,将原来单一依赖"美国保护"的日本发展为与具有共同"价值观"的国家抱团协作。20 世纪 90 年代初,日本政府在其制定的《政府开发援助大纲》中,将受援国的民主、自由、人权,以及市场化等政治经济状况作为四个主要指标,对此作综合评估后再决定是否对其进行援助。不难看出,"价值观外交"的主要针对对象是与日本等西方国家价值观不同的中国。时任小泉内阁的官房长官宣称,中国"破坏亚洲稳定",强调"日本与中国的价值观不同,日、美、澳、印四个价值观相同的国家应该紧密合作"。②

安倍晋三在 2006 年执政之际,详细阐述了其"价值观外交"理念,他认为,日本是自由、民主、法治、尊重人权的社会,与韩国、印度、澳大利亚等国具有共同的价值观。他还特别提议"召开日、美、印、澳四国首脑或外长会议,为了让其他国家具备这种普遍价值观,尤其是在亚洲而共同努力,从战略视角缔结协议,那应该是一项非常

---

① 《日媒:中国才是东亚超级大国,日本只是周边中等国家》,http://news.sina.com.cn/o/2017-08-24/doc-ifykiurx1269611.shtml。
② 王屏:《日本右翼为何念念不忘中国》,载《世界新闻报》,2006 年 4 月 14 日。

有意义的事情。为此,日本应该发挥指导作用"。①

2006年年末,日本与印度建立了"全球战略伙伴关系"。2007年3月,日本与澳大利亚签署了《日澳安全保障联合宣言》,开创了战后日本同美国以外的国家签署安全协议的先例。2007年4月,日、美、印三国在日本东海岸举行联合军演,将"价值观外交"理念向军事领域推进。时任外相麻生太郎更是提出,将欧亚大陆外沿地区具有相同价值观的国家连接成"自由与繁荣之弧"。这实质是试图形成对中国的包围圈,进而遏制中国的发展。

安倍晋三2012年第二次上台后,在遏制中国发展方面更进一步,他更加积极地推行"价值观外交"理念,继续宣扬"中国威胁论",加大对其他国家尤其是菲律宾、越南等东盟国家的拉拢力度,以牵制中国。2013年1月18日,安倍晋三在印尼雅加达提出日本亚洲外交五项原则,强调日本与东盟各国要为共同捍卫相同价值观而努力。同期,安倍晋三又提出所谓"民主安全菱形"战略,认为这样就可应对中国发展:"我构想出一种战略,由澳大利亚、印度、日本和美国夏威夷组成一个菱形,以保卫从印度洋到西太平洋的公海。我已经准备好为这个安全菱形最大限度地贡献日本的力量。"② 这一"菱形战略"实际上就是"价值观外交",其实质都是抗衡中国。为了这一战略的早日实施,安倍晋三不仅拉拢美国和周边国家,还把目光投向了北约。为此,他写信给北约时任秘书长安诺斯·拉斯穆森,提出日本与北约联手应对中国海上力量的发展。

可见,随着中国综合国力的增强,日本将中国视为潜在的战略对手和实现国家"正常化"的阻碍,围堵和遏制中国已经成为日本国家战略的重要内容之一。因此,日本不仅积极充当美国"重返亚太"战略的"马前卒",位于反华遏华的第一线,而且借美国实施"印太"

---

① 安倍晋三:《美しいへ国》,东京:文艺春秋出版社,2006年版,第157—160页。
② 《如何应对日本的菱形反华包围圈》,http://blog.sina.com.cn/s/blog_692aaf470102em2e.html。

战略之机，极力扩大自己的反华势力。日本在与印度、英国、法国、澳大利亚等域外国家谈及军事合作时，往往提及"中国威胁"，希望和这些国家构建一个"着眼于中国和朝鲜"的安全保障体制。特朗普第一任期时期，日本政府积极追随美国、打压中国。日本以"中国威胁"为借口，对中国采取更加强硬的政策，使日本政坛更加右倾，右翼势力对中国的敌意更深。

六、美国保护

美国的保护是日本政坛总体右倾化的"护身符"。随着冷战的到来，美国适时地调整了对日占领政策。为了使日本成为东亚乃至亚洲和世界"防范共产主义的前沿阵地"，美国将削弱日本的占领政策转为扶植政策。1950年朝鲜战争爆发后，美国将解除日本武装的占领政策改为重新武装日本的政策，同年7月，麦克阿瑟下令日本组建国家警察预备队，1954年又将国家警察预备队改为自卫队。为了应对朝鲜战争和防止共产主义发展，1951年9月8日，美国与日本单独媾和，并签订了《对日和平条约》，使日本从二战战败国变成美国的盟国。此后，在美国的保护和扶植下，日本专注于经济振兴，用了不到十年，便在1955年恢复到战前经济水平，随后成为世界经济强国。

冷战结束后，美国的主要对手俄罗斯实力大幅衰退。经过数十年改革开放的中国则实现了和平发展，这使美国感受到战略压力。受冷战思维和意识形态的影响，美国担心中国会挑战美国在亚太的主导地位，成为美国在亚洲甚至是全球的主要竞争对手，因此，早在克林顿和布什政府时期，美国便开始进行战略调整，将战略重点从欧洲向亚太地区转移。2011年11月，时任美国总统奥巴马在亚太经合组织峰会上提出"转向亚洲"战略；2012年6月，时任美国国防部长莱昂·帕内塔在香格里拉对话会上首次提出"亚太再平衡战略"，宣布美国会将60%的海军舰队部署到太平洋地区；2013年6月，时任美国国防部长查克·哈格尔表示，在此基础上，美国还将增加亚太地区地面部队的部署。尽管美国宣称此举不针对中国，但其构建亚太安全框架时又往往将中国当成假想敌和"靶子"。

安倍晋三上台执政后，企图借助美国战略东移的"东风"，努力搭上美国实施新战略的便车。为此，日本主动提出为驻日美军提供一定的经费和后勤补给等支持，而美国则在一定程度上默许日本扩充军事力量。2014年，时任美国总统奥巴马访问日本，他在回答记者关于中日钓鱼岛争端问题的提问时特别指出，钓鱼岛适用于《日美安保条约》。时任美国国防部长查克·哈格尔也随即呼应，日本对钓鱼岛拥有"管辖权"，并扬言美国"反对任何损害日本管辖权的单边行动"。2015年4月，新修订的《日美防卫合作指针》提出，美军和日本自卫队要在全球范围内合作，积极开展海上活动，并明确指出要防范中国加强军备。可见，美国的表态在一定程度上增加了安倍晋三等政治保守人物对中国采取强硬立场的胆量。

2017年3月，时任美国国务卿代理助理董云裳强调，特朗普政府认为"亚太再平衡""重返亚太"等战略已经过时，特朗普时期有新的亚太政策。美国将继续重视亚洲，提升在亚太的参与度，尤其是在经贸领域，强调必须有益于美国企业利益，要求改变所谓"美国公司受到的不公正的待遇"。但无论特朗普政府如何改变其亚太政策，日本还是在美国的总体保护下，在美国允许的框架内参与国际事务。2020年拜登政府上台后，美国在对日关系和对华战略上还是延续了特朗普第一任期的政策框架。

日本战后迅速与美国结成盟国并持续至今。作为美国在东北亚地区的主要盟国，日本意欲通过充当美国在东北亚地区的战略支点和遏制中国发展的桥头堡，来换取美国在其修改和平宪法、否认侵略历史等问题上的沉默，甚至是纵容和支持。事实上，美国为了自身利益，将防范中国置于比警惕日本政坛总体右倾化更优先的位置。为此，美国在日本政坛总体右倾化问题上以"日本国内事务"为由不作评论。① 为实现利益最大化，美国将日本视为可利用的工具，对日本右翼势力采取了姑息和放任态度，美国的这种态度在日本保守势力和右翼分子看来，也是可以被利用的。

在美国的"保护"下，日本政府通过了一系列体现保守主义执政理念的法案，助推了日本政坛的总体右倾化。例如，1992年出台的《联合国维持和平活动合作法》（简称《PKO法案》），表面上打着协助联合国进行维和行动的旗号，宣称要履行与日本国际地位相匹配的大国责任，实则借机突破和平宪法，为自卫队正名，为日本向海外派兵提供法律依据。1997年修订的《日美防务合作指导方针》与1999年通过的《周边事态法》，表面上穿着防止"朝鲜威胁"和"中国威胁"的外衣，实质是借助美国在亚太地区的军事存在，为不断扩大日本在亚太地区军事安全秩序构建中的影响力提供法律支撑。此外，2001年出台的《恐怖对策特别措施法》，2002年出台的《武力攻击事态法案》《自卫队修正案》《安全保障会议设置法修正案》等，无不以应对外来威胁、维护国内治安、保障国民生活稳定之名，行突破和平宪法、扩充军备之实。综观这些法案，均带有典型的保守主义和国家主义色彩。

总之，日本政坛总体右倾化有其内在的必然性，它不仅是日本传统保守文化、政治改革和社会变迁的产物，更是冷战后日本政党政治格局变动的结果，同时也受到国际政治经济格局与国际关系演变的影响。

第三节 日本政坛总体右倾化的主要影响

日本政坛总体右倾化不仅给日本政党政治带来了深刻的影响，而

---

① 值得注意的是，美国一些正义之士已经注意到日本右翼问题，并提醒美国国会关切。

且给日本国民的历史观、价值观和教育观带来了负面影响。同时，日本政坛总体右倾化既给东北亚地区各国正常友好的政治外交关系蒙上了阴影，又给区域经济发展带来了诸多障碍，引起了东北亚各国，尤其是相关国家的高度重视。

一、日本政坛形成了"一强多弱"的政治格局

从安倍晋三2012年第二次执政以来，日本政坛总体右倾化进程加速，日本出现了"一强多弱"的政治格局，即日本政坛呈现自民党"一党独大"、包括执政联盟中的公明党在内的政党"余党多弱"的现象。日本政坛总体右倾化造成了"一强多弱"的政治格局，"一强多弱"的政治格局又反过来继续推动日本政坛总体右倾化。

安倍晋三2012年第二次执政后，自民党凭一党之力掌控了参众两院二分之一的席位，如果加上公明党在参众两院的席位，则自民党-公明党执政联盟的席位超过了三分之二。2017年众议院选举中，自民党获得总数466个议席中的284个，立宪民主党获54个，公明党获29个，日共获12个；2016年参议院选举中，自民党在总数242个议席中获122个，立宪民主党获50个，公明党获25个，日共获14个。按照日本法律，自民党可以单独组阁，将本党的意志上升为国家意志。

除自民党外，其他政党都处于相对弱势地位。以2019年7月22日结束的日本第二十五届参议院选举（政选议席）为例，自民党获57席，公明党获14席，立宪民主党获17席，日本维新会获10席，日共获7席，国民民主党获6席，令和新选组获2席，社民党获1席，其他党派及无党派获10席。可见，自民党-公明党执政联盟共获得71个政选议席，超过了半数；而在野党所获政选议席总和，仅占参议院议席总数的约三分之一。这意味着在野党因拥有的总议席数达不到法律规定的推翻和否决自民党议案所需的门槛，其对执政党自民党的制约监督总体上流于形式，难以发挥应有的功能和作用。

日本政坛"一强多弱"的格局还造成一些在野党为了达到执政目

的，不时分裂、重组、再建等。例如，日本民主党为了达到执政目的，于1998年4月与民政党、友爱新党、民主改革联合进行了重组。重组后的民主党在参议院占有38个席位，在众议院占有93个席位，成为日本政坛最大在野党；2003年9月24日，自由党并入民主党，该党参众两院议席又有所增加；2009年9月，民主党终于成为执政党，但在2012年12月众议院选举中失利，重新沦为在野党，仍为日本政坛最大在野党；为了重新执政，2016年2月，民主党党首冈田克也与日本维新会党首松野赖久达成合并协议；同年3月，两党正式合并，成立民进党，共拥有两院156个议席，但在接下来的众议院选举中还是败于自民党－公明党执政联盟；2017年，民进党发生分裂；同年10月9日，民进党代理党首枝野幸男宣布组建立宪民主党；2018年，另一部分民进党党员与希望之党合并为日本国民民主党，立宪民主党成为日本最大在野党，国民民主党为第二大在野党。不仅如此，为了达到执政目的，这些参与合并的政党还需进行政策调整，一些政党出现了"自民党化"现象，这本身也是自民党"一党独大"的一种表现。

"一党独大"的政治格局表明，在较长时间内，日本政党政治的"马太效应"可能会愈加凸显——强者愈强，弱者愈弱，并由此导致保守势力、右翼势力越来越强大，而左翼势力的影响力在短期内甚至可能会出现衰退的趋势。

二、妨碍与周边国家友好关系发展

日本政坛总体右倾化不同程度地影响到日本与中国、韩国、朝鲜、俄罗斯等国家的关系发展和政治互信基础。从2008年起，中日韩领导人会议每年轮流举行，但2013年后，由于日本与中韩两国矛盾激化，导致三国领导人的会谈时断时续。

从历史上看，日本在二战中给亚洲多国造成的创伤，至今令受害国，特别是中国和韩国难以释怀。但二战后鲜有日本政府首脑对这些国家致以真诚道歉。相反，冷战结束后，多位日本政府首脑否认日本的侵略战争历史，在参拜靖国神社、篡改历史教科书、钓鱼岛、"慰安妇"等问题上混淆视听，企图篡改国际社会对战败国日本的各项裁决，导致日本与中国、韩国、朝鲜、俄罗斯等国政治关系长期紧张，对地区和平与稳定构成威胁。

日本在政治、军事、地缘战略等方面把中国视为"威胁"，安倍晋三开展了所谓的"地球仪外交"及"价值观外交"，以强化日美同盟，威慑中国，同时利用南海问题，试图离间中国与越南、菲律宾等东盟国家间的关系。为构建对华牵制阵线，安倍晋三还曾在一年内遍访东盟十国。中日关系恶化不仅对两国的经济关系，而且对两国的国民感情造成了负面影响。2014年相关民调表明，由于中日两国关系恶化，双方民众的互恶感不断上升，其比例均在90%以上。与此同时，两国有超过70%的民众认为中日关系仍然十分重要。①

2018年10月25日，安倍晋三时隔七年正式访华，中日双方举行了多场活动，达成诸多共识。有媒体称，这象征着中日关系重返积极的轨道。2019年，国家主席习近平参加了在日本举行的二十国集团峰会，会议期间与安倍晋三会晤，安倍晋三邀请习近平于2020年正式访问日本，但受疫情影响搁置。

安倍晋三的右倾化强硬姿态也恶化了与韩国的关系，使韩国对日本军国主义的复活保持高度警惕。日本和韩国的领土争端也悬而未决。日韩两国贸易冲突并非单纯的经济问题，而是两国长期积累的政治矛盾的爆发。

2019年7月1日，日本宣布从7月4日起限制对韩出口智能手机和电视机等所需的三种核心材料，从8月28日起将韩国移出获得贸易便利的出口"白名单"。这是自1965年日韩两国邦交正常化后首次爆发经济领域正面冲突。对此，安倍晋三在宣布对韩经济制裁的前一天表示，"对于不遵守协议的国家，我们不可能继续给予优待"。相关评

---

① 《当前日本政治的右倾化及其对中日关系的影响》，http://www.cssn.cn/zzx/201408/t20140829_1308483.shtml。

论认为，安倍晋三的这一表态相当于承认了日本对韩国的经济制裁属于"政治报复"。①

日韩经济领域冲突的爆发并非偶然，是日韩各种矛盾尤其是政治矛盾长期积累的结果。二战结束前，韩国作为日本的殖民地长达数十年，战后日本政坛总体上没有对殖民侵略历史真诚谢罪，这对韩国造成了伤害。尤其是2017年文在寅执政后，韩国与朝鲜关系改善，半岛局势出现明显缓和，日本发动对韩经济制裁后，朝鲜公开谴责日本，这在二战结束以来确属罕见。

与此同时，由于日本不断在历史问题上挑起事端，使两国关系不热反冷。双方持续因"慰安妇"、强征劳工赔偿等历史问题发生争议，日方认为这些问题已经与韩方达成了"协议"（如《日韩请求权协定》），但韩方认为这些所谓的"协议"因日方政客和右翼势力的阻挠而形同白纸。这些问题一直影响着两国关系的正常发展。

处于日本北方的国后、择捉、齿舞和色丹四个岛屿在日本称为"北方四岛"，在俄罗斯叫作"南千岛群岛"。1855年，这四个岛屿被确认为日本领土。1945年2月《雅尔塔协定》指出，"库页岛南部及邻近一切岛屿须交还苏联"，"千岛群岛须交予苏联"。随即苏联派兵占领四岛，四岛于1946年2月正式划归苏联。1956年10月19日，两国签订《日苏共同宣言》，苏联同意在两国缔结和平条约后移交齿舞、色丹两岛。但日本认为，俄方利用日本战败强占四岛是"非法占领"，只有将四岛全部归还日本后，日本才能签署和平条约。俄方认为，其主权是二战结果的法律体现，改变这一结果意味着否定二战性质。由此两国至今未能签署和平条约。

近年来，俄罗斯制订了促进南千岛群岛社会经济发展规划，普京、梅德韦杰夫等领导人多次视察，强化实际控制，这引发了日方的抗议和不满。双方虽保持谈判意愿，但在领土归属问题上暂无实质性进展。

---

① 《韩日贸易战——东北亚地缘政治转型之阵痛》，http://opinion.huanqiu.com/opinion_world/2019-07/15190938.html？agt=15438。

日本在南千岛群岛问题上置二战公认结果和国际社会的裁决于不顾；在钓鱼岛问题上，按二战后相关条约，台湾全岛及附属各岛屿应全部归还中国，日本同样拒不承认。二者本质相同：日本通过否定二战秩序，谋求领土扩张。

三、阻碍区域经济一体化进程

安倍晋三及其政府的右翼言行不仅影响到日本与亚洲各国的政治关系，也影响到其与亚洲各国的经济交往。

据统计，在小泉纯一郎执政的2001—2006年间，中日关系呈现出"政冷经热"的特点，而在安倍晋三执政时期，中日关系则出现了"政冷经冷"的特点。安倍晋三第二次就任日本首相后，尽管2012年中国仍是日本第一大贸易伙伴国，但是日本已经降为中国的第五大贸易伙伴。

日本政坛总体右倾化直接影响到东亚经济一体化进程。在东北亚地区，日本和韩国是发达国家，截至2025年，中国是世界第二大经济体，日本是世界第五大经济体，若达成自贸协定，将形成超16亿消费者的巨大经济圈。早在2012年，中日韩三国就启动了建立自贸区的谈判，但由于日本与中韩两国在历史和领土等问题上的矛盾，关系恶化，截至2023年，中日韩三国自贸区的谈判虽然已经进行了16轮，但还没有取得实质性的结果。

特朗普就任美国总统后，其经济保护主义引发了包括日本、韩国在内的许多国家的担忧，在此背景下，中日韩三国应加快自贸区谈判进程，并取得突破性成果，捍卫贸易自由主义。2018年11月5日，国家主席习近平在中国国际进口博览会开幕式的主旨演讲中明确指出，要加快中日韩自贸区谈判进程。

2018年11月15日，新加坡会展中心举办第21次东盟与中日韩（10+3）领导人会议。时任国务院总理李克强发表讲话指出，10+3国家应"坚决维护多边主义和自由贸易"，"以更积极姿态推进中日韩自贸区谈判"。① 2019年3月15日，李克强在十三届全国人大二次会议上表示，推动中日韩自贸区建设对三方都有好处。然而，2019年7月日本发起了对韩国的经济制裁后，三国关于自贸区的谈判又一次延后。

中日韩三国均是亚洲的大国，对亚洲和世界和平稳定及经济发展起着重要的作用。虽然中日韩三国在自贸区建设问题上面临着各种问题，但正如三国在《中日韩推进三方合作联合宣言》《三国伙伴关系联合声明》《中日韩合作十周年联合声明》中达成的各项共识，三国在促进各自人员、货物、服务和资金流动，以及应对各种地区和国际问题等方面还有很大的合作与发展空间。三国需秉承"正视历史、面向未来"的精神，持续推进中日韩关系向着睦邻互信、全面合作、互惠互利、共同发展方向迈进。日本要正视对中韩两国的侵略历史，方能在此基础上推进自贸区建设。

总之，日本政坛总体右倾化实质是指除日共外，日本各政党政治组织等的"自民党化"。从成因上看，主要有直接原因、历史原因、思想原因、国内原因、国际原因等；从主体上看，主要包括部分保守右翼政客、政党、学界财界人士及社会右翼分子等；从内容上看，主要包括政治保守主义、经济保护主义、军事扩张主义、文化民族主义、领土扩张主义等；从表现上看，主要包括日本在对待二战侵略历史、修改历史教科书、参拜靖国神社、扩充军事力量，以及"慰安妇"等问题上的立场；从影响上看，主要包括促进了日本自民党"一党独大"政治格局的形成，造成了与周边国家的政治关系紧张，导致区域经济一体化进程受阻等。日本政坛总体右倾化有四个重要指标。一是日本政党力量失衡，日本右翼保守势力加强，而革新政党势力衰退。二是国际环境变化，国际共产主义运动处于低谷，日美同盟不断强化，为日本右翼势力提供温床。三是日本国会选举制度改革，从制度上为日

---

① 《李克强在第21次东盟与中日韩领导人会议上的讲话（全文）》，https://www.fmprc.gov.cn/web/wjb_673085/zzjg_673183/yzs_673193/dqzz_673197/dnygjlm_673199/zyjh_673209/201811/t20181116_7492203.shtml。

本政坛总体右倾化创造了条件。四是日本政坛总体右倾化与社会结构变迁和"中流意识"固化有着直接的关联。从历史经验看，日本政坛总体右倾化不仅会对亚洲各国产生负面影响，还可能波及全球，应当引起各国的高度警惕。

第三章 右倾政治生态下日共的"内适应性"

日本政坛总体右倾化已经成为日本政党政治的既成事实，主要政党的"自民党化"对日本其他政党产生了不同程度的影响，也给作为日本左翼革新力量代表的日共带来了严峻挑战。因此，如何评估总体右倾化给自身带来的影响，以及采取何种变革举措化解这些影响，是当前日共生存和发展的重要课题。英国前首相布莱尔曾警示，面对政党内外环境，不进行变革的政党将会死亡，强调政党要生机勃勃，就必须不断进行自我变革。在大多数个案中，政党的变革来自外部因素的刺激，进而引发政党内部组织结构的变化，最终推动政党的全面革新，形成政党的"内适应性"——即政党在一定条件下，其内部环境各要素要结构合理、制度完善、主张适时、运行通畅、目标一致、和谐共生等。为此，日共从21世纪初就内部环境开始了自我变革和适应性调整。

第一节 日共内部环境

日共内部环境，即日共的组织架构，一般包括"硬环境"和"软环境"两部分。"硬环境"涵盖日共党员结构、组织设置及装备设施等物质要素；"软环境"则指日共的理论路线、体制机制、制度规范等非物质要素。"内适应性"即这些环境要素相互作用、相互促进,共同推动日共内部和谐运转。从某种意义上讲,"内适应性"是"外适应性"的前提,如果一个政党内部混乱、制度欠缺、运转不畅,那么它面对外部压力时就有瓦解的风险。

一、党纲党章

党纲党章属于政党内部"软环境"的主要构成要素,是一党区别于其他政党的主要标志。日共党纲党章是日本所有政党中最为完整、阶级性最为鲜明、对干部党员约束性最强的。

战前,日共在共产国际的帮助下召开过三次全国代表大会,制定了三个纲领和一个草案。其中,由于日共遭到镇压,《1922年纲领》未来得及讨论通过;《1927年纲领》是日共历史上第一个由党代会通过的纲领,但不久被废止;《1931年纲领》因日共对共产国际制定的这一纲领持强烈的反对意见而被废弃;《1932年纲领》虽然也在党代会上通过,但因日共再一次被镇压而未能执行,但其纲领精神一直影响到战后日共八大前。

1932年5月,日共领导人野坂参三、片山潜等在共产国际的指导下,制定了《关于日本形势和日本共产党任务的纲领》,即《1932年纲领》。该纲领认为,日本政权的性质是天皇专制主义、地主土地所有制和垄断资本主义三者的结合体,日本革命的性质是具有必须过渡到社会主义革命倾向的资产阶级民主革命,当前的斗争任务是首先进行反对帝国主义战争,日本革命的手段是通过暴力革命推翻天皇制,日本革命的目的是剥夺地主的土地、建立工农专政政权。[①] 另外,针对日本帝国主义发动的侵略战争,该纲领认为,日本革命形势高涨,决战已迫在眉睫,党的任务是加速革命的爆发。

---

① 日共中央宣传部编:《日本共产党纲领集》,东京:新日本出版社,1957年版,第88、92—93、96—99、101页。

虽然《1932年纲领》界定了日本革命的主力是无产阶级、贫农和下中农，但对广大中间阶层的民主要求却只字未提，相反，该纲领不加区别地把主要属于中间阶层的左翼社会民主主义者与反动派的密探等同起来，视作日本革命"最危险的势力"。该纲领还过高地估计了日本当时的革命形势，认为"近期将发生巨大的革命事件"，"天皇制将受到毁灭性的打击，工农苏维埃建立起来"，并提出"变帝国主义战争为国内战争"的行动口号等。

四个纲领草案所规定的纲领路线和方针政策是日共战前不同阶段斗争的行动指南，曾对日共的斗争实践发挥积极作用。但由于这些纲领草案都是在当时共产国际和苏共帮助下制定的，虽然其中也有日共领导参与，但总体看，纲领没有对日本国情形成一个全面的认知。在一些问题的看法上，纲领草案前后立场反复，导致日共在实践中无法根据本国国情制定合适的斗争策略，进而造成严重的损失。

战后日共成为合法政党后，1951年，在斯大林授意下，日共制定了具有暴力革命性质的《1951年纲领》，随即展开的武装斗争因遭到美国占领军和日本政府的双重镇压而失败。1958年日共七大重新制定了党章。1961年日共八大通过《日本共产党纲领》，即《1961年纲领》，此后虽然进行了修订，但其基本精神一直延续至2000年日共二十二大前。①《1961年纲领》指出：

日本的国家性质是一个被美帝国主义军事半控制的从属国，日本虽然是一个高度发达的资本主义国家，但从根本上说，日本与美国在1951年签署的《旧金山对日和约》并没有使日本恢复真正的独立，统治日本的实质主导力量是美帝国主义及其依附性盟友——日本垄断资本集团。基于此，日本社会革命的性质是反对美帝国主义和日本垄断资本统治的新民主主义革命、人民的民主革命，但日共同时强调这一性质与未来以全面废除资本主义制度和资本主义私有制为目的的社会

---

① 中共中央党校科学社会主义教研室国外社会主义问题教学组编：《战后日本社会主义理论资料汇编》，北京：中共中央党校科研办公室，1985年版，第146—148、151、154—155、157页。

主义革命是有区别的。

日共所追求的最终目标是实现共产主义社会，共产主义社会是通过根除一切人对人的剥削来消灭社会上的失业和贫困等现象，最后实现不需要国家政权以及其他任何暴力、任何强制的，真正平等、自由的人类共同合作的社会。但是，当时日本工人阶级和人民最大的历史任务是废除"旧金山体制"，即粉碎美帝国主义和日本垄断资本主义这"两个敌人"的统治，实现日本真正的独立、民主、和平、中立，通过完成这一民主革命，再迈向社会主义。日共特别强调，在实现工人阶级历史使命的过程中，日共必须独立自主地把科学社会主义原理运用于日本的具体实践，而不是机械地照搬外国的经验。

日共要取得民主革命的胜利和实现工人阶级的历史使命，必须组成反对美帝国主义和日本垄断资本主义的人民的强有力的广泛统一战线，即组成民族民主统一战线。这一民族民主统一战线要在工人阶级领导下，以工农联盟为基础，团结劳动市民、知识分子、妇女、青年、学生、中小企业家，以及一切爱好和平、热爱祖国和维护民主的人士。在发展民族民主统一战线方面，必须把扩大、巩固、加强党的政治领导与建设一个强大的群众性的先锋政党结合起来。这个民族民主统一战线是以人民民主政权为基础的，因为民主革命的目标是建设民主党派联合的统一战线政府，而非日共一党的政权，即使到了社会主义阶段，日共也会重视同一切支持社会主义建设方针的党派和人士的合作。

在政治上，日本社会主义将继承和发展资本主义的议会制等民主政治制度，坚持符合大多数国民利益的方针政策。在经济上，日本要实行计划经济，在迈向社会主义社会的过程中，一方面，尊重劳动农民、城市劳动市民和中小企业家的利益；另一方面，说服、引导他们走向社会主义。

只有建设一个以工人阶级为中心的、在各阶层广大人民中间深深扎根的强大的群众性先锋政党，才能保证民族民主统一战线不断发展、日本革命取得胜利。思想建设是日共的建设基础，因此必须加强全体党员的思想建设，提高全体党员干部的思想理论水平，为建设一个拥有几十万党员的群众性先锋政党而努力。

日共进行的民主主义革命和社会主义革命都应摒弃暴力革命，采用通过党和工人阶级领导的"民族民主统一战线积极地增加议会的议席，并同议会外群众斗争相结合"，"通过在议会中取得稳定的过半数，使议会从反动统治的工具变成为人民服务的工具"的方式，① 即通过合法的选举取得议会多数，改变反动统治机关的性质，进而建立以国会为最高权力机关的人民民主国家。《1961年纲领》进一步认为，在日本所有的政党中，唯有日共对摒弃暴力有如此具体明确的规定，因为这种排除暴力的态度与日共所追求的最终理想社会的目标是一致的，因此，未来社会就是要"废除有组织、有系统的暴力和其他对人的一切暴力"。②

但是，日共强调，在争取和平过渡的过程中，要根据敌人的态度进行两手准备：和平与暴力，并尽可能地争取通过和平手段实现革命。日共"将努力争取用和平的、合法的方式取得政权。但是掌握着暴力权力的统治阶级本质上是反动残暴的，他们并不总是采取温和手段。……因此，日共的方针是，当敌人采取和平方式时，革命势力也同样采取和平方式；如果敌人用非和平方式，则革命势力也应采取与之相适应的非和平方式"。③

在日共看来，《1961年纲领》在日共历史上是具有划时代意义的重要文献，为日共和日本人民指明了前进的方向，"日本共产党和日本人民从此有了一个无论在任何复杂的形势下都能指明人民解放道路和

---

① 中共中央党校科学社会主义教研室国外社会主义问题教学组编：《战后日本社会主义理论资料汇编》，北京：中共中央党校科研办公室，1985年版，第155页。
② 不破哲三著，张碧清、陈应年等译：《科学社会主义研究》，北京：人民出版社，1982年版，第94页。
③ 小林荣三：《日本共产党的纲领及其发展》，载《前卫》，1986年第11、12期。

日本革命进程的科学社会主义方向"。①日共八大理论路线的确立，标志着日共革命思想从以暴力手段为主，调整为以和平手段为主。从此，日共的工作重心开始转向通过和平手段，即通过议会选举斗争来达到目的，表明日共步入了一个新的发展阶段。

但是，2000年前，日共党纲党章中的纲领路线和方针政策存在着不少问题。一是过高估计革命形势。在冷战时期，国际共产主义运动中的"资本主义总危机论"是指导各国共产党认识资本主义的一个重要理论，《1961年纲领》对此加以确认，虽然日共在20世纪70—80年代意识到该理论的片面性和绝对性，日共十七大决定从党纲中删除资本主义处于"总危机"和"极端衰落和腐朽之中"等传统提法。但是，在具体方针政策的制定和实践中，日共还是过高地估计了日本国内形势，认为日本的突发经济政治事件等对日本统治阶级造成了沉重的打击，动摇了统治阶级的基础，于是得出日本工人阶级革命形势高涨等偏激看法。"55年体制"瓦解、社会党衰落后，日共得出日本政党政治进入"自共对决"时代的认识，即认为在日本政坛上，只有日共才能与自民党抗衡，自民党政权已不得人心且行将崩溃。二是纲领路线刚性有余、弹性不足。日共具有较强政治意识形态特征，直接导致其纲领路线原则性强、灵活性弱，从而容易导致教条主义，使日共对复杂多变的现实反应较迟钝，最终使日共纲领路线出现僵化。实践证明，日共这些认识和纲领路线既不符合日本实际，也不利于实践，必须进行适应性调整。

2000年和2004年，日共分别召开了具有划时代意义的二十二大和二十四大，对党纲和党章进行了修改，试图调整不适应时代发展的理论路线和方针政策。

---

① 日共中央委员会编，段元培等译：《日本共产党六十年》（上），北京：人民出版社，1985年版，第204页。

二、组织结构

组织结构是政党"硬环境"的主要构成要素，主要包括机构设置、功能定位及设施装备等，构成政党的物质载体。列宁根据无产阶级革命的斗争经验指出："无产阶级在争取政权的斗争中，除了组织，没有别的武器。"[①] 因此，无产阶级政党在领导广大劳动群众开展革命斗争时无不重视组织的建设。近年来，日共拥有约2.4万个党组织（含中央、地方、支部等），覆盖日本各职场、地区、学校等，是日本组织严密、分布广泛、结构完善的政党。正因如此，日共被日本部分政党和社会人士视为"日本最神秘的政党"。日共历来重视组织建设，把它看作日共的生命线。

到日共二十七大时，其组织结构为"4+2"模式，即中央组织、都道府县组织、地区组织、支部，以及群众组织中的党团和公职机关中的党组织。

中央组织。主要包括常任干部会、干部会、书记局、诉求委员会、纪律委员会、监察委员会、中央机关报刊编辑委员会、候补中央委员会、政策委员会、经济社会政策委员会、政治外交委员会、宣传局（部）、国民之声室、国民运动委员会、劳动局、农林渔民局、市民居民运动中小企业局、和平运动局、基地对策委员会、女性委员会、学术文化委员会、文教委员会、宗教委员会、体育委员会、选举对策局、自治体局、国际委员会、党建设委员会、组织局、机关报研究局、学习教育局、青年学生委员会、中央党校运营委员会、法规对策部、人事局、财务业务委员会、财政部、机关报刊业务部、管理部、社会福利卫生部、资料室、社会科学研究所、出版策划委员会、出版局、期刊发行委员会、党史资料室、中央委员会事务室、计算机系统开发管理部、第二事务室、核电能源对策委员会、赤旗编辑局等52个部门。

[①] 中共中央与马克思恩格斯列宁斯大林著作编译局编译：《列宁全集》（第七卷），北京：人民出版社，1990年版，第410页。

日共最高领导机关是党的代表大会（党代会），其常设机构是中央委员会，负责处理日共日常事务。党的代表大会由中央委员会召集，通常每两至三年召开一次，如有特殊情况，可以根据中央委员会的决定提前或延期召开。党代表产生方式和比例由中央委员会确定，未被选为党代表的中央委员、准中央委员拥有评议权，但没有决定权。党的代表大会的主要职责是：审议并通过中央委员会的报告；审议和决定中央委员会提交的议案；修订党的纲领、规章；选举新一届中央委员会等。

中央委员会的主要职责是：执行党的代表大会决议；对外代表党并指导全党工作；主办中央机关报；出台并贯彻落实党的方针和政策；处理国际事务和全国性议题；推进以科学社会主义为基础的党的理论活动；培养干部；对地方党组织提出指导性意见；对党的财政活动进行指导等。中央委员会每年至少召开两次全体会议，并选出一名中央委员会干部会委员长和若干名副委员长，以及一名中央书记局长和一名中央委员会议长。

都道府县组织。都道府县组织的最高权力机关是都道府县党大会，大会由都道府县委员会召集，每年召开一次。在特殊情况下，经中央委员会批准可以延期召开。在需要都道府县委员会进行决议的情况下，或者超三分之一地区党组织请求召开的情况下，可以召开临时党务会议。都道府县党代表的产生方式和比例由都道府县委员会决定。未当选党代表的都道府县委员、候补都道府县委员拥有评议权，但不拥有决定权。都道府县委员会选出委员长和常任委员会，必要时还可以留出副委员长和秘书长等职位。

都道府县党大会的主要职责是：审议都道府县委员会的报告，确认内容是否属实；将党的代表大会和中央委员会的方针和政策贯彻落实到地方，在此基础上制定符合都道府县的党的方针和政策；选出都道府县委员会，委员会可设候补都道府县委员；举行党大会时，选举出代议员。

都道府县党大会的领导机构是都道府县委员会。都道府县委员会的职责是执行都道府县党大会决议，代表党指导都道府县党组织工作；彻底执行中央各项决定的同时，使之具体化；地方性问题按照地方的实际情况自主处理；系统化培训干部，并进行适当的安排和分工；必要时地区党组织可以咨询党中央；负责处理和指导都道府县党组织的财政工作。

地区组织。地区组织的最高权力机关是地区党大会，由地区委员会召集，每年召开一次。如果有其他突发情况，在得到上级的批准下可以延期。地区党大会的主要职责是：讨论地区委员会的报告，确认是否妥当；将中央及都道府县的方针和政策具体化，制定本地区的方针和政策；选举地区委员会，地区委员会可以设置候补委员等。

地区党大会的领导机关是地区委员会。其主要职责是：执行地区党大会决议，代表并指导该地区党组织；贯彻中央及都道府县党机关的决定，使之成为具体化的实践；地区性问题将根据该地区实际情况自主处理；负责对支部的指导和支援；系统化培养干部，进行适当的部署和分工；负责地区党组织财务工作处理和指导。地区委员会负责选出该地区的委员长和常任委员会，必要时还可以设置副委员长。常任委员会在本届地区党大会闭会到下一届党大会召开之前履行地区委员会的职务。

支部组织。按日共党章规定，在日本所有职场、学校等场所，有三名以上党员的即须建立支部。支部是日共的组织基础，各支部代表党在相应领域开展活动。支部的主要职责是：在各自的工作岗位、学校等所属领域代表党开展活动；制定争取多数支持的政策与组织发展计划，并自觉活动；每周定期举行一次支部会议；收缴党费；充分讨论党的代表大会和中央委员会的决议，落实上级的决议；积极参加反映社会公众现实要求的活动，并将扩大党的影响力的活动和机关报活动贯穿其中；积极学习科学社会主义理论、党的纲领路线方针政策、党的历史；加强支部成员之间的联络，确认党员个人的活动情况。所有支部成员都要积极参加活动，彼此紧密团结，互相帮助，建立良好的人际关系。支部委员会选举支部长，必要时可以设副支部长。支部可下设小组并任命班长。

支部的最高权力机关是支部党大会或支部会议。支部党大会或支部会议至少每六个月召开一次。支部会议的主要职责是：具体落实上级机关的决议，并制定活动方针；选出支部委员会或支部长；在召开支部会议时，选出本支部代表。

日共还设有另外两个机构：

群众组织中的党团。如果在其他群众团体和组织中有三名以上的常任党员和干部，就可以组成党团，并选出负责人。组建党团和选拔负责人应得到相应领导机关的批准，并接受其指导后开展活动。党团应在组织活动中遵守其所在团体规章。党团应以支部为标准，开展日常工作。

公职机关中的党组织。当选国会议员的党员将组成类似支部的国会议员团，在中央委员会的领导下，根据党的方针和政策在国会开展活动。国会议员团的主要职责是：在国会代表党同其他政党举行协商会谈，讨论国政方略，审议财政预算，讨论制定法案等；推动实现国民要求；及时向国民报告党在国会的活动情况。如果作为党员的议员违反党和国家的纪律或有损害国民利益的行为，党中央有权决定辞去该议员职务。

总之，日共组织机构设置较完善，但中央组织内部机构存在职能重叠，可能导致相互推诿扯皮等情况发生，使其工作效率低下，不必要的行政成本增加，财政压力加大。

三、领导体制

日共的领导体制是日共中央委员长领导下的集体领导制，现任领导核心为干部会委员长田村智子和议长志位和夫。经过百年的发展，日共已经形成从中央到地方的垂直领导体制，并形成了一系列制度化、规范化的具体规则，其清晰的管理层次、等级序列、指挥链条、沟通渠道有别于日本其他政党。

日共党章规定,中央委员会、都道府县委员会、地区委员会、支部委员会分别是日共中央组织、都道府县组织、地区组织、支部的领导机构,分别负责本级的组织机构建设和具体工作。同时,中央委员会有责任指导下级党组织的工作,下级党组织应主动征询上级领导机关的意见。日共组织架构见图3-1。

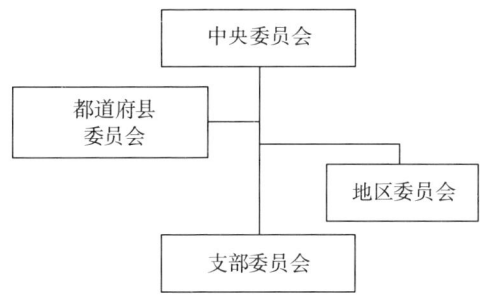

图3-1 日共组织架构图

资料来源:尹文清,《日本共产党的党建研究》,山东大学博士论文,2011年,第81页。

四、党员结构

党员是认同政党纲领路线、政策主张,承认党章并自愿加入该党的人员,是构成政党的基石和细胞。党员包括党首、干部和普通党员。党员的数量决定政党的规模,党员的质量在很大程度上决定政党的实力和水平。政党普遍十分重视在社会各阶层中吸纳、挑选和培训党员,并依靠其开展各种活动,以实现本党的政策主张,日共也不例外。由图3-2可知,在东欧剧变、苏联解体前,日共党员人数达到了50万人,但随着苏联解体,日共也与多数国家共产党一样受到了极大的冲击,党员人数骤减到1994年的36万人,且党员人数下滑势头一直没有得到有效遏制。此后,虽然2009年党员人数曾回升到40万人左右,但到2019年年初,党员人数下滑至30.5万人。

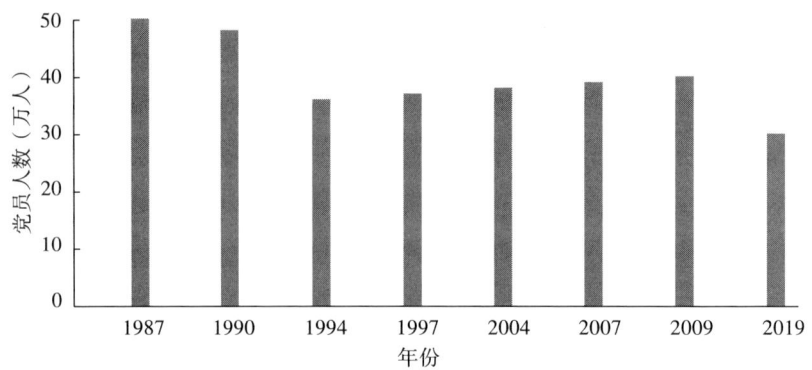

图 3-2 日共党员人数变化图

资料来源：作者根据日共官方网站相关资料整理，参见 https://www.jcp.or.jp。

由图 3-3 可知，工人阶级在日共党员中占比不高，存在阶级代表性偏离问题。日共党员包括学生（1%）、雇员（19%）、个体业者（5%）、家庭主妇（7%）、临时工/失业者（10%）、退休人员（58%）等。其他支持群体主要包括部分教职员工会、部分青年团体、部分妇女组织、部分中小企业协会和部分企业工会等。日共这种社会支持结构在很长时间里没有质的提升，而且工人阶级占比在原有基础上时有下降，面临"退休俱乐部"之窘境。要改变这种局面，成为真正意义上的"工人阶级政党"和"国民的政党"，日共必须采取积极的应对措施。

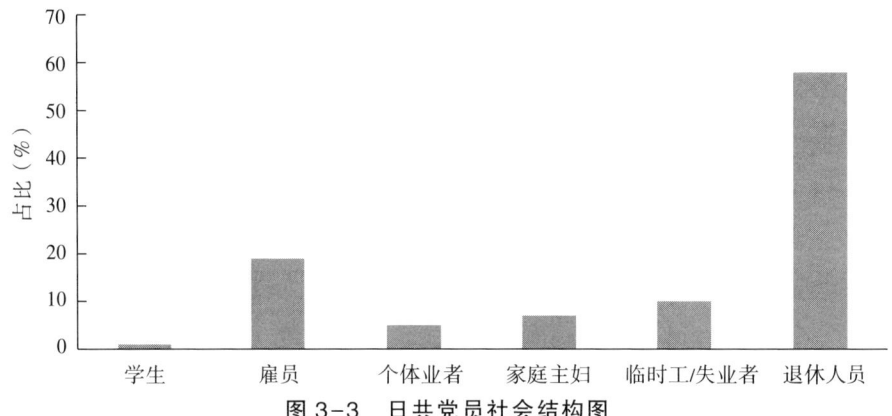

图 3-3 日共党员社会结构图

资料来源：作者根据日共官方网站相关资料整理，参见 https://www.jcp.or.jp。

由图3-4可知，日共党员年龄结构失衡，25岁以下年轻党员占比严重偏低。45岁以上的党员占比约70%，而25岁以下的党员占比只有5%左右。从以上数据来看，日共在党员人数、社会结构和年龄结构等方面都存在不同程度的问题，难免影响到日共的发展。

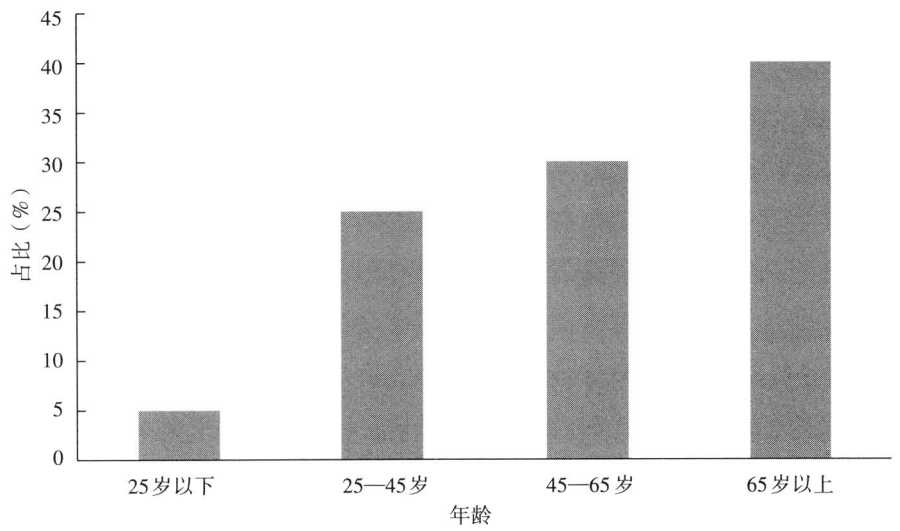

图3-4　日共党员年龄结构图

资料来源：作者根据日共官方网站相关资料整理，参见 https://www.jcp.or.jp；尹文清，《日本共产党的党建研究》，山东大学博士论文，2011年，第29页。

五、财政状况

当前，日共是发达国家中最大的共产党组织。截至2024年，日共拥有约25万党员、1.6万个党组织，并在中国、俄罗斯、越南、美国、德国五国设有驻外记者站，共派驻六名记者。① 日共的主要政治活动包括每二至三年召开一次全国代表大会；参加日本每四年一次的众议院选举、三年改选半数议员的参议院选举和四年一次的地方统一选举，以及各级议员补选和公职人员选举等。维系日共国内外组织机构

---

① 根据日共官方网站相关资料整理，参见 https://www.jcp.or.jp/english/jcpcc/blog/2017/01/jcp-27th-congress.htm。

的正常运行和各种活动的顺利开展,并保证专职党员干部的工资,需要大量的资金支持。日共资金来源主要包括党员交纳的党费、党报党刊事业收入、党内外人士的个人捐款,以及地方党组织的缴纳金等,日共把这些资金称为"财政收入",其中以2017年《赤旗报》订阅发行为主的党报党刊事业收入占日共财政总收入的80%以上。但是,自2008年全球金融危机以来,日共财政收入总体呈下滑趋势,从历史上最高时的320亿日元下滑到2022年的166.5亿日元,这严重影响了日共的正常运转。2008—2017年日共财政收支状况见表3-1。

表3-1　2008—2017年日共财政收支状况　　（单位：亿日元）

年份	收入	支出
2008	249	250
2009	246	252
2010	237	243
2011	234	232
2012	232	235
2013	225	223
2014	224	224
2015	238	236
2016	216	218
2017	211	213

资料来源:作者根据日共官方网站相关资料整理,参见 https://www.jcp.or.jp/web_jcp/html/seiji-sikin-syuusi.html。

以2017年为例,日共财政总收入为211亿日元,其中,党费6亿日元,个人捐款8亿日元,党报党刊等事业收入179亿日元,地方党组织的缴纳金18亿日元,所占比例依次为2.8%、3.8%、84.8%、

8.5%。① 2017年，日共财政收入最多的项目是党报党刊等事业收入，占日共财政总收入的84.8%；而个人捐款从2013年起开始增加，反映了关注、支持日共的国民逐渐增多，日共与国民的关联度有所提高。

财政支出主要包括日共的日常开支（主要是专职党员干部的工资），党报党刊的制作、宣传、运输等事业费，选举等其他政治活动费，以及地方党组织运作费等。以2017年为例，日共总支出为213亿日元，其中，日常开支34亿日元，党报党刊等事业费130亿日元，选举等政治活动费及地方党组织运作费49亿日元，所占比例依次为16.0%、61.0%、23.0%。② 可见，2017年日共财政支出最多的是党报党刊相关的事业费，其次是选举等政治活动费及地方党组织运作费，最后是日常开支。

从2008—2017年这十年来看，日共财政收入整体呈下降趋势，收支平衡年份是2014年，财政略有盈余的年份是2011年、2013年和2015年，财政赤字的年份是2008年、2009年、2010年、2012年、2016年、2017年，十年中有六年是财政赤字。从盈亏总额看，三年累计盈余6亿日元，六年累计赤字20亿日元，十年赤字共14亿日元。赤字的主要原因与选举周期相关，2009年、2012年、2016年和2017年选举年均出现赤字。总之，日共十年间财政支出大于财政收入，即出现了财政赤字。

据统计，除日共外，日本其他政党都按规定每年领取政党助成金。立宪民主党虽然与日共一样，主张禁止收取企业和团体的政治献金，但其近九成的财政收入即80亿日元来自政府的政党助成金。③ 虽然日共在财政收入上仅次于自民党，但日共的财政收入全部为自主经营所得，而自民党等其他政党的财政收入大部分来自政党助成金和企业、团体的政治献金。

---

① 《日本共产党的财政》，https://www.jcp.or.jp/web_jcp/html/seiji-sikin-syuusi.html。
② 同①。
③ 《日本政党政治资金报告书》，载《日本经济新闻》，2018年12月3日。

根据日本《政党助成法》规定，凡是拥有五名以上国会议员的政党，或者拥有一名国会议员且在最近一次众议院或参议院选举中得票率在2%以上的政党，可每年分四次按规定申请一定数额的政党助成金，凡是符合条件的政党每年都可从政府那里接受从数亿日元到上百亿日元不等的政党助成金。

按日本的国民总人口数乘以每人250日元的政党助成金计算方式，日本政府每年向政党分配约320亿日元的政党助成金，迄今累计发放超过7000亿日元。2018年，政府实际发放317.3亿日元，其中，自民党为174.89亿日元，虽比2017年下降了0.6%，但仍位居首位。此外，民进党为35.69亿日元，希望之党为30.42亿日元，公明党为29.48亿日元，立宪民主党为27.64亿日元，日本维新会为13.9亿日元，社民党为3.79亿日元，自由党为2.69亿日元。① 据日本总务省统计，政党助成金约占这些政党总收入的59%，即这些政党运营费的近六成依赖于政党助成金。日共认为，这种严重依赖国家财政的政党运营方式是不可取的。

同时，《政治资金规正法》允许各政党和个人从企业和团体那里获得一定数额的政治献金，但必须严格按一定程序，且公开、透明，并接受相关机构和全体国民的监督。如自民党2017年接受了国民政治协会等政治团体的政治献金24亿日元，接受的企业政治献金高达185亿日元，安倍晋三个人也有0.8亿日元的政治献金入账。② 在实际操作过程中，一些接受政治献金的政党和个人可能会故意规避《政治资金规正法》的相关规定，以为自己或他人捞取好处，导致日本政坛政治腐败事件频发。

日共认为，政党助成金虽然名义上有助于政党的成长，但是将从国民身上"榨取"的税金发给政党作为运营费用是违反宪法的，这不

---

① 《2018年政党助成金状况》，https://www.jcp.or.jp/akahata/aik18/2018-09-22/2018092202_02_1.html。
② 《17年政治资金报告》，载《しんぶん赤旗(电子版)》，2018年12月1日。

仅侵犯了"支持政党自由"等宪法权利，还动摇了民主主义的基石，造成政党的堕落，为了分得政党助成金，必然不断重复着"新党的成立和解散"的故事。而无论再怎么修改《政治资金规正法》，变的只是接受政治献金的形式，而不是政党和个人可以接受企业和团体政治献金这一"金权交易"的实质。以盈利为目的的企业和团体的捐款是要寻求回报的，谁接受了这些政治献金，谁就会为企业和政治团体说话办事。因此，日共认为，政党助成金和政治献金成了日本政治腐败的温床，不仅增加了国民的税赋，而且"侵害了公民的主权"。基于此，日共每年都拒绝领取政党助成金，也一直拒绝接受企业和团体的政治献金，并呼吁废止这两个制度。

在日共看来，政党运营是不能依赖企业、团体政治献金和政党助成金的，以自民党为首的政党不是以国民为中心，而是只服务于大企业、大资本和跨国集团，是没有前途的政党。为了远离"金权交易"，日共认为，党的财政收入是无比珍贵的资金，是党专职人员工作和生活的基础，是党开展各项活动的前提，是推动日本社会进步和革新事业发展的保证。

近几年，由于日共财政收入下滑势头没有得到有效遏制，除了个人捐款有所增加外，占比最大的事业收入急剧减少，党费收取也出现了问题。日共财政收入减少有两个直接原因：一是党员数量减少，二是《赤旗报》订阅者减少。与2010年相比，2013年交纳党费的党员数量下降了6.7%；《赤旗报》日刊订阅者下降了10.5%，周日刊订阅者下降了13.3%。[①] 与2012年相比，2014年交纳党费的党员数量下降了2.7%；《赤旗报》日刊订阅者下降了7.3%，周日刊订阅者下降了7.5%。[②] 与2013年相比，2016年交纳党费的党员数量下降了5.2%；

---

① 《日本共産党第25回党大会第八回中央委員会総会決議》，https://www.jcp.or.jp/akahata/aik13/2013-09-19/2013091909_01_0.html。
② 《日本共産党第26回党大会第三回中央委員会総会の幹部会報告》，https://www.jcp.or.jp/akahata/aik14/2015-01-21/2015012105_01_0.html。

《赤旗报》日刊订阅者下降了7.4%,周日刊订阅者下降了8.5%。① 与2014年相比,2017年交纳党费的党员数量下降了5.9%;《赤旗报》日刊订阅者下降了7.2%,周日刊订阅者下降了9.5%。②

虽然日共一直致力于发展党员,但党员数量还是出现了下降,这势必造成党费减少,党费减少直接导致财政收入减少,而财政收入减少又反过来影响日共发展党员;同理,《赤旗报》订阅发行量减少,造成财政收入减少,而财政收入减少反过来影响日共对《赤旗报》的财政支持。因此,党员数量、《赤旗报》订阅发行量均与财政收入成正相关关系。财政收入减少对日共运营生态产生了较大影响。

对选举的影响。日本选举包括参议院选举、众议院选举和地方统一选举。虽然马克思批判资本主义选举是"阶级统治的工具",③但当他发现资本主义议会制度和选举制度等民主制度对无产阶级革命斗争的积极作用时,便毫不犹豫地提出要把普选权"由向来是欺骗的工具变为解放的工具",并进一步认为这是新形势下无产阶级革命"新的武器"。④ 日共将其实现社会主义的道路定位为通过选举赢得议会多数、取得政权这一和平的议会道路。为此,日共必须在"资本主义框架内"将资本主义议会制度和选举制度等民主制度为其所用,积极参加选举,赢得议会多数席位,建立民主联合政府。

二战结束后,日共积极投身于日本各级选举中,尤其聚焦参众两院选举。每逢选举,日共都要聚集全党之力,制定选举策略,进行政治动员,包装候选人,走街串户宣传马克思主义理论及日共纲领路线、方针政策、选举内容和目标等,以期得到更多选民支持,赢得更多议

---

① 《日本共产党第26回党大会第六回中央委员会总会の干部会报告》,https://www.jcp.or.jp/akahata/aik16/2016-09-22/2016092207_01_0.html。
② 《日本共产党第27回党大会第三回中央委员会总会の干部会の报告》,https://www.jcp.or.jp/web_jcp/html/20171202-3chuso-houkoku.html。
③ 中共中央马克思恩格斯列宁斯大林著作编译局编译:《马克思恩格斯文集》(第三卷),北京:人民出版社,2009年版,第196页。
④ 中共中央马克思恩格斯列宁斯大林著作编译局编译:《马克思恩格斯文集》(第四卷),北京:人民出版社,2009年版,第550页。

席，从而实现执政目标。然而，日本选举在一定程度上已经演变为各政党金钱财力的竞争，虽说拥有充足竞选资金的候选人未必一定当选，但是没有充足竞选资金的候选人是更加难以当选的，后者只是无形中增加了资本主义民主的"广泛性"，增大了当选者的选举分母。

在这种情况下，日共有限的财力限制了日共各级选举的表现。其实，早在2009年众议院选举时，日共就因财政不足撤下了152位候选人，集中有限的资金支持胜算最大的候选人。2016年参议院选举中，日共能与民主党、维新会、社民党和生活党达成"在野党统一战线"的一个重要原因，就是财政不足迫使其在多个选区退选。当时日本民主党选举对策部门相关人士就指出，撤下候选人不是日共主动为之，而是由于占该党财政收入八成的《赤旗报》订阅发行费等事业收入减少而被迫为之，于是得出了"日共无力全面参选"的结论。

对宣传的影响。马克思、恩格斯在创办《新莱茵报》时就强调，工人阶级政党应"持续影响舆论"。[①] 只有不断宣传马克思主义理论、自身纲领路线和方针政策，才能使工人阶级和广大劳动群众接受科学社会主义指导，从"自在阶级"变为"自为阶级"，最终理解、支持自己的先锋队。同时，加大宣传力度才能有效回击日本保守力量和右翼势力对日共的种种歪曲和攻击。自日共诞生之日起，这两股势力就从未停止对日共指导思想科学社会主义理论，以及日共纲领路线、方针政策的攻击，污蔑日共是"国贼"。为了唤醒工人阶级的主人公意识，提高广大劳动群众的思想觉悟，以正视听，日共必须要有自己的宣传阵地，并不断地进行宣传，这需要投入大量的资金。

日共主要以党的机关报《赤旗报》为平台开展宣传活动，该报具有党内外宣传、组织活动和增加财政收入等三大功能。因此，日共历来十分重视以《赤旗报》为中心开展各项活动。日共二十二大报告指出，"不能把它作为党建设的一个分支，而应将它作为党所有活动的中

[①] 马克思、恩格斯：《马克思恩格斯全集》（第十卷），北京：人民出版社，1998年版，第708页。

心——经常阅读、讨论《赤旗报》,通过继续扩大发行量来积累资金,扩大与国民的联系,极力谋求把读者当作朋友,转化为支持者"。① 但近几年来,《赤旗报》发行量大幅下降,导致日共财政收入减少,用于宣传科学社会主义和自身纲领路线、方针政策的投入减少,最终不利于日共拉近与国民的距离。

对发展的影响。政党发展的一个重要体现是党员数量的增长,发展党员与支部工作密不可分,然而,由于财政收入不足,有限的财政收入难以顾及所有支部。事实上,日共许多支部工作人员是义工,虽然这些义工具有较高的革命觉悟、党性原则和自觉意识,能够完成上级传达的各项工作,但他们还要为自己和家庭的生存和发展努力,难以全身心地投入支部工作。因此,财政收入不足会影响支部对广大群众的宣传、动员和组织工作,影响支部在广大群众中吸纳优秀积极分子的能力。由于财政资助力度减小,一些日共支部已名存实亡。②

昔日遍布日本全国的342万支持者一直是日共的"友军",他们虽不是日共党员,但理解、支持日共的纲领路线和方针政策,在日共参加各级选举时,这些支持者或捐款捐物,或主动订阅《赤旗报》,以减少日共财政之忧。但由于财政状况恶化,许多外援会的基层组织也已处于名存实亡的状态。日共意识到这一问题的严重性,在2017年的二十七大报告中指出,外援会的作用没有得到充分发挥,削弱了党与群众的联系,必须采取有效措施,发挥外援会在日共运营过程中不可替代的作用。

日共曾在主要国家设置十余个记者站和办事处,记者达百余人,但由于财政收入不足,驻外记者站和记者数量开始减少,这限制了日共的国际视野和全球影响力。

从内部环境及构成要素看,日共总体还能维持其"内适应性",但是,其"内适应性"面临着外部的巨大压力,尤其是冷战结束以来,

---

① 《日本共产党二十二大报告》,载《しんぶん赤旗》,2000年11月22日。
② 根据日共官方网站相关资料整理,参见 https://www.jcp.or.jp。

日共内部的纲领路线、组织结构、领导体制、党员干部、财政收入等要素都不同程度地面临着挑战，在很大程度上制约着其"内适应性"功能的发挥，迫使日共作出较大的自我改革和调整。

第二节 内部环境适应策略

由于历史误解，保守政党打压，右翼势力围攻，东欧剧变、苏联解体冲击，以及自身问题等内外多重因素影响，日共的"内适应性"陷入前所未有的困境，严重制约了日共的发展。进入21世纪以来，为了防止影响力的持续下滑，日共加大了"内适应性"调整力度，积极采取相应的措施来促进自身的发展。

一、不断调整纲领路线

面对日本国内外出现的新形势和日共党内出现的新问题，日共在2000年召开的二十二大和在2004年召开的二十四大，均就党章和党纲进行了根本性修改，以期使党适应新环境。修改内容主要涉及党的性质、目标、组织原则。[①]

新党章将党的性质的表述从"日本共产党是日本工人阶级的前卫政党"改为"日本共产党是日本工人阶级的政党，同时是日本国民的政党。为了民主、独立、和平、提高国民生活和日本的未来而努力，向所有的人开放门户"。这一修改的特点主要有两个方面。一是删除了"前卫政党"的提法。日共认为，"前卫政党"这一表述容易使人将其与国民的关系或与其他群众团体的关系误解为"领导与被领导的关系"，即日共是领导者，国民或其他群众团体是被领导者，这在日本社会是行不通的。为此，日共特别强调，其并非对工人阶级或者国民发

[①] 曹天禄：《日本共产党的"日本式社会主义"理论与实践》，北京：中国社会科学出版社，2010年版，第208—214页。

号施令的政党，也不是要将党的理论路线和方针政策强加给广大国民的政党。同时，日共认为，"前卫政党"这一提法只是无产阶级革命事业历史进程中特定阶段的特殊表现，不是科学社会主义理论的内容。二是从"一政党"到"双政党"的提法。日共认为，日共不仅是工人阶级的政党，而且是"日本国民的政党"，"向所有的人开放门户"，这样的表述符合日本的社会结构现实。

新党章将党的目标的表述从"通过社会主义革命，实现社会主义社会和共产主义社会"改为"实现没有人剥削人、没有压迫、没有战争，人与人之间关系真正平等的自由的共同社会"。在日共看来，删除"社会主义革命""社会主义社会""共产主义社会"这些表述不是否认"社会主义革命"，而是日本工人阶级革命不能超越日本现在的"民主主义革命"阶段。只有当民主主义革命阶段任务完成后，才能去实现社会主义更高阶段的任务。同时，日共认为，"共同社会"是更适应民主主义阶段目标的一种新提法，其最终目标也是指向社会主义和共产主义社会，而不是对其否定。在日共看来，马克思、恩格斯关于"解放全人类"的思想是无产阶级革命的最高目标，从这个意义上看，无产阶级革命事业具有"国民性"的特征。工人阶级的历史使命和最终目标也是广大国民的历史使命和最终目标。可见，"共同社会"的历史使命和最终目标与"社会主义社会"和"共产主义社会"的历史使命和最终目标并不矛盾，日共当然也是"国民的政党"。

组织原则革新方面，新党章删除了关于"党的决议应无条件执行"和"四个服从"等传统表述，并将民主集中制原则概括为五根支柱，将"无条件执行"改为"自觉执行"。日共认为，旧党章的表述有相互矛盾和容易被国民误解的地方，即表述上存在着自上而下的单方面、强迫性、命令式的表达，这与民主等提法是矛盾的。日共认为，这样的修改能有力回击关于日共"党内缺乏民主"的外部批评。

新党章还首次把"遵守市民道德和社会道德，对社会负责"作为党员的义务写进党章，且将党员"权利"放在了党员"义务"的前面。新党章还删去了旧党章中"必须"或"不应"这一"义务式"、强制性的表述,将其改为积极的表述。

不难看出,日共对纲领路线的修改主要是基于外部新形势及外部批评进行的。对于日共理论路线的调整,虽然党内多数党员表示支持,但也有一些老党员表示不理解,认为党失去了革命的信念和斗志,并为此感到迷茫;认为党已经变质,已经没有前途等。因此,日共理论路线的调整,可能使其面临传统支持者流失的风险,从而使日共处于两难的境地。

二、大力优化领导体制

日共二十一大从领导班子和干部制度化着手,大力优化领导体制。主要体现在以下方面。

第一,从"老人政治"走向干部年轻化。在西方国家,政党领导层代际更替已是其民主政治的常态,当然,政党领袖的个人魅力既是广大选民关注的重点,在某种程度上也是政党竞争成败的一个关键。宫本显治曾领导日共40年(1957—1997年),由此,日共被其他政党诟病为"老人政治",批判其领导集体缺乏活力。

为了改变社会对日共领导干部的消极评价,日共于1997年召开了二十一大,通过了具有重要意义的《中央委员会选出标准与构成》决议,强调,"为了击破反动势力的攻击,争取在21世纪初期建立联合政府,中央委员会必须保持正确的、机敏的指导性,继承和发展革命传统与理论政治水平",各级领导干部应"富有智慧与经验"和"充满活力、有能力"。[①] 这为日共今后选拔各级领导干部提供了标准和规范。为此,这届大会对党的领导体制和干部结构进行了改革。首先,取消党主席职位。宫本显治退居二线,党内确定了以不破哲三-志位和夫为核心的面向21世纪的新一代的领导集体。其次,举行中央委员换

[①] 尹文清:《日本共产党的党建研究》,山东大学博士论文,2011年,第76页。

届选举。新一届中央委员年富力强，具有较高的领导能力，30%为新委员，候补委员则全部为新委员。最后，实行干部流动制。这届大会决定，日共基层干部定期调到中央锻炼培训，到一定时间后再回地方。

2000年日共二十二大再次对中央领导机构作出了重大调整，取消党的"名誉主席"，宫本显治等其他老干部完全退出日共中央，标志着"宫本体制"彻底终结。同时，不破哲三在这次大会上表示，为了使日共步入一个新时期，主动辞去中央委员长的职务。另外，在干部的配置上，这届大会比上届大会力度更大，日共把许多年富力强、博学多才、年轻有为、进取开拓的干部推上领导岗位。在本届大会上当选的20名中央委员中，有10人是第一次当选，与上届中央委员会相比，平均年龄降至54岁。46岁的志位和夫担任日共中央委员长，成为日共历史上最年轻的委员长。

志位和夫出生于1954年，毕业于日本东京大学工学部物理专业。大学一年级时深受马克思主义思想影响而加入日共。大学毕业后，在日共东京都委员会从事和负责学生运动。由于工作出色，1982年，他被调到日共中央工作，工作期间，其工作成就得到了上级的充分肯定；1988年被调任至日共中央书记局；1989年当选日共中央委员；1990年在日共十九大上，时年35岁的他被任命为日共中央书记局长；1993年首次当选日本众议院议员；2000年在日共二十二大上，当选日共中央干部会委员长；2006年不破哲三退任后，志位和夫正式成为日共新一代领导人，标志着日共进入志位和夫时代。

志位和夫擅长利用媒体宣传日共的理论路线和政策主张，改变了日共领导人在民众心目中刻板传统的形象，同时，他领导下的日共采取了一条更加适合日本国情的"现实主义路线"，从而初步改善了日共在公众中的整体形象，使日共在日本政坛上成为一个重要在野党。由此，日共实现了新老领导班子的交替，不仅加强了党的集体领导，加速了党内民主的步伐，同时对外界关于日共"老人政治"的负面评价也起到了一定程度的纠偏作用。

第二，加强党的代表大会的权力。如前所述，日共最高权力机关是党的代表大会，中央委员会是党的代表大会的常设机构，其代表由党的代表大会选举产生，干部会负责日共中央的日常工作。

第三，发挥纪律委员会和监查委员会功能。日共为了保证自身正常健康运行，专门设立了纪律委员会和监查委员会两个部门。新党章规定，纪律委员会的主要职责是调查审查违反纪律的党员干部；监查委员会的主要职责是监管审查中央机构的会计、事业及财产状况。① 为了充分发挥纪律和监查这两大部门的有效性、公正性和权威性，日共中央特别强调其独立性，将这两大部门完全独立于中央书记局，并将其提升为与中央书记局等其他部门一样的同属于中央委员会的平行机构。

此外，日共中央还特别重视党内纪律，同时对外界认为的日共内部"没有自由"等言论进行批驳，认为工人阶级政党如果没有严格的纪律就不再是工人阶级政党，就不能很好维护工人阶级和广大群众的利益，就不能完成自己的历史使命。新党章强调，党的领导干部与普通党员一样，要定期认真过好组织生活，决不能将自己凌驾于党组织之上。无论是中央委员、地方委员还是候补委员，如果违反党的纪律，都要受到相应的纪律处分。新党章规定，如果领导干部违反纪律，只要有相应的中央或地方委员三分之二的多数表决通过，就可执行处分决定。

但是，党章对普通党员违反纪律的处分持审慎态度，尤其是对开除党籍的处分，党章强调必须认真调查，且要向相应的党组织公开调查资料，并接受被处分党员本人的申诉。② 为此，日共专门设立了诉求委员会，来处理党员反映的各种问题。值得注意的是，21世纪以来，日共没有出现过因为党内不同意见而被处分或开除的党员。日共对党员和领导干部的严格要求，在日本政党中较为罕见。

---

① 参见日本共产党官方网站,https://www.jcp.or.jp。
② 尹文清:《日本共产党的党建研究》,山东大学博士论文,2011年,第77页。

第四，改革党的地方领导体制。日共二十四大通过了关于改革党的地方领导体制的方案——《加强县、地区机关体制与活动的决策》，提出县、地区机关是党在地方的代表，是国民运动的直接组织者；在党内开展"支部是主角"的活动，既体现地方党组织体制的强化，又提高其指导水平，在全国开展活动，地区机关成为推动党的建设的重要环节。其核心就是理顺日共中央和地方党组织的关系，放权于地方党组织，充分发挥地方党组织的积极性和主动性。

第五，制定干部选拔培养新标准。日共历来重视干部的选拔和培养，并为此制定过许多政策。面对21世纪党内外出现的新形势和新情况，日共适时推出干部选拔和培养的新标准，认为干部的选拔和培养，不能仅仅考察干部的能力水平，更应注重干部的政治思想觉悟。针对新时期日本社会出现的道德水平低下的状况，日共强调，党的各级领导干部必须具备"市民道德"和"社会道义"。早在2000年，日共二十二大就提出了领导干部具备"市民道德"和"社会道义"的必要性和重要性。对此，日共具体提出了党员干部必须具备的十条市民道德标准。日共认为，这些标准也可以说是日本社会必须遵守的标准，由于日共是日本工人阶级和全体国民的政党，肩负着实现人类的"共同社会"的历史使命，因此，遵守这些标准是对每个党员干部的最低要求。

总之，1997年日共十九大以来，日共反思过去的一些过左的路线，尤其是家长制领导方式，并进行渐进式的自我改革，以适应党内外形势发展的需要。日共二十二大确立的"不破哲三–志位和夫"领导体制标志着日共新的领导集体形成，以及较为务实和灵活的新理论路线的确立，使日共重塑自身形象。

三、降低发展党员门槛

党员是政党的血液，青年党员是政党的新鲜血液。无党员，则无政党；无青年党员，则无长久政党。因此，所有政党都重视发展党员尤其是青年党员。日共也一直重视发展党员，特别是吸纳青年党员。日共旧党章对入党条件限制较多，日共二十二大制定的新党章放宽入党条件，规定同时满足五个条件即可申请入党：一是18岁以上的日本国民，二是承认日共纲领，三是遵守日共的各项规章制度，四是参加日共规定的各项活动，五是有两名党员介绍。经过支部审查后，再由所属党的地区委员会备案承认即可。新党章同时规定，地区委员会以上的党组织可以直接批准入党。

如前所述，日共党员结构存在失衡，老龄化问题越来越突出。对此，日共二十二大根据日本社会阶层的变化，对党章进行了修改，向所有人"开放门户"，其中包括原来禁止加入日共的企业经营者。不破哲三在修改党章的大会上明确表示，只要符合日共党章规定的入党条件，都可以加入日共，其中当然包括企业经营者乃至大企业经营者。志位和夫后来也指出，有产者、有剥削行为的人，只要符合党员条件，是可以入党的，对真正怀有社会主义理想的企业主，日共是向他们敞开大门的。

由于日共及时修改了党章，入党人数有了一定回升。2008年全球金融危机对日本经济造成了冲击，日共趁机向群众宣传其政策和主张，得到了国民的认可，在一定时期内，日共党员以平均每月1000人的速度增加，出现了东欧剧变、苏联解体以来最好的发展势头，引起了日本国内外许多媒体的关注。为了保证党员队伍的稳定性，日共还对拥有30年和50年党龄的党员进行奖励。

为了扩大党员队伍、壮大力量，日共非常重视做党的外援会的工作。外援会在当今日本政党政治中扮演着不可或缺的角色，日本多数政党都建有自己的外援会。外援会是指对某政党政策主张持支持态度的人们自愿形成的一种组织，在政党选举或进行其他活动时为该政党出钱出力，虽然这些成员不是正式党员，但可以看作是潜在党员。所以，日本各政党为了获得更多的社会力量支持、夯实自己的社会基础，都会把建立外援会当作重要任务，并与其保持密切的联系。

日共也与日本其他政党一样，高度重视外援会建设工作，并将其视为自己统一战线工作的重要平台。战后初期到20世纪50年代，日共拥有许多支持自己的强大的外围组织，如当时日本最大的工会"产别会议"和农会"日农"等，但随着武装斗争政策的实施，大部分群众团体脱离了日共，有的甚至成为日共的反对势力。与日共保持密切关系的外援会主要有全国劳动组合总联合、日本和平委员会、民主医疗机关联合会、民主青年同盟等行业性外围团体。[①]

在这些外援会群众组织中，日共党员所占比例从10%到100%不等。在受日共影响的群众组织中，日共党员所占比例较高，组织大多以日共党员为核心，按照日共的宗旨、政策、方针开展活动，并努力帮助生活困难的民众解决问题。而在不受日共影响的群众组织中，日共党员所占比例较低。日共在处理与这些群众组织的关系时，吸取了历史教训，调整了策略，不再强行要求这些组织接受和服从日共领导，而是在坚持互不干涉内部事务、承认价值差异性、尊重自主性前提下团结合作。每当这些群众组织举行会议或集会等活动时，日共一般都会派代表参加以示支持；同样，日共组织活动时一般也会得到这些群众组织的声援，特别是在各类选举中，这些外援会既是日共的重要"票仓"，也是日共党员的重要来源，同时是日共联系和发动群众的纽带。

在这些外援会中，最值得关注的是民主青年同盟。该组织成立于1951年5月，其前身是战前的青年共产主义同盟，自成立以来就与日共保持着密切的关系，一直是日共发展青年党员和培养青年干部的重要基地。不过，日共已不再要求其成员必须加入或支持日共，因此，有的成员加入了自民党或其他政党。该组织成员人数在20世纪70年代曾达到20万人。

日共党员结构与日本其他政党相比有一个明显的特点，即妇女党

---

① 尹文清：《日本共产党的党建研究》，山东大学博士论文，2011年，第83页。

员占比较高，这与日共长期重视妇女工作分不开。在日本历史上，无论是在家庭中，还是在社会中，妇女的地位都比较低，更不用说从政了，虽然现在妇女的地位已显著提升，但参政的妇女还是不多。据统计，2000年日本众议院中女议员的比例在世界164个国家中排名第126位，参议院中女议员的比例在世界58个国家中排名第22位。① 但日共妇女议员数与其他政党相比是最多的。据1998年2月统计数据，日共当选的4128名地方议员中，女性议员为1041名，占总数的25.2%，而自民党、公明党、社民党分别为49名、353名、183名，其他党派合计仅为154名。一些日本媒体对此评论："共产党的跃进与女性议员的增加，就如同硬币的表里之关系。"②

四、创新经营党报党刊

马克思、恩格斯十分重视报刊等大众传媒在无产阶级革命斗争中的作用，认为党报党刊是工人阶级政党重要的思想武器和政治阵地，是工人阶级政党存在和发展的标志之一。日共从成立之日起就非常重视党报党刊在党的建设中的作用，但是，报刊等传统媒体面临着以数字技术为基石、以互联网为载体进行信息交换和传播的新媒体的极大冲击。在新形势下，《赤旗报》如何适应新媒体时代强调的传播主体的对等性、传播载体的网络性、传播受众的广泛性、传播方式的公开性、传播速度的及时性，以及公众利益诉求复杂化、价值观念多元化、政治参与扩大化等，是一个严重的挑战。为此，日共创新办报技术手段，成为世界上较早运用新媒体的共产党，为使党报党刊适应新形势，日共将电子技术和互联网等先进技术手段运用到对《赤旗报》等报刊的改造上，取得了一定的效果。

马克思、恩格斯虽然没有生活在新媒体时代，无法见证新媒体给

---

① 日本妇女团体联合会编：《妇女白皮书》，2000年8月第1年版，第36页。
② 《读卖新闻》，1999年4月13日。

社会经济、政治、文化等各领域带来的新变化,但是他们关于纸媒作用和功能的认识,以及无产阶级政党如何处理与媒体关系的思想至今仍闪耀着真理的光辉,对日共分析和把握新媒体仍然具有指导意义。他们在阐述报刊的作用时,通常是与社会舆论一并论述的,认为"报纸是作为社会舆论的纸币流通的",[①] 即报纸是社会舆论的产物。媒体与舆论的关系就好比皮与毛之间的关系,如果说媒体是皮,那么舆论就是毛,媒体之不存,舆论将焉附。同时,舆论是有阶级性的,舆论"是经济地位和社会地位相同或相近的人们对事件的一致态度",[②] 而各种"舆论定会找到相应的报刊"。[③] 虽然媒体是舆论的主要载体,具有器物性质,本身不具有阶级性,但与具有价值偏好的舆论内容结合在一起,就具有阶级性了,因此我们判断某媒体的左或右的倾向时,实质是说该媒体所载内容,即舆论的价值取向是偏左或偏右的。所以在多数情况下,媒体与舆论就合二为一了,媒体就是舆论,舆论就是媒体。

马克思、恩格斯认为,媒体除了具有信息传递、社会沟通这些基本职能外,还具有政治传播、舆论宣传、批判监督等功能,媒体的这些功能对于无产阶级政党完成自己的历史使命具有重要意义。由于马克思主义是解放全人类的科学,他们的媒体舆论观大都被赋予了直接为工人阶级服务的政治意义。"报纸最大的好处,就是它每日都能干预运动,能够成为运动的喉舌,能够反映出当前的整个局势,能够使人民和人民的日刊发生不断的、生动活泼的联系",[④] 即工人阶级的媒体不仅要反映社会舆论,更重要的是引导社会舆论,要成为党传播纲领路线和方针政策的"喉舌",要与广大劳动群众结成最紧密的联系。

[①] 中共中央马克思恩格斯列宁斯大林著作编译局编译:《马克思恩格斯选集》(第一卷),北京:人民出版社,1995年版,第473页。
[②] 童兵:《马克思主义新闻观读本》,上海:复旦大学出版社,2016年版,第73页。
[③] 马克思、恩格斯:《马克思恩格斯全集》(第五十卷),北京:人民出版社,1985年版,第509页。
[④] 马克思、恩格斯:《马克思恩格斯全集》(第七卷),北京:人民出版社,1959年版,第3页。

他们还特别强调，媒体要真实、客观、准确地反映社会舆论，只有这样才能取信于社会公众，这是媒体赖以生存的前提和条件。"人民的信任是报刊赖以生存的条件，没有这种条件，报刊就会完全萎靡不振。"① 无产阶级媒体必须实事求是地反映资本主义社会政治、经济、文化等情况，必须真实反映广大劳动群众的意志，这样才能赢得广大公众对党的媒体的信任和认可，使党的媒体获得生存的条件和存在的基础。同时，他们还认为，报刊必须具有独立性，才能"对国家大事进行客观、公正的讨论"。②

鉴于媒体在人们社会政治生活中起着越来越重要的作用，他们还把报纸的权力与行政权力、国民议会的立法权力统称为国家的三种权力，认为"占有他人的意志是统治关系的前提"，③而舆论是"一种普遍的、隐蔽的和强制的力量"。④ 在德国，"争夺对德国舆论的统治地位即争夺对德国本身的统治地位"，⑤ 即在马克思、恩格斯看来，在一定程度上，谁掌握了具有统治地位的舆论，谁就更易掌握国家的统治地位。在这里，"报纸的权力"指的就是媒体的监督力量，西方提出，媒体是国家社会政治生活的"第四种权力"，这一说法比马克思、恩格斯晚了数十年。⑥ 正因为媒体如此重要，在一定程度上关系到统治者的统治权，因此，无产阶级政党必须予以高度重视，除了创办自己的报刊外，还要充分利用进步的资产阶级媒体来联系广大群众，促成有利于无产阶级革命的社会舆论环境，与反动力量进行斗争。⑦

---

① 马克思、恩格斯:《马克思恩格斯全集》(第一卷),北京:人民出版社,1956年版,第234页。
② 马克思、恩格斯:《马克思恩格斯论新闻》,北京:新华出版社,1985年版,第285页。
③ 马克思、恩格斯:《马克思恩格斯全集》(第十一卷),北京:人民出版社,1962年版,第847页。
④ 同①,第237页。
⑤ 马克思、恩格斯:《马克思恩格斯全集》(第四十一卷),北京:人民出版社,1982年版,第197页。
⑥ 1789年,美国第三任总统托马斯·杰斐逊提出:"自由报刊应成为对行政、立法、司法三权起制衡作用的第四种权力。"
⑦ 马克思、恩格斯:《马克思恩格斯全集》(第四十六卷)(上),北京:人民出版社,1979年版,第503页。

由于媒体的阶级性，在同一社会生态环境下，不同的媒体扮演着不同的角色：维护者、破坏者、中立者。马克思说："报刊按其使命来说，是社会的捍卫者，是针对当权者的孜孜不倦的揭露者，是无处不在的耳目，是热情维护自己自由的人民精神的千呼万应的'喉舌'。"① 毫无疑问，资产阶级媒体要为资本主义制度辩护，要对社会主义进行批判；而无产阶级媒体要对资本主义制度进行批判，要对社会主义进行辩护。或者说，资产阶级媒体是资本主义的辩护者和社会主义的破坏者，而无产阶级媒体则是社会主义的辩护者和资本主义的破坏者，而所谓"绝对的中立者"是不存在的。同时，马克思、恩格斯十分注重出版自由，认为出版自由是人的一种基本自由，是实现其他自由的保证。他们对资产阶级书报检查和舆论控制给予严厉批评，认为无论外衣多么华丽，其维护资产阶级统治的丑恶本质是无法掩盖的，这对于资产阶级来说只是维护其统治的一种权宜之计，是与工人阶级的利益根本对立的，终究改变不了资本主义必然灭亡的命运。

事实上，自政党诞生以来，媒体就成为国家政党政治生活的重要组成部分。"大众传媒从出现的第一天起，就介入到政治和政治活动中，它是一种手段、工具、途径，有的就是政治本身——媒介之间的斗争演变成为政治斗争，媒介成为展示政治主张和政治势力的重要舞台。"② 所以，无产阶级政党如果要领导广大劳动群众在革命斗争中取得胜利，就必须占领舆论阵地，就必须要有自己的"喉舌"，并努力使之成为主流"喉舌"，"现在极其重要的是使我们的党在一切可能的地方占领阵地"。③

可见，媒体是具有阶级性的；无产阶级政党要领导广大劳动群众达到自己的目标，必须有自己的媒体这一党的思想武器和政治阵地；

---

① 马克思、恩格斯：《马克思恩格斯全集》（第六卷），北京：人民出版社，1959 年版，第 275 页。
② 刘蓉华：《大众传媒与政治》，北京：北京大学出版社，2001 年版，第 15 页。
③ 马克思、恩格斯：《马克思恩格斯全集》（第二十九卷），北京：人民出版社，1972 年版，第 569 页。

党的媒体应当真正代表和捍卫无产阶级和人民大众的利益；党的媒体必须在党的领导和监督下进行工作；党的媒体必须起到传播党的纲领路线和方针政策，以及反映、引导社会舆论的作用；党的媒体必须揭露资本主义本质等。

随着经济结构的变迁和民主政治制度的完善，政党与媒体的关系出现了马克思、恩格斯时代不曾出现的全新变化。正如有学者指出，网络的出现，不仅带来了新的沟通媒介和新的传送通路，更因其具有革命性的威力，改变了政治进程，进而推动政党运作模式从"媒体政治化"迅速向"政治媒体化"方向演变，"媒体成了在政党抉择时必须考虑的重要因素"，[①] 特别是以互联网为载体的各种新媒体的出现，对政党传统的组织运作模式和政党政治生态提出了极大的挑战，"电子媒介也改变了传统的政党结构和政党功能"。[②]

随着互联网在社会政治、经济、文化生活中的大规模普及和运用，其对日本年轻人的影响尤为显著。正因如此，新媒体已逐渐成为政党、政党领袖、政党候选人与基层及选民联系沟通的重要纽带和桥梁，越来越多的政治家通过电视、网络，或者借助"网红""主播"等自媒体渠道、方式，来宣传、介绍各自政党及其政策主张，以争取更多选民支持，增加胜选概率。当前，日本各大政党在大选期间无不运用电视网络进行宣传，志位和夫等日共领导人也能熟练运用新媒体来宣传日共的政策主张、吸引青年人。

与纸媒相比，新媒体不仅使政党活动更加透明、及时和公开，还更加重视社会公众的舆论反馈。"互联网上的政治传播变得更加去中心化和多元化，这表现在理由、规模和影响上。"[③] 新媒体时代呈现出公众利益诉求复杂化、价值观念多元化、政治参与扩大化等特点，必然

[①] 牟建军：《德国学者万尔谈媒体与政党政治》，载《国外理论动态》，2000 年第 7 期。
[②] 詹姆斯·斯特劳斯著，陈世敏译：《传播媒介民意、公共政策分析》，台北：编译馆，1985 年版，第 182 页。
[③] 安德鲁·查德威克著，任孟山译：《互联网政治学：国家、公民与新传播技术》，北京：华夏出版社，2010 年版，第 7 页。

要求传播主体具有对等性,传播载体具有网络性,传播受众具有广泛性,传播方式保持公开性,传播速度保障及时性等特征,这些无不对政党运作、政党基础、政党结构、政党协调、政党合作等构成的冲击,所以,能否"占领"新媒体成为衡量政党适应能力的一个重要指标。

日共也尝试利用新媒体进行宣传、动员民众、扩大影响,但其效果相对于其他政党还有一定的距离,主要原因在于日共财政收入不足。一位日本民众指出:"日共的政策应更加具体,应该多做些宣传,让普通的民众能够明白共产党的主张,清楚共产党究竟想把日本建设成一个怎样的国家。"[①] 在新媒体迅猛发展的大背景下,为了扩大日共的影响力,让更多国民了解党的理论路线和方针政策,日共财政收入的四分之三都用在了宣传、媒体、报刊、书籍出版等方面,其中又有很大部分投入到了新媒体领域。

长期以来,日共媒体种类较为单一,没有自己的广播和电视平台,还主要停留在传统的纸媒时期。日共媒体体系主要以党报《赤旗报》为核心,由党刊《前卫》,以及月刊《经济》《学习》《女性广场》等纸质媒体构成。其中,《赤旗报》在日共政治活动中占有特别重要的地位,兼具宣传、组织和财政三大功能。日共认为,"中央机关报是宣传者、鼓动者和组织者。无论是对政治方面、经济方面、意识形态方面的斗争和包括统一战线工作在内的一切群众工作,还是对建设一个强大的党的工作,它都是指导党组织和人民日常行动的指南针,是连接党中央和全体党员的血管"。[②] 同时,它还是联系群众的纽带。

日共党报《赤旗报》创刊于1928年2月1日。战前因刊登推翻天皇专制主义和法西斯主义等文章,多次被专制政府查禁,战后初期日共成为合法政党后随即复刊并改报名为《红旗》,后来日共中央多次讨论后决定还是沿用原来的名称,于是在1966年2月1日改回《赤旗

---

① 申梦雪、林芷郁:《探访日本共产党中央总部》,载《刊授党校学习》特刊,2007年第4期。
② 日共中央委员会编,段元培等译:《日本共产党六十年》(上),北京:人民出版社,1985年版,第228页。

报》，并沿用至今。

《赤旗报》有日刊和周日刊之分，其发行量在20世纪80年代一度达到400万份，是当时日本发行量位居前十的报纸之一，也是当时发达资本主义国家中发行量最大的共产党报纸。当时，日共还在世界12个主要国家设有记者站或办事处，国内各地还活跃着1万多名《赤旗报》义务通讯员。长久以来，《赤旗报》订阅发行的收入占日共财政收入的八成以上，是日共得以正常运转的重要支柱，同时，《赤旗报》在日本宣传科学社会主义和日共纲领路线、方针政策，以马克思主义的立场、观点和方法对日本和世界的政治、经济、文化等方面进行客观分析，在加强日共的思想、组织、作风建设等方面发挥着积极作用。在日本媒体普遍偏右的环境下，《赤旗报》突显了其左翼特色，是日本意识形态色彩较为浓厚的纸媒。

冷战结束后，尤其是近几年来，在新媒体和其他因素的共同影响下，《赤旗报》运营遇到了前所未有的困难，发行量已经下降到2023年的85万份。作为日共财政收入最大来源的《赤旗报》发行收入从最高时的320亿日元，下降到2022年的166.5亿日元。

过去，政党的政治传播活动主要依赖两个途径：一是通过自己的媒体，二是依靠党员骨干、积极分子有组织、有计划地进行组织宣传和人际传播。现在，随着新媒体的出现，政党除了继续沿用传统媒体外，更多的是利用现代传播工具。因为传统媒体相比新媒体而言，其劣势是显而易见的。一是传统媒体的滞后性与新媒体的即时性。两大传媒对新闻的反应具有明显的差异，纸媒当天刊登的"新闻"一般都是昨天甚至更久的"旧闻"，而新媒体能提供即时性、滚动性的新闻，对于政党和公众而言，他们希望把握最新的信息，而不只是过时的消息。二是传统媒体的信息有限性与新媒体的信息海量性。两大传媒的信息存储能力存在明显的差异，纸媒的版面是有限的，这决定着纸媒呈现的信息是有限的，而新媒体呈现的信息则是海量的，不仅内容丰富、种类齐全，还能涵盖历史与现实、国内与国外的各类信息。三是传统媒体的受众局限性和新媒体的受众广泛性。两大传媒的受众具有明显的差异,马克思、恩格斯认为,报刊等媒体具有阶级性,这就决定了该媒体的受众主要局限在本阶级,日共《赤旗报》就具有这样鲜明的特征,其受众主要是日共党员和日共的支持者;而新媒体的受众则面向全社会所有成员,且点击量越高,粉丝就越多,媒体收益就越高。对于政党和公众而言,当然希望与关注度较高的新媒体合作,以期扩大自己的影响力和关注度。四是传统媒体的权威性与新媒体的平等性。两大传媒的传播主体具有明显的差异,纸媒的传播主体常常以较为官方的身份发布信息,以显示他们及其发布内容的权威性;而新媒体则是所有人都可以成为传播主体,可以在载体上发布信息、发表个人意见。对于政党而言,虽然利用新媒体传播使其有别于传统形象,但也能使其传播、收集更多信息,有利于决策的科学化和民主化。对于公众来说,新媒体传播主体的平等性似乎更能激发他们参与民主政治的热情。

新媒体对政党政治传播的第二条路径的冲击也是显而易见的。传统模式是靠党员骨干、积极分子进行人际传播,具有典型的"熟人社会"点对点式的政治传播特点,但随着新媒体时代的到来,人类社会开始进入"陌生人社会"。在这一社会中,人们通过互联网就可以搞定一切,不需要过多的人际交往。因此,政党靠人际传播来进行政治宣传的边际效益会变得越来越小。

正因为新媒体有传统媒体无法比拟的优势,所以一经出现,其触角就立刻渗入社会各领域,有远见的政党无不对此高度重视。政党是否具有直面新媒体的适应力,在很大程度上影响政党竞争的效果,甚至选举的结果。新媒体已经成为政党沟通选民的主要媒介;政党通过新媒体寻求公众的支持,而公众的判断又受到新媒体的影响。政党只有充分适应新媒体的运作逻辑,才可能赢得更多公众的支持,进而获得更多的选票和议席,并向执政的目标迈进。

虽然日共也在利用新媒体宣传扩大影响,其领导人也开始在新闻媒体中露面，曝光度较以前也有所提高，但由于其理论路线的意识形态化、阶级特征较为明显，以及财政困难，日共在新媒体利用方面相较其他政党仍有一定差距。主要体现在以下方面：

第一，日共还无法有效整合新媒体传播主体多元化所带来的利益诉求多元化。"互联网上的各种动员，其基础来自这些不同的碎片化的政治认同上，因为每个人在网上都可以加入到很多群体和运动中，远远超过了线下能够参加的数量。"[1] 新媒体传播主体的多元性往往导致民意诉求的增多，使民意结构呈现出多元化和碎片化等特征。在这种情况下，单靠日共党组织和党员进行宣传动员的传统政治传播模式已远不能有效适应和整合社会公众日益增长的多元利益诉求。

第二，日共还不能有效处理新媒体对于己不利的失真信息的传播。新媒体的一个重要特点是信息传播的海量性，这些信息本身存在着较大的不确定性和复杂性，真假难辨，而现有法律还不能对此进行有效规范，仅靠道德还不足以遏制失真信息的大量存在和传播，从而可能引发一些社会问题甚至危机。对于日共来说，这些对自身不利的失真信息往往会被右翼分子和其他竞争性政党，尤其是执政党自民党所利用。甚至这些失真信息本身就可能源自他们的传播，从而达到打击日共的目的。日共现有的人力、物力和财力，以及运作模式，还不能及时有效地对这些失真信息及其传播进行处理，表明日共对于己不利的失真信息的控制力较弱，而这些失真信息会进一步加剧社会公众对日共的不信任感。所以，日共中央在许多场合号召所有党员干部都要自觉地承担起"消除国民对党的误解"的责任。

第三，日共还不能有效适应新媒体的传播文化。新媒体催生了新的政治文化结构，公众的自主性、平等性得到充分的释放，从而生成不同的价值观，使公众的政治意识由原来的集中向现在的分散发展。今天的政党面临的不再是盲目追随"价值理性"和崇拜政治领袖的公

---

[1] 安德鲁·查德威克著，任孟山译：《互联网政治学：国家、公民与新传播技术》，北京：华夏出版社，2010年版，第226页。

众，而是更加趋于"经济理性"、根据政党选举政策能否满足自身利益来评判政党的公众。这一观念变迁对政党原有的意识形态和价值观提出了严峻挑战。与日本其他政党相比，日共不仅是意识形态最为鲜明的政党，也是层级分明、政治领袖权威较强的政党。面对新媒体构筑起来的以多元、自主、平等为特征的新政治文化，日共意识形态和政治文化表现出僵化和滞后，对新媒体带来的新变化尚未完全适应。

第四，日共的传统运作模式还不能有效适应新媒体的传播要求。在日本，日共是组织严密的政党，在都、道、府、县，以及企业、学校等组织中，一般都建有党支部。一直以来，日共主要就是依靠党组织、党员和《赤旗报》等力量来进行政治动员的。这一运作逻辑虽然有其自身独特的优势，但是其自上而下的宣传所带来的权威性、等级性、服从性等话语，面对新媒体所倡导的更加多元、民主、透明、平等的理念时，还无法适应。如此，日共以《赤旗报》为中心的传统传播运作模式，如果不主动适应新媒体这一先进传播技术和方向，就很难获得更多受众的认同和支持，久而久之，就会影响日共的生机与活力。

具有近百年历史的日共在党的意识形态、组织方式、政治文化、运作方式等方面形成了固有的逻辑，面对新媒体这一新生事物，要立即改变原有认知和行动模式当然是不现实的，但是面对新媒体带来的挑战和冲击，日共必须主动适应，并在此基础上掌握、运用新媒体，为自身服务，增强党的竞争力。为此必须做到以下几点：

第一，转变观念，消除误会。马克思主义认为，政党是建立在一定阶级基础之上的，并代表他们的利益，无产阶级政党是工人阶级的先锋队。长期以来，日共以日本"前卫政党"和"革新政党"自居，自"55年体制"崩塌后，社会党分崩离析，于是日共自称是日本"唯一革新政党"。实践中，日共确实为日本工人阶级和广大群众，以及社会弱者的利益摇旗呐喊。虽然日共党章党纲早已删除了"党是日本工人阶级的先锋队"的提法，但日共实际上还是把自己当成日本工人阶级的代表，这突出地表现在日共独特的政治文化和严密的组织制度中。

政党政治文化的内核就是意识形态，这是一党区别于其他政党的一个重要指标和符号。日共是日本意识形态最为鲜明的政党。而政党制度化是指政党的规章制度规范化程度，制度化水平制约着政党适应性的程度。应该说，日共是日本所有政党中制度化水平最高的政党。但是，日共的政治文化和规章制度被部分势力加以误读和攻击，在实践中给许多国民带来了误解，如"领导党""老人政治""独裁""缺乏民主"等。

在新媒体背景下，冷战结束后成长起来的日本青年群体普遍意识形态较弱，缺乏对政党政治文化的充分认同。与意识形态这一"价值理性"相比，他们更热衷于以互联网为主的"工具理性"以及与生俱来的"经济理性"。等级森严的领导体制让当下追求民主平等的青年难以理解；严密的组织制度让当代追求个性自由的青年望而生畏。面对日新月异的新媒体，日共仍然强调传统的组织生活及理论学习，然而青年更愿意以新媒体为工具、以虚拟社区为载体进行交流沟通，不太愿意在固定的时间和固定的地点，进行书本理论学习。虽然21世纪以来，日共对党的领导体制、党内民主制度和组织纪律进行了重大调整，但还是难以适应新媒体公开、透明、民主、平等的要求。为此，在新的历史条件下，日共必须进一步适应、调整，以消除公众误解，使他们对日共的政治文化产生认同感，从而提高他们对日共的归属感。

第二，转变方式，夯实基础。一直以来，日共的政治传播宣传模式是自上而下的宣传和灌输，其路径一直是从日共中央委员会到都道府县委员会，再到支部委员会和党员。虽然这种传统的传播模式对于部分年老的受众而言还有存在的合理性和优势，但是，对于广大中青年受众和新媒体受众，已表现出明显的不适应。新媒体强调的是传播主体之间的平等、互动和沟通，政党要从原来的媒体掌控者变成信息咨询的供给者，而日共领导体制还无法及时、有效地应对新媒体带来的挑战。因此，日共需主动适应新媒体，融入新媒体的传播生态，平等对待受众,与他们理性对话与互动,变得更加有亲和力,成为广大中青年想要的政党。

在传统媒体盛行时期,无论是执政党,还是在野党,都分别掌握着不同的媒体,主导和影响着各自所代表的群体的思想及行动,进而尽可能地影响其他受众群体。但是,"广播和电视能够不依靠政党组织而争取到追随者,从而造成政党的衰落",① 而新媒体的出现,更加快了削弱政党社会基础这一趋势。传播主体除了政党和纸媒外,还涌现了一大批互联网企业、公众,还有一些社会公众人物成为传播的主体。这些"意见领袖"拥有大量的"粉丝",他们虽不是政治领袖,却拥有较高的话语影响力,其言论通过新媒体发挥着重要的舆论导向和示范作用。传播主体的多元化分流了政党的支持者,挤压了政党传统的组织基础。在这一大背景下,许多政党都面临着社会基础被"蚕食"的挑战,日共也不例外。

以新媒体为主的互联网的使用者一开始主要是青年群体,他们在传播过程中形成了一套独特的话语体系。由于新媒体强大的沟通与实用效能,这套话语体系不久便逐步影响到中老年群体。可见,新媒体的主要受众是青年,从某种程度上看,在新媒体时代,谁掌握了新媒体,谁就拥有了新媒体用户的支持,谁就拥有了青年受众。因此,日共可以尝试依托新媒体来扩大社会基础。对此,日共必须主动适应新媒体的特征和功用,合理展现党和领导人的理念和个人魅力,积极融入新媒体政治,拓宽传播渠道,争取新媒体受众的理解和支持,加速推动党的年轻化、大众化进程。

第三,加强融合,拥抱新媒体。如前所述,《赤旗报》的订阅发行量在日本所有报纸中位居前列,该报日刊的订阅者主要是日共党员,周日刊的订阅者除了日共党员外,还有日共的支持者和其他外部力量。可见,《赤旗报》与这些读者多年来形成了深厚情谊,有较高的认可

---

① 李宏、李民:《传媒政治》,北京:中国传媒大学出版社,2006年版,第5页。

度，因此，如何保持传统的办报特色，更好地服务于这些读者群体，是新媒体时代传统纸媒的一项重要任务。

但是，新媒体取代纸媒是媒体发展的总趋势，虽然这一过程是复杂和长期的。鉴于"新媒体政治化、政治新媒体化"的趋势越来越明显，日共一方面要继续发挥《赤旗报》在宣传科学社会主义，传播日共纲领路线、方针政策，以及联系广大群众等方面的功能和作用，另一方面要积极拥抱新媒体，加强新旧媒体的融合，使新媒体的功能和作用在受众中得到更有效的发挥。

虽然资金有限，日共仍积极开发新技术、拥抱新媒体。早在1996年4月，日共就建立了自己的官方网站，经过多年运营，现已具有一定影响力。网站有日文、英文两种文字，主要开设政策、议员、入党介绍、党组织、自治体等栏目。为了使广大网民了解日共的纲领路线、内外政策、组织架构、领导人活动，以及党的其他方面情况，网站设有供党内外人士直接与党的领导人和党的议员交流的互动平台。

为了吸引更多网民关注日共，网站不仅每天及时更新日本国内外重大新闻，还不时更新网页设计，从内容到形式，都更加通俗易懂。网民不仅可以在网上了解日共的相关知识、报名参加日共组织的各项活动，还可以方便快捷地提交入党材料，并随时通过网络提出意见和建议。每当举行全国代表大会等大型会议和领导人演讲时，日共都会通过网络进行实况直播。经过对新媒体的持续运用，日共已经感受到了互联网带来的积极作用，志位和夫在日共成立86周年之际接受朝日电视台新闻节目采访时表示，日共的主张被越来越多的国民所了解，尤其是年轻人通过网络了解日共的主张，并积极参加日共的活动。

同时，日共开发了《赤旗报》电子版，电子版已于2018年7月推出，上线初期读者就达到1700人。① 相信随着日共党报党刊不断与新媒体发展特点相结合，与青年阅读方式新特点相结合，是能够吸引更

---

① 相关数据由前日共《赤旗报》驻北京记者站小林拓也先生提供。

多青年读者的。这样,《赤旗报》在发展路径上实现了传统与现代的融合,最大程度地兼顾了中老年读者和青年读者的阅读特点。日共认为,《赤旗报》电子版的推出可以使读者通过智能手机阅读党的方针政策,这也是党争取无党派阶层和年轻人支持的一大举措。

2019 年 3 月 16 日,日共在抖音海外版上注册了账号,并上传了包括志位和夫演奏的肖邦钢琴曲、《赤旗报》职员表演的舞蹈等五段视频,立即引起了日本舆论和民众的关注。日共入驻抖音海外版,意在吸引广大青年群体对日共的关注,提高对日共的支持率,因为青年是抖音海外版的主要使用群体。对此,日本共同社报道称,日共此举是基于选举及长远发展的综合考量;日共中央书记局长小池晃表示,这是日共为了向对"日共没有成见的年轻人"传递日共理论路线和方针政策的举措。同时,日共还在名为 LINE 的社交软件上开通了支持者注册活动,据统计,注册人数已达 1 万人。对此,小池晃表示,日共努力通过 LINE 平台把支持者人数再提升 2—3 倍。

当今时代,互联网、大数据、人工智能等现代科技日新月异,新媒体飞速发展,以纸媒为代表的传统大众媒体已经显露出日渐式微的疲态。公开、透明是现代政党活动的显著特点,在多数国家的政治生活中,选民在选择给哪个政党投票时,过去主要观察的是政党的政策主张,考量的是该政党对国家面临的各种社会经济问题有无切实可行的解决方案;而现今随着政党同质化趋势愈发明显,各党政策大同小异,政党开始越来越关注政党领袖人物、政党候选人和政党本身在选民中的形象塑造。因此,利用新媒体来塑造政党领袖人物和政党候选人的形象,已经成为大多数政党的共识。尤尔根·哈贝马斯曾认为:"借助媒体和领导人物与电视观众即时联系的方式实现的政治问题的个人化,在相当程度上提高了政治的直接投票化倾向,并且减少了政党组织的重要性。"① 日共领导人也不例外,借助新媒体来提高自己和党

---

① 杨雪冬、薛晓源:《"第三条道路"与新的理论》,北京:社会科学文献出版社,2000 年版,第 84 页。

的形象。

虽然日共以《赤旗报》为主的传统媒体在一定时期有其存在的合理性,但新媒体的强大冲击已经极大地挤压了其生存空间,不仅改变了政党的传统传播模式,而且分化了政党生存的社会基础。作为像日共这样的左翼政党来说,新媒体对其造成的冲击远远大于对执政党和其他实力强大的在野党的冲击,因此日共必须采取积极的应对措施,在坚守既有媒体价值观的情况下,努力适应新媒体时代下的新社会政治生态。

五、积极推进财政建设

近年来,受党员数量减少、《赤旗报》发行量下降等因素影响,日共财政收入减少,导致日共参与国会选举的选区和候选人供给减少、驻外记者站减少、记者人数下降、宣传科学社会主义力度减弱、一些基层党支部和基层外援会组织名存实亡等。日共财政收入与党员数量和《赤旗报》发行量呈正相关关系,财政收入不足以成为日共生存和发展的痛点。为了增加财政收入,除了按时收取党费、接受个人捐款、扩大《赤旗报》发行量外,日共还须创新观念,重新认识《政党助成法》和《政治资金规正法》,摒弃不能在党报党刊上刊登商业广告的陈旧思维等。

党费交纳和捐献。日共多次强调,财政活动必须以"扩大党员数量为基础",党员交纳的党费构成政党生存与发展的物质基础,是推进政党活动的重要前提。日共二十二大通过的新党章继续把交纳党费作为加入党组织的必要条件。党费按党员实际收入的1%收取,按月或按期交纳,一般不能拖欠;生活困难、失业和长期病患者经核查属实的,可以少交或免交。此外,日共还要求党员积极订阅《赤旗报》,呼吁其在自愿基础上向党捐款。由此,日共党员面临三项费用:党费、《赤旗报》订阅费和捐款。第一项是刚性的,后两项是柔性的。即使如此,党费收入在日共财政收入中的占比还是呈逐年下降趋势。2018年,党员缴纳的党费占日共全部财政收入的 3%，在财政收入结构中居于末位，主要原因是冷战结束，日共后未能有效遏制党员人数减少的走势。冷战结束前夕，日共党员数量近 50 万，但东欧剧变、苏联解体后，日共党员骤降到 38 万。日共二十二大报告提出，要在 21 世纪头十年使党员人数达到 50 万，在此后的每次全国代表大会上都有提及这一目标，但至今没有实现且党员人数仍呈下降趋势。

日共领导人多为国会议员，其工作活动比一般党员干部多，这就意味着除了政府拨付的议员活动经费外，日共领导人还需要得到党内的财政支持。为了减轻日共额外的财政负担，部分领导人提议，党的国会议员在自愿基础上将一部分工资上交议会党支部，作为党的议员活动经费，并很快得到党的全体国会议员响应，不久，这个提议又在党的国会议员秘书群体中推广。日共认为，这一举措缩小了领导干部与一般国民收入的差距，有利于防止党的国会议员可能出现的特殊化和腐败等。

拒绝铺张浪费。日共非常珍惜来之不易的财政收入，提倡艰苦奋斗、勤俭节约，坚决反对铺张浪费。日共领导人以身作则，与党的普通干部员工一起就餐，畅谈理论、时事和党员个人、家庭等情况。日共认为，这不仅节约了不必要的开支，而且能听到广大基层党员干部真实的声音，有利于党决策的科学性和民主化。在全国代表大会期间，所有党代表不住宾馆，而是吃住在普通民众家里，多数步行参加大会。党的领导干部出差，包括去外国大使馆出席记者招待会等，优先乘坐地铁等公共交通，紧急情况下才乘坐出租车，且出差住宿选择廉价旅店。日共这些行为不仅节省了开支，而且得到了日本国民的赞誉。民众认为，在腐败频发的日本政坛，日共树立了"廉洁"的政党形象。

提倡个人募捐。日共虽然拒绝接受政党助成金和政治献金，但并不排斥党内外人士向党自愿捐款。日共认为，党的性质和目标决定了党与广大国民根本利益的一致性，因此，党的财政收入应该建立在广大国民支持的基础上。为此，日共确定了捐款三原则：自愿、不摊派和不影响党员家庭生活。近几年,日共加大了向党内外募捐的宣传力度,改革了募捐的方式,如在日共官方网站和《赤旗报》电子版中开设了自动捐款链接,节约了捐款人的时间成本,个人捐款呈现出逐年上升的势头。2010—2016 年日共个人捐款总额见表 3-2。

表 3-2　2010—2016 年日共个人捐款总额　　（单位:亿日元）

年份	捐款总额
2010	4
2011	6
2012	—
2013	5
2014	4
2015	7
2016	8

资料来源:作者根据日共官方网站相关资料整理,参见 https://www.jcp.or.jp。

以《赤旗报》为中心的党报党刊销售等事业收入一直是日共财政收入的最大来源,但是近几年来,《赤旗报》发行量下降,表明读者人数减少,因此,增加《赤旗报》读者人数提上了日共的议事日程。

日共在 2017 年的二十七大报告中指出,各级党支部应当强调党内生活的"三大基本原则":参加党的支部会议、订阅《赤旗报》、交纳党费。第一项原则强调党的思想理论路线问题,第二项和第三项原则强调党的财政收入问题。日共二十七大重申了二十六大所确立的 21 世纪初期两大党建任务:党员人数达到 50 万;《赤旗报》日刊读者数达到 50 万,周日刊读者数达到 200 万。日共还特别强调,全体党员必须以《赤旗报》为中心开展党的日常活动,拓宽《赤旗报》的发行和订阅渠道,把《赤旗报》作为党密切联系群众的重要媒介,发挥《赤旗报》作为党财政收入重要来源的功能。

为了扩大发行量，增加读者，尤其是增加年轻读者，日共对《赤旗报》进行了改版，注重理论性与现实性的结合、严肃性与活泼性的结合、中老年读者与青年读者的结合、党内读者与党外读者的结合。从内容上看，《赤旗报》更加贴近民生、贴近青年，如增加了青年人喜欢的艺人偶像的采访，以及对体育运动员的专访等。从形式上看，《赤旗报》将日本男女老少都喜欢的卡通形象嵌入报纸版面中，使版面变得生动有趣。另外，日共还积极将互联网、大数据等现代科技手段引入报刊中。

但是，仅靠改版还不足以吸引广大读者、扩大《赤旗报》发行量，即还不能从根本上遏制财政收入的下滑趋势，必须转变思维、创新观念。这主要涉及两个方面。第一，不接受政党助成金和政治献金的问题。在日本所有政党中，日共是唯一一个既不领取政党助成金，也不接受政治献金的政党。《政党助成法》和《政治资金规正法》是日本国会通过的法律，具有合法性，各合法政党领取政党助成金具有合理性。同时，接受企业和团体的政治献金确实有可能出现日共所说的政党为企业和团体背书的情况，但如果企业和团体赞同、理解、支持日共的纲领路线和方针政策，并按法律规定为日共捐款，理论上日共可以接受，这样有利于日共保持与群众的密切联系，扩大社会基础。如果日共坚持认为接受政治献金是"向企业团体投降和对国民的背叛"，那么可能导致财政收入减少，失去与潜在支持者密切联系的机会。所以，日共在政党助成金和政治献金等问题上，应该坚持原则性与策略性的统一。

第二，党报党刊不刊登商业广告的问题。《赤旗报》是日本唯一不刊登商业广告的报纸。日共认为，刊登商业广告意味着《赤旗报》的革命性会被资本主义金钱所污染、被广告商的金钱所绑架。日共对这一问题的认识可能存在片面性。党报党刊上刊登商业广告不必然导致上述问题。如果企业是认同和支持日共的，想在《赤旗报》上刊登广告，从扩大日共社会基础的角度考虑，未必不能接受。同时，日共如果担心此举使《赤旗报》变色,可以事先筑起"防火墙",与企业签订日共不为其背书的协议,若企业同意,就刊登其广告,否则就不刊登。

为此,日共可考虑先接受理解、支持自己的企业和团体的政治献金,接受这些企业和团体在《赤旗报》上刊登商业广告,等条件成熟时再考虑接受政党助成金。如此,既有利于日共增加收入,增加党员数量,扩大《赤旗报》发行量,也有利于日共加深与这些企业和团体的联系,夯实日共的社会基础。

总之,为了增加财政收入、维持自身运转和可持续发展,日共必须把马克思主义原则的坚定性和策略的灵活性有机结合。一个真正的马克思主义政党必须在任何情况下都坚持维护无产阶级和广大劳动群众的根本利益这一总原则,才能保证党的马克思主义性质不变色,但在实践中还必须坚持策略的灵活性。马克思、恩格斯就是坚持原则性与策略灵活性统一的典范,比如,他们对无产阶级革命的条件、道路、方法、手段等的看法,就是随着历史条件和实践变化而不断发展的。目前的日共在党的纲领路线和财政政策等方面表现出充分的原则坚定性,但策略的灵活性不足。

六、主动转变斗争策略

为了应对日本政坛总体右倾化,日共在 21 世纪以来不仅对理论路线、政策主张进行了较大的调整,而且在有关天皇制、自卫队、海外派兵等问题的斗争策略上也出现了一些适应性变化。

天皇制问题。1889 年日本制定的《大日本帝国宪法》规定,"天皇神圣不可侵犯,总揽统治权",这为战前日本右翼的泛滥以及日本军国主义的产生提供了法律依据。二战结束后,虽然国际社会强烈要求废除天皇制,追究天皇在二战中的战争罪行,但美国占领军不顾国际民主势力的呼声,决定将天皇制保留下来。不久后,美国占领当局废除了《大日本帝国宪法》,又多次否决了由日本政府起草的新宪法草案。麦克阿瑟亲自组建班子起草新宪法,1946 年 11 月,日本国会通过起草的新宪法，决定在日本实行议会制君主立宪制，天皇制得以保留，天皇是国家的象征，没有实际权力。

日共在成立之时，就在党纲中明确提出了以暴力革命方式"推翻天皇政府和废除君主制度"。如日共《1923年纲领》就提出，党的"首要任务是废除君主制"，而其他政党均是天皇制的坚决维护者。正因为如此，日共在战前被日本政坛视为另类，不仅政府对日共发动多次暴力镇压，使其遭受到毁灭性打击，日本右翼分子也对日共极端仇视，成为政府打击日共的工具。二战结束后，日共成为合法政党，意识到宪法在国家的重要性，于是在1945年11月发表了《新宪法框架》，在《新宪法框架》中明确提出了废除天皇制的政策主张，同时在其制定的新纲领中也进行了同样的意思表达。

日共对待天皇制的态度经历了从坚决废除到承认事实再到欣然接受的转变。由于"天皇崇拜"、天皇文化在日本根深蒂固，即使在战后，天皇在国民心中也享有很高的地位。战后初期的一项调查显示，国民对天皇制的认可度高达67%。冷战结束后，20世纪80年代，日共认为，日本宪法规定日本是君主立宪制国家，天皇没有实际权力，只是国家的象征，与日共建立民主联合政府和推动社会进步的目标没有根本冲突，并且彻底废除天皇制不是一蹴而就之事，而是一个长期的过程，"不是仅凭日共的想法就能改变的"。

2004年，日共二十四大通过了具有历史意义的新纲领，删除了"废止君主制"的提法，强调天皇制"是保持还是废除，应该等时机成熟的时候，由全民的意愿来决定和解决"。① 但日共一些党员和部分民众对此提出了质疑。不破哲三回应道，目前日本大多数国民都希望保留天皇制，同时，宪法也规定了天皇制存在的合法性，既然日共是拥护和捍卫宪法的，那么日共就应对这一制度持开放包容的态度，并希望获得党员和社会民众的理解。

---

① 《日共二十三大报告》，参见日共官方网站，https://www.jcp.or.jp。

自卫队问题。战后，美国占领军在国际压力下，解除了日本的武装力量。为了防止日本军国主义复活，战后制定的和平宪法中明确规定，日本"永远放弃以国权发动战争、武力威胁或行使武力作为解决国际争端的手段，为达此目的，不保持海陆空军及其他战争力量"。① 因此，日本战后被禁止拥有军队，其武装力量称为"自卫队"。

按照和平宪法和相关条约，为了维持国内治安、防御外来侵略等，日本可以建立陆海空自卫队，但在和平宪法框架下，自卫队只能"专守防卫"，且不得向海外派兵，总人数不得超过 10 万人，战斗机总数不得超过 500 架，军舰总数不得超过 30 艘（总吨位 10 万吨以内）。另外，日本不能拥有航母、核潜艇、远程轰炸机，更不得研制和发展弹道导弹技术等。

从自卫队建立之日起，日共就表示出了坚决的反对态度，其原因主要有两个：一是鉴于日本在二战侵略战争中的恶劣行径，给亚洲各国人民带来的深重的灾难和痛苦记忆犹新，对战后日本军国主义复活表示出强烈的担忧；二是日共认为，战后自卫队的存在与和平宪法相悖，是日本统治阶级的暴力武器，而且自卫队实际是由美国控制和指挥的。因此，战后日共在二十二大以前的党纲中，都明确载有"解散自卫队"的内容。

冷战结束以来，日共对是否取消自卫队的认识经历了从取消到分阶段取消的过程。日共认为多数国民已经认可自卫队存在的事实，因此，要解散自卫队应考虑国民的意愿和感受，要得到多数国民的赞同。1997 年日共二十一大报告提出，根据多数国民意愿决定是否解散自卫队，并承认自卫队在应对紧急突发事件和防止国家受到侵害等方面的作用，其采取的自卫措施符合和平宪法第 9 条精神。2000 年日共二十二大又提出了分阶段解散自卫队的设想。日共认为，这主要是由解散自卫队的复杂性和长期性决定的，所以当前日共的主要任务是督促日

---

① 《日本国宪法》，https://baike.so.com/doc/6301295-6514818.html。

本政府把扩军变为裁军。但是，日共还是坚持"自卫队违宪"的基本立场。

海外派兵问题。日共认为，在冷战时期缔结的日美安保体制已经完成其历史使命，但事实上，安保体制不但没有解除，反而进一步巩固和加强了，这主要体现在自卫队不仅限于在日本本土进行"自卫"，还参与到美国在全球发动的侵略战争中去。

日本政府为了使海外派兵合法化，于1992年制定并通过了《协助联合国维持和平活动法案》，使自卫队可以名正言顺地打着联合国的旗号，以履行国际义务的名义出现在海外，目的是使自卫队"正规军"化。"9·11"事件后，日本国会又陆续通过了《反恐特别措施法案》等三个法案，扩大了日本向海外派兵的种类和数量，将自卫队的活动范围扩大到了国际公海和领空，以及"对方国同意的"外国领土。2003年，日本国会又通过了"有事三法案"。日共认为这些法案实际上是"战争法案"，并对这些法案表示坚决反对。

但是，日共在自卫队海外派兵问题的态度上发生了变化，主要表现在对一些法案投了赞成票，而在此问题上，另一个革新政党社民党则全部投了反对票。日共二十三大通过的新党纲明确规定，对于自卫队、海外派兵、压缩军费、安保条约等问题，应以国民共识为决策基础立场。

安保条约问题。1951年9月8日，以防范苏联和中国威胁、防范共产主义渗透、维护东亚和平与稳定等为由，时任日本首相吉田茂和美方代表迪安·艾奇逊共同签署了《日美安保条约》。随后双方又签订了《日美行政协定》。两份文件的主要内容包括：一是美国有权在日本及周边驻军；二是驻日美军根据日本政府请求，必要时可以出兵弹压日本各地的骚乱和暴动；三是美军驻日基地和设施由日本政府提供，美国有独立使用、管理和保卫这些基地和设施的权利，日本无权干涉基地和设施内的事务，且每年向驻日美军支付一定的防卫经费；四是驻日美军及其家属如有犯罪，由美军自行处理，日本无审判权。该条约不仅被日本左翼人士认为是丧权辱国的条约，也被部分日本右翼势力视为卖国的条约，激起了日本国民的强烈反对，引发了从20世纪50年代到80年代长达几十年的抗议浪潮。

1960年，日美双方将《日美安保条约》升级为《日美共同合作和安全条约》（又称《新日美安全条约》），新条约提升了日美军事同盟关系，美国为日本提供核保护伞，日本承诺继续为美军提供军事基地和部分费用，还答应美国扩充军备，自卫队与美国共同作战等。1996年，日美双方又对新条约进行了补充和升级，签署了《日美安保共同宣言》，由此，日美军事同盟关系得到进一步加强。

自1951年《日美安保条约》签订以来，日共一直把废除该条约作为目标之一。仅20世纪60年代，日本全国反对该条约的游行示威行动就有20多次，其参加人数之多、斗争规模之大、持续时间之久、参与阶层之广、在日本国内外反响之强烈，较为罕见。在行动中，日本两大左翼势力社会党和日共还因此结成了反安保条约的统一战线。1960年《日美共同合作和安全条约》一经发布，日共就认为，该条约标志着日本正式成为美国的从属国，条约完全违背全体日本国民的意志，是使日本屈从于美国的具有军事侵略性质的同盟条约，加大了日本卷入美国军事行动的风险。为此，日共提出，日本要获得真正的独立，就必须废除包括《日美安保条约》在内的与美国签署的一切卖国条约和协议，美军全面撤出日本，并向日本归还所有军事基地。为了让国民全面知晓日共对《日美安保条约》的立场和态度，日共于1968年1月发表了《日本安全保障政策》，详细地阐述了日共对安全保障的设想。

1994年日共二十大修改后的新党纲指出，日本虽然是发达的资本主义国家，但事实上却是美国的从属国。日共认为，《日美安保共同宣言》不仅使21世纪驻日美军基地长期化、固定化，还将安保条约的对象从日本扩大到亚太地区，美国一旦在海外进行军事行动，那么日本必然在军事、经济、政治等方面被卷入其中，协助美国的军事侵略，进而把日本引向非常危险的方向。因此，日共坚决反对具有侵略性质的安保体制。

但是，随着冷战的结束和日美同盟关系的巩固，进入21世纪后，大多数日本国民对《日美安保条约》接受度提高。面对这一新状况，日共调整策略。2004年制定的新党纲仍主张废除《日美安保条约》，但强调应根据条约"规定的程序"来实现。

由此可见，日共在对待上述这些问题时，在坚持原则和理想的同时，开始采取实用主义的态度，把将来的目标和当前的政策措施区别对待。同时，日共开始打破长期自我封闭的状态，积极融入日本社会，主动与其他党派的干部对话、沟通、交流意见。志位和夫摒弃意识形态成见，历史上第一次实现了与日本自民党首相的会面。他还代表日共向内阁提出党的许多看法、观点和要求。他多次与自民党干事长就预算问题进行磋商，前往日本最大的"资本家俱乐部"——经济团体联合会，向该联合会会长提出停止解雇工人等一系列要求。当1999年日本国会决定把"日之丸"和"君之代"分别确定为日本的国旗和国歌后，日共一改以往的反对态度，表示如果通过国民的讨论且被合法化的话，日共也可以接受。

日共在日本政坛总体右倾化背景下，基于对内外环境的研判，在理论路线、政策主张和斗争策略上进行了显著调整，旨在增强党的"内适应性"。

第四章 右倾政治生态下日共的"外适应性"

日共外部生态主要指日共直面的世情和国情。世情即国际形势，对日共的适应性具有间接的影响，国际形势传导到日本国内，迫使日本执政党调整国内政策，从而造成国内政治经济形势发生变化，进而影响到日共。当前国际经济保护主义越发明显，国际政治单边主义横行，政治形势有总体向右转的趋向。国情即国内形势，对日共的适应性具有直接的影响，尤其是日本的社会分层、经济形势、政党政治格局、民意等要素。日本国内外形势的合力对日共适应性起着不可忽视的作用，甚至在某些时候是关键作用。一些学者指出，政党适应性的启动从根本上说是来自外部的压力。日共所进行的理论路线调整和斗争策略转变，大多也是迫于外部压力而作出的"外适应性"调整。

第一节 日共外部生态

日共面临的外部生态比内部生态更为复杂，国情与世情是外部生态的两大子系统，其构成要素比内部生态更多、更复杂。在全球化的今天，国家与国家之间的关系互动超过以往任何时期。世情的变化，尤其是一些大国强国领导人的更替，标示着其内外政策的变化，其内外政策的变化势必影响与之紧密相联的其他国家，从而促使这些国家的内外政策也发生相应的变化，这些变化又会对国内政策产生影响，也就要求各个政党调整其理论路线和政策主张，以适应新的生态环境。

一、"逆全球化"现象加剧

全球化是人类社会发展不可逆转的趋势，全球化主要指经济全球化。不可否认，主导经济全球化进程的是西方发达国家，这些国家是经济全球化规则的制定者、经济全球化进程的推动者和经济全球化关系的协调者。然而，近年来，"逆全球化"现象由于种种原因加剧、升温，并导致一些国家的保守势力沉渣泛起。右翼政党成为个别国家政治生活中的重要影响力量，这些力量又成为坚定的"逆全球化"者。在英国"脱欧"公投中，一些民众在保守政客的鼓噪下选择"脱欧"就是其体现之一。

从总体看，综合实力最强大、经济体量最大的美国本来是经济全球化的主导者，但当前却是"逆全球化"的始作俑者。2016年特朗普就任美国总统后，一改美国的既有政策，认为现有国际规则是造成美国衰弱的根源，"美国优先"成了他执政的新理念。一系列"退群"行动在其任内出现——美国先后退出了《跨太平洋伙伴关系协定》、《巴黎协定》、联合国教科文组织、伊朗核问题全面协议、联合国人权理事会等。在国际贸易问题上，特朗普更是挥舞经济制裁大棒，对他认为的对美"不公"的国家进行经济制裁，其中包括对其盟友的经济制裁。并诬称中国是"钻了现有国际规则的漏洞"，是"国际秩序的破坏者"，是"经济全球化和这些国际规则的最大受益者"，因此，必须对中国实施强有力的制裁，并按照美国要求修改这些国际规则。

当前的"逆全球化"思潮和行动，无不凸显出美国及西方发达国家所主导和推动的经济全球化所包含的不可克服的深刻内在矛盾，即国际贸易规则是由西方发达国家制定的，但规则的最终裁判权又在美国。这就造成了难以克服的矛盾：一是其他国家贸易只能无条件遵守这一游戏规则，这对发展中国家显然是不公平的；二是发达国家内部的发展水平也是不平衡的，因此，其游戏规则对所有发达国家也不是绝对平等的，而是以"美国优先"的。当这些规则有碍于美国利益时，美国就会运用国内法律取代国际规则，对其他国家发动经济制裁。不仅如此，美国进一步威胁世界贸易组织必须按其要求进行改革，否则就退出世界贸易组织。

如果先发国家与后发国家或者先发国家中的个别国家不能就修改规则达成协议，而是任其发展，必然会对全球经济造成重大影响，即"逆全球化"：形成投资贸易壁垒，全球经济增长速度放缓，全球贸易减少，进而阻碍人文交流，甚至造成社会动荡等。同时，贸易战会使世界贸易组织倡导的全球多边贸易规则毁于一旦。

对此，有学者认为，特朗普上台后，经济保护主义向纵深发展，在此基础上，世界经济发展深受技术、结构、规则等的影响，既有世界经济格局面临大洗牌。特朗普第一任期时美国政府通过"货币政策正常化+保护主义+规则高标准化"这一政策组合拳，既诱使发达国家，又迫使发展中国家的资本快速向美国流动，使发展中国家面临严峻的"资本流出+规则边缘化"的双重压力。美联储的持续加息会加剧发展中国家的资本流出，从而导致国际金融市场持续动荡。不难看出，美国采取的系列政策组合是制约全球经济增长、加剧国际金融市场震荡的主要原因，导致国际贸易规则调整加快，并出现了保守化、碎片化和高标准化等三大特征。

保守化。美国以"现行国际贸易规则"不公为借口，抛开本国主导的世界贸易组织框架下的国际规则，在处理与他国的国际贸易纠纷时，更多以国内法（如"301条款"）代替国际法，单方面提高进口商品的关税，对其高新尖技术和产品的出口施加更多和更严格的管制。美国的贸易保护主义及其贸易伙伴的普遍反制使各种关税和非关税壁垒增加，导致国际贸易自由化水平出现严重倒退。美国以国内法解决国际贸易争端，这是需要所有国家关注的问题。

碎片化。美国政府奉行单边主义，期望通过"一对一"的施压和谈判达成有利于美国的经贸协定。在此背景下,一些区域性国家和国际组织为了规避美国单边主义和贸易保护主义带来的影响,加快了缔结区域贸易协定的速度。区域性的贸易协定会对现行的以世界贸易组织为核心的全球多边贸易体制带来冲击,未来国际经贸规则是运用世界贸易组织规则,还是运用美国或者区域性贸易协议的问题就摆在国际社会面前,"意大利面条碗效应"日益凸显。

高标准化。美国与墨西哥、加拿大达成《美墨加协定》,在贸易规则标准方面较《跨太平洋伙伴关系协定》更为严苛。美国等发达经济体长期认为世界贸易组织现行规则体系过度偏向发展中国家,要求对世界贸易组织规则进行改革。2018年7月,世界贸易组织在对中国的第七次贸易政策审议中,美国等西方发达国家就中国的国有企业、知识产权、技术转让、产业政策、补贴政策等议题提出广泛质疑,美国甚至威胁退出世界贸易组织。

在"美国优先"的理念下,特朗普第一任期执政不久即宣布,日本对美国存在着巨大的贸易顺差,这对美国是不公平的,强烈要求就贸易问题重新谈判并缔结新的贸易协议,否则将对日本实施经济制裁。随即,美国贸易代表办公室指出,日本在汽车、农产品和服务等领域对美国开放度低,要求日本降低对美国商品的进口关税,撤销对美国的非关税壁垒,这是美日贸易谈判的焦点。美国贸易代表罗伯特·莱特希泽在通知发出之际发表评论称:"将为缔结对美国劳动者、农户、畜牧业主及企业及时且有内容的协定竭尽全力。"① 他还指出,美国的对日贸易存在慢性逆差。

而日本的《日经新闻》也认为,汽车关税问题是日美谈判的重要议题之一。美国商务部的一份报告称,出口到美国的日本汽车及零部件可能会给美国带来国家安全风险。日本经济财政政策大臣本田智认为,通过谈判日方可以避免被美国征收关税,日本不会受到任何额外

---

① 《美国或在2019年1月启动与日本的贸易谈判》,https://baijiahao.baidu.com/s?id=1614553746793684555&wfr=spider&for=pc。

关税的冲击。不过，外界对此表示怀疑，毕竟特朗普常常不按常理出牌。大和研究所的经济学家进一步预测了美国提高关税的潜在影响。他们在一份报告中说，汽车关税对日本来说至关重要。

在农产品相关问题上，原美国农业部长珀杜要求享有与欧盟相同的关税，即美国出口到日本的农产品关税不高于日本与欧盟签署的经济伙伴关系协定规定的农产品关税。不仅如此，原美国财政部长姆努钦表示，要求日本引进阻止干预汇率等故意引导货币贬值的"外汇条款"。①

开放农产品市场是日本执政党不愿意看到的，因为农民一直是自民党的传统大票仓。开放农产品市场势必冲击日本农业及其相关产业链，引发农民的不满，导致其多少失去一些票源。正因如此，在美日2019年4月18日举行的第一轮谈判中，日方谈判代表、经济再生担当大臣茂木敏充强调，虽然美国表达了对美日农产品贸易和贸易逆差等问题的关切，但是日本除了在其他经济伙伴关系协议中同意的内容外，不会对美国作出任何让步。②

总之，随着特朗普第二次上台，可以肯定的是，在特朗普不达目的誓不罢休的性格下，日本或多或少地会屈从美国的压力，进而达成美国所希望的协议。虽然拜登政府抛弃了上届政府"美国优先"的一些做法，强调与西方国家的"共同价值观"，但如何解决美国与这些国家贸易上长期存在的矛盾，还是一个有待求解的难题。因此，在"逆全球化"现象加剧的情况下，日本执政当局对相关政策的调整会影响日本政党政治。为此，日共如何适应政策变化后的新环境是值得关注的。

---

① 《美国或在2019年1月启动与日本的贸易谈判》，https://baijiahao.baidu.com/s?id=1614553746793684555&wfr=spider&for=pc。
② 《美日首轮贸易谈判崩了？日本称这个问题不会让步》，https://baijiahao.baidu.com/s?id=1631127951727903799&wfr=spider&for=pc。

二、单边主义猖獗

单边主义是与多边主义相对的一个概念,但至今都没有一个统一的定义。单边主义更多的是从政治意义,尤其是国际政治和国际关系层面讲的,意指在国际政治活动中,一些超级大国为了本国利益而置其他国家利益于不顾,甚至完全忽视其他国家的批评和国际舆论的谴责,采取一意孤行的政策和行为。

当前,单边主义更多的是指美国在处理国际政治、经济、军事事务时,更多地从自身利益出发,将自己的主观意志强加给别国和国际组织,并威胁其就范的一种我行我素的行为方式,其实质是维护美国全球霸权。

美国单边主义是依据西方国际关系之强权政治理论,建立在世界唯一超级大国地位和强大综合国力基础上的。1894年世界经济格局发生巨变,美国国内生产总值首次超越英国,此后,其国内生产总值一直居于世界首位,二战结束后,其国内生产总值总量一度占到世界的60%,并在相当长的时间里占据世界的25%—30%左右。2018年又是世界经济发展的一个时间节点,一是美国国内生产总值达20.51万亿美元,是历史上第一个突破20万亿美元的国家,占当年世界经济总量的24.17%。二是世界经济在特朗普的搅局下出现了不确定性。在国际金融市场方面,美国在世界各地的投资占到世界总投资的三分之二。美元仍然是世界各国的通用货币,由于美国主导世界银行和国际货币基金组织规则,使其能够对他国政治经济政策产生影响。

同时,美国的经济结构较为完整,在代表当今世界高新尖技术的航空航天、生物遗传工程、人工智能、微电子通信技术、新型原材料、电脑芯片和核技术等领域,美国都具有相当的比较优势,且国际社会对这些技术具有相当程度的依赖,这就使美国掌握了世界经济竞争的制高点和主动权。

军事上,美国凭借其强大的经济实力、政治实力、科技实力和文化实力，建立起了强大的海陆空三大常规军和核军备。与其他军事大国相比，美国是当前世界上唯一具备24小时全球军事打击和投送能力的国家。据一些军事媒体统计，冷战结束前，美国海外军事基地多达5000个，冷战结束后，美国海外军事基地仍多达374个，分布在世界140多个国家和地区，驻军约30万人。其太平洋舰队和地中海舰队常年在世界各地巡弋，使美国能够随时对其认为的"流氓国家""无赖国家"，以及"威胁"地区和世界和平的国家动用武力或威胁使用武力。

从1894年起，经过130余年的苦心经营，美国在经济政治上建立起了最有利于自己主导和操控的国际政治经济秩序；在军事上建立起了遍布全球的军事基地网络和各种多边、双边军事同盟集团；在文化上则在世界大肆传播其社会制度、意识形态和价值观念的优越性，并向世界各国的渗透，即"文化侵略"；在科学技术上，美国是世界科学技术的中心，具有较强的创新能力。

以上就是美国推行单边主义的软硬实力基础。正如世界著名政治家和学者布热津斯基在其《大棋局——美国的首要地位及其地缘战略》中指出的那样，美国是世界上有史以来"第一个也是唯一的一个真正的全球性大国"，在任何时候，美国都要不惜一切代价维持其在世界上的霸权地位。"做世界警察"的这种思维和战略需求，是美国推行政治、经济单边主义的直接动因。同时，也是对像中国这样可能挑战美国的后发国家的严厉"警告"。

2016年，特朗普当选美国总统后推行的单边主义对外政策比二战后任何美国总统都强硬。一个显著的特点是，战前美国历任总统推行对外政策都会或多或少地考虑盟友的感受，如果遭到盟友的反对，可能会对该政策进行修改或收回。但是特朗普上台后，不仅继续对敌对国家或潜在对手进行打压和制裁，而且对盟友发出威胁。如果美国在两国经贸关系中"利益受损"，那么也要对另一国实施制裁。

在国际政治上，特朗普的单边主义还表现为视国际条约为儿戏，不断退出由美国主导和参与的多个国际组织和国际条约。在经贸领域，不顾世界贸易组织规则发动贸易战，不仅对中国挥舞贸易大棒，对中国产品加征高额关税，而且威胁对欧盟、日本、加拿大、墨西哥等盟友的产品加征关税。

特朗普之所以肆无忌惮地在各领域推行单边主义，主要是因为美国是当前世界唯一超级大国，尚无其他国家能与之匹敌，在此基础上，特朗普形成了错位的核心施政理念——"美国优先"或"美国第一"。于是，在国际关系中，无论是对"敌人"和竞争对手，还是对盟友，特朗普动辄就采取极限施压和极限制裁等高压手段，强迫其他国家作出妥协和让步，以服务于"让美国再次伟大"的战略需要，从而实现美国利益的最大化。对此，英国《金融时报》发表的评论文章《美国单边主义倾向让世界贸易组织遭遇认同危机》称，"在处理贸易问题时，特朗普不打算利用世界贸易组织框架，而是明确倾向于采取单边行动，绕过国际机构"。① 美国还在一些场合威胁称，如果有必要，会考虑退出世界贸易组织。

特朗普奉行的单边主义使世界的混乱与不确定性日益加剧，这为日本提供了难得的机遇。经济上，美国退出后，日本实际上成为《跨太平洋伙伴关系协定》的主导者，后来又与欧盟达成了自由贸易协定。在各主要国家普遍受到特朗普单边主义和贸易保护主义冲击的情况下，日本明显拓展了其经济活动的空间，同时在"柔软姿态"面具掩饰下继续与美国进行贸易谈判周旋。军事上，日本"主动响应"美国的要求，加大对驻日美军的费用分担比例，增加军费预算，扩充军备，以"借船出海"的方式，悄然实现了向海外派驻日本军事力量的目标。除美国外，日本还加强了与澳大利亚、新西兰、法国、英国、印度，以及东南亚等国家的军事联系，试图借机把自卫队打造成一支世界先进的进攻性的"可战力量"，使自卫队向国防军的转变迈出关键一步，进

---

① 《英媒：特朗普准备用单边主义代替WTO》，https://www.guancha.cn/economy/2017_12_11_438699.shtml。

而在再武装化道路上迈出实质性的步伐。政治上，一方面，日本利用特朗普挑起的大国战略竞争对日本的特殊需求来不断提高自身的政治地位；另一方面，为了对冲美国持续的对日示强，日本又开始主动缓和与周边地区包括与俄罗斯和中国的关系。可见，日本把政治投机主义发挥得淋漓尽致。

确实，当今世界正处于百年未有之大变局。由美国挑起的单边主义会给世界，当然也会给日本带来重要影响，进而引发日本执政党的政策调整，而执政党政策的调整会进一步使日本政党政治格局发生变化。

三、经济结构加快转型

随着20世纪80年代末日本"泡沫经济"的破灭，日本经济20多年的高速增长势头结束，进入了长期低迷的状态。巅峰时期的日本经济规模一度相当于美国的70%之多，人均国内生产总值超出美国一大截。然而随着日本经济体量逐渐变小，其与美国的差距持续拉大。与中国相比，1991年中国国内生产总值仅为日本的11.9%，25年后的2016年，中国国内生产总值已是日本的2.27倍。但值得注意的是，日本经济自2012年以来实现了连续七年的增长，在"安倍经济学"的作用下，2018年日本国内生产总值达到了创历史记录的548万亿日元，就业率攀升，这是安倍晋三2012年重新上台执政后取得的成绩，也是他民意支持率居高不下和连续执政的根本原因。但是，日本经济仍然面临着许多棘手的问题。

第一，人口数量急剧下降，社会老龄化呈加速态势。日本厚生劳动省2018年12月21日发表的报告显示，2018年日本全国新生儿约92.1万人，比2017年下降2.5万人，是最近120年有统计数据以来的最低水平，也是日本连续第三年新生儿低于100万人。而2018年日本死亡人口为136.9万人，即日本2018年人口总量净下降了44.8万人。日本国立社会保障/人口问题研究所预测，如果继续保持这一生育水平，那么到2050年，日本的总人口将减少为1.01亿。而据日本政府2017年发表的人口测算报告，2065年日本总人口将跌破1亿，下降至8800万。

与出生率低对应的是老龄化的加剧。世界卫生组织统计数据表明，日本人均预期寿命为84.2岁，为世界最长寿国家。出生人口越来越少，人均寿命却越来越长，使日本成为"超级老龄化社会"，老龄化加快带来的养老医疗等福利给财政带来巨大压力，使得日本政府的债务水平激增，2016年已达国内生产总值的2.45倍。另外，早在2016年，日本老年抚养比就达到45.2%，即100个年轻人要负担45.2个老人，从而导致不少年轻人少交或不交年金保险。

不仅如此，少子老龄化又进一步导致日本劳动年龄人口下降。日本总务省发表的2018年劳动力状况调查报告称，2018年日本就业人口为5596万人，比2012年增加了435万人，可是，新增就业人员中多达四分之三属于派遣工、钟点工等临时工，且多为60岁以上的老年人。在现有的劳动力结构中，临时工占到了37.9%，这些人工资低且无奖金，有的甚至还要自掏腰包解决上下班的交通费，由此引发了不少社会矛盾和问题，有的还比较尖锐。

低收入阶层的增加又制约了消费的扩大，使日本社会处于"低欲望社会"的状态。对此，日本学者大前研一在其《低欲望社会》中写道，低欲望社会主要表现为"无论物价如何变化，消费无法得到刺激，经济没有明显增长，年轻的购房者人数逐年下降，大部分年轻人对于买车、买房几乎没有兴趣，宅文化盛行，一日三餐从简"。他还特别强调，低欲望不是没有欲望，而是更倾向于寻找一种简单的替代品，比如以公共交通代替买车等。

第二，债务高企。据2019年相关数据，日本债务占国内生产总值比例约为240%，是全球政府债务负担最重的国家之一（美国为110%，意大利为130%）。一般来说，一国债务占国内生产总值比例的警戒值为65%，日本、意大利、美国等国家均已远超这一阈值。由于美国拥有美元发行权及货币政策调控的主导优势,其因货币问题引发债务危机的概率要低于日本和意大利。而日本与意大利的经济形势更为严峻——债务危机已在意大利爆发,并逐步蔓延至欧元区乃至整个欧洲。因此,有专家分析指出,如果日本不采取有效措施,很有可能成为继意大利之后第二个爆发债务危机的发达国家。对此,日本央行实施了全球最激进的货币政策,包括维持数十年的零利率政策,推行全球规模最大的资产购买计划;日本政府则通过提高税收来增加财政收入。但是,这些措施收效甚微,未能有效遏制经济衰退。

第三,劳动生产率偏低。据统计,2017年,日本单位时间劳动生产率在经济合作与发展组织35个成员中,排名第20位,与七国集团相比位居倒数第一。从行业角度分析,日本只有机械制造业的生产率超过美国,而运输、批发零售、餐饮、住宿等服务业生产率均较低——服务业整体生产率仅相当于美国的49.9%。因此,推动科技成果向生产力转化,提高全行业生产效率,已成为拉动日本经济的重要议题。①

第四,日美贸易谈判。特朗普上台后不久,美国就退出了《跨太平洋伙伴关系协定》,并对世界多国发出经济制裁威胁,与之重新进行经贸谈判,签署新的经贸协议。由于日本自战后以来一直是美国政治上的盟友、经济上的伙伴,因此,在美国的强大压力下,日本如何既满足美国诉求,又不引起国内民众强烈反应进而失去选票,这是摆在日本政府面前的政治考验。

虽然日本经济在安倍晋三执政时期出现了增长,但也遇到了一些新问题,作为发达国家,日本产业竞争力根基较深厚,经济规模长期居于世界前列。早在20世纪80年代,日本就拥有了以丰田、日产、日立、东芝、松下、新日铁等为代表的世界顶级企业,形成了一批具有国际影响力的知名品牌。在制造业领域,日本企业生产的以机器人、

---

① 《从GDP看日本经济现状》,https://tieba.baidu.com/p/6043062938?red_tag=0801344995。

半导体、家电、汽车等为代表的产品质量达到世界先进水平，部分指标甚至超过了欧美发达国家。时至今日，日本在设计、汽车制造和摄影摄像器材等领域仍保持着显著的技术优势和市场竞争力。

针对国内消费低迷状况，安倍晋三提出了"安倍经济学"，推行结构性改革举措，日本有实力的大企业纷纷加大海外并购、跨国建厂等直接投资力度。截至2018年9月，日本海外直接投资规模达到185万亿日元；2018年，日本制造业跨国生产比例达到36%，海外市场销售额占比达40%，海外直接投资收益首次超过10万亿日元，相当于同期贸易盈余的8倍以上。因此，从这一角度看，相较于日本经济出现了"失去的20年"的传统认知，日本经济更可视为经历了"韬光养晦的20年"。日本正处在一个转型期——支撑前期经济高速增长的要素逐渐弱化，而以海外投资为核心的新经济增长点日益凸显。

这些对于日共来说，既是机遇又是挑战，少子化现象影响其社会基础和选民支持，低欲望社会使日共的社会动员能力面临考验。但是，日本经济当前面临的困境恰恰是日共发展的机遇，即日共可以以此为由质疑执政党的执政能力和水平，并在此基础上提出一套成熟可行的内外政策，以适应国内外政治经济环境新变化，进而拓展选民基础，尤其是吸引年轻群体，扩大政治认同。

四、政党政治"保强革弱"

冷战期间，日本政党政治格局呈现以意识形态对立为核心的"保守-革新"二元结构。自民党亲美反苏，主张修改和平宪法，强化日美军事同盟，依托美国实现经济全面发展；社会党则亲苏反美，反对日美安保体制，主张维护和平宪法第9条和"非武装中立"的国防政策。可见，两党在意识形态上尖锐对立，保守与革新的分野较为明显。这一时期，日本以自民党为代表的保守政党长期占据执政优势，而革新阵营的社会党虽曾短暂组阁，却长期属于在野党。

冷战结束后，随着"55年体制"的瓦解及国际共产主义运动陷入低谷，两党关于走资本主义道路还是社会主义道路的争论已不复存在，修改和平宪法议程、节制军备、海外派兵禁令等战后体制约束逐渐被突破，大多数政党政策主张向执政党自民党的保守主义理念转移。由此，以社会党为代表的革新势力被进一步削弱，在野党对执政党的制衡能力显著弱化。而日美同盟的强化在事实上促进了保守势力的进一步扩大，不仅使其保守主义理念日趋固化，更推动日本政坛向着总体右倾化方向演进。

从当前日本政党政治格局看，自民党从2012年起持续占据国会参众两院的绝对多数席位，安倍内阁成员的政治立场普遍偏向保守甚至右翼，这使得日本政府除保持对美协调外，在东北亚地区采取强硬外交政策成为必然。而日本社会和国民意识的整体保守化反过来加强了日本政坛的总体右倾化趋势。原持中间路线的公明党为了继续与自民党联合执政，其政策取向已逐渐靠近自民党，虽然其主张的部分内外政策与自民党有所差异，但这不妨碍两党在重大问题上保持一致。因此，日本政党政治的自民党"一党独大"格局得以持续巩固。

作为传统革新势力代表的社会党在20世纪90年代已经分裂，其主体力量已经加入自民党或民主党，剩下小部分重组为日本社民党。另一支重要左翼力量日共虽然仍然存在，且一直与自民党形成政治对抗，但受党员老龄化等问题制约，其政治影响力长期局限在较小范围，有数据显示，其党员数量近年来不仅没有明显增长，而且有逐年下滑的趋势。2017年从民进党分裂出来的立宪民主党虽成为当前日本最大的在野党，并被日本社会视为现阶段左翼力量的代表，但一方面，该党与自民党存在政策分歧；另一方面，出于政权博弈的考量，存在因政策调整引发党内分裂的潜在风险。总的来看，现阶段，日本左翼力量的发展落后于保守阵营和右翼势力的发展。

随着日本选举制度改革的推进，"小选区与比例代表并立制"在国会立法层面正式通过并实行，构建了大党优势的制度基础，意味着像自民党这样的大党在参众两院选举中能比中小党获得更多的席位。新选举制度从制度层面上进一步削弱了日本革新政党的组织动员效能，巩固了保守政党的执政根基。当前日本政坛呈现显著的"保强革弱"格局：保守阵营依托选举制度优势与执政资源，短期内尚无势力弱化的迹象，除非自民党内部出现结构性分裂。反观左翼势力，日共等传统革新政党受限于选举制度壁垒与社会基础萎缩，难以突破议席瓶颈；即便是新兴在野党，也因制度设计难以形成有效的联合制衡力量。

第一，自民党"一党独大"的局面很难改变。从历史上看，自民党曾连续执政38年，1993年"55年体制"结束后，自民党由于自身分裂而失去执政地位，日本出现多党联合执政的局面。自民党为了重返执政舞台，不断调整政策，进入新保守时期，并逐渐转变为一个"包容性政党"，产业工人中支持自民党的人数一度上升到36%，自民党再次成为执政党。2012年安倍晋三再次执政后，掌握了参众两院三分之二的议席。为了巩固执政地位，自民党与公明党组建联合政府，安倍晋三执政期间，日本经济渡过了"失去的20年"的低迷形势，开始向好发展。

第二，原社会党已实质性转型，新社民党难以扛起左翼大旗。日本社会党于1945年11月2日成立，由社会大众党、日本无产党、日本劳农党合并组建，片山哲任书记长。主要成员包括工会和农协活动家、中小企业主及知识分子。1947年，社会党在众议院选举中获胜，与当时的民主党、国民协同党联合组阁，片山哲任政府总理大臣，这是日本历史上首次由社会党组阁。但由于联合政府内部党派矛盾尖锐、政策协调失灵，片山内阁只存在八个月便宣告总辞职。此后，该党长期处于在野地位。此间，社会党党纲明确其定位是"以政治民主主义、经济社会主义、国际和平主义为目标的劳动阶级大众政党"，主张遵守宪法，以"和平革命"方式获得议会多数，建立社会党政权，或者以社会党为核心，联合公明党、社民党建立"国民长期政权"。

但社会党自成立以来就存在着左右派系分歧，在理论、政策及人事等问题上长期存在矛盾。1955年，两派虽然为抗衡自民党而实现了合并，但党内派系林立的格局并未改变，围绕路线、方针、政策的论战持续发酵，最终导致新的分裂。20世纪90年代，受东欧剧变、苏联解体的影响，社会党内支持社会主义路线的势力迅速衰退。此时，自民党也出现了严重分裂，社会党在选举中勉强获胜，只能于1994年与自民党及先驱新党联合组阁，村山富市任联合内阁首相。

为了维系政权，社会党放弃了传统意识形态立场，向保守势力妥协，在政策取向上与自民党趋同，承认《日美安保条约》与自卫队的合法性，从而失去了大量传统支持者，于是不可避免地在后续选举中失利。1996年社会党修改了党纲，试图重新聚集力量，但因政策"自民党化"倾向显著，最终被选民抛弃，导致政党分裂并失去政权。原社会党大部分成员退党加入民主党，剩余力量于1996年1月更名为"日本社会民主党"，简称"社民党"，由土井多贺子出任党首，此后，社民党实力持续衰退，成为日本国会中的最小政党之一。可见，社民党已无法肩负日本左翼政治力量的领导角色。

第三，日共的实力难以抗衡保守阵营的自民党。从国会席位看，日共是日本第五大政党和第四大在野党，2023年众议院选举中，日共获得8席，自民党获得191席；参议院选举中，日共获得4席，自民党获得119席。日共在参众两院的席位数共计12席，远远低于自民党在众议院和参议院中的议席数。在社会党衰败后，日共曾宣称日本政坛进入"自共对决"的时代，即保守力量与革新力量的较量——现阶段表现为革新派的日共与保守派的自民党之间的对峙。其宣称的另一层含义是，当前日本多数政党都呈现"自民党化"倾向，只有日共仍坚守革新立场。但实际上，这一表述更多属于政治宣传话语，其实力不仅难以与自民党比肩，甚至与最大的在野党立宪民主党相差甚远。

五、社会意识总体保守化

日本社会主流意识形态保守化的直接原因是日本社会结构的"中产阶层"化。经济全球化与科技革命的快速发展促使日本产业结构发生根本性变革，产业结构和经济模式的转型又带来了社会结构的变化，使社会阶层日益复杂化和多元化，传统意义上的资本家和工人阶级规模持续收缩，"中产阶层"队伍不断扩大，与此相适应的"中流意识"迅速崛起，最终促使日本国民意识形态的总体保守化趋向。①

自20世纪70年代跻身发达国家行列以来，日本社会便开启了"中产阶层"的形成进程，到了90年代中期，日本"中产阶层"已占日本劳动力总人口的三分之二，成为日本社会结构中的主体。该群体呈现显著的高学历特征，拥有高学历教育背景者占整个"中产阶层"的比例达51%，而传统的农民和自营业者阶层已经不到劳动力总人口的2.5%。从职业构成看，"中产阶层"主要包括文职官员、管理人员、教师、律师、医生、专业技术人员、农场主、零售商及其他白领工人等，普遍具备职业声望高、收入可观的特征。

"中产阶层"的经济地位决定了其政治立场和价值取向，使他们在社会政治生活中表现出相当程度的务实倾向和政治不确定性，在政党选择上，该群体倾向于持观望态度，甚至放弃投票，如果参与选举，则优先考虑该党的施政纲领能否维护自己的切身利益，而非基于意识形态化的政治信仰，由此形成了以经济满足感和"求稳拒变"为核心的"中流意识"。但是，"中产阶层"的政治疏离并不意味着政党可以忽视他们的支持，相反，由于其人数众多，哪个政党如果能争取到他们的支持，就会在很大程度上增加选举胜算。正如王长江所指出的，后工业社会由于经济发展、人民生活水平提高，社会结构发生了深刻变革，"中产阶层"不断壮大。"中产阶层"的发展使许多政党都把争取这个阶层的支持和认同作为活动的基点。②

一项调查显示，70%的受访者认同"日本是一个中流国家"或"日本民族优于其他民族"，95%的受访者认为"生活在日本比生活在

---

① 王长江：《浅谈冷战后世界政党政治的特点和发展趋势》，载《国际社会与经济》，1996年第9期。
② 同①。

其他国家好"。这种意识的形成与20世纪70年代日本经济高速增长并成为世界第三大经济体，国民生活水平显著提升，民族自豪感迅速上升密切相关，并由此推动日本国民意识形态向总体保守化、去意识形态化转型，这一趋势一直延续到今天。这种思想意识给日本社会政治生态，尤其是给像日共这样的左翼组织和进步力量产生了较为深远的影响。因为"中流意识"具有强烈的保守倾向，而左翼则是革新的象征，意味着日共等左翼政党和组织在社会动员等方面会面临更严峻的挑战。

据统计，日本选民中约50%具有政党支持倾向，另一半则属于无党派群体，这部分群体在日本被称为无党派阶层，而这一阶层又主要由"中产阶层"构成，且呈现年轻化特征。调查发现，在20—30岁青年群体中，无党派比例达40%—50%。这表明，日本国民尤其是青年群体正逐渐疏离意识形态浓厚的传统政治，多数国民的政治意识开始向生活意识偏移，促使日本大多数政党向"生活党"转型以适应无党派阶层的诉求。《读卖新闻》曾在1999年12月就此问题进行了一次全国调查，52%的受访者对日本政党和政治家表示"不信任"，其中20岁左右青年占比50.7%；表示"完全不信任"的受访者占29.5%。[①]2003年的大选数据更凸显这一趋势：小选区和大选区的投票率分别为59.86%和59.81%，表明约四成选民没有参加选举投票，为无党派群体。

可见，日本政党政治意识形态的淡化趋势正是与社会大众"中流意识"和无党派阶层相适应的结果。选民需求的多样性和选择的多元化，使各政党的固定支持群体越来越少。而日本政党"自民党化"的深化，使政党之间的价值取向趋于同质化，政党议员甚至是政党要员频繁变更所属政党成为一种常态，不时出现的政党分裂和重组等就是对这种价值趋同的一种响应。同时，我们还应看到，"中流意识"是日

---

① 《选民的政治意识——民意调查》，载《读卖新闻》，1999年12月28日。

本政治右倾化和右翼势力扩张的社会土壤，二者存在着内在联系。在"中流意识"的影响下，国民认同保守政党和国家主义的"联姻"就成为一种必然。一旦日本面临政治经济危机，国民就有可能被政治右倾化力量和极右势力所动员，并成为其支持者。这一趋势使日共在"外适应性"层面面临更大挑战。

第二节 外部生态适应策略

日共为了生存和发展，持续审视复杂的外部生态环境，包括国际国内环境及构成要素，系统剖析不同时期内外部环境对自身生存和发展的挑战和机遇，并据此调整不合时宜的方针政策，制定适应相应时期的纲领路线和斗争策略，力求实现"外适应性"与"内适应性"的良性互动，推动自身发展。

一、创新发展党际关系

日共十分重视马克思主义无产阶级解放运动中的国际主义原则，积极发展与世界各国共产党、工人党及其他左翼政党、左翼组织的联系。日共把处理与外国共产党、工人党及其他左翼政党、左翼组织关系的准则，连同其主张的国家间关系政策，统称为"国际政策"，并在日共中央设立了国际局来处理这一事务。自1922年成立以来，日共党际关系发展大致经历了三个阶段。

第一阶段（1922—1958年）体现党际关系的依附性特征。战前时期，由于日共力量弱小，再加上政府的残酷镇压，日共党际交往范围狭窄，仅与苏共保持着密切的联系。战后初期，日共获得合法地位后，虽扩大了党际交往范围，在与苏共继续保持良好关系的同时，开始与其他国家共产党建立联系。但总体呈现明显的依附性特征，即无条件支持和服从苏联的外交政策。同时，其纲领路线完全在共产国际和情报局的直接指导下制定，奉行"拿来主义"，所以日共纲领路线中的国际政策实质上依附于苏联外交政策,其党际交往也局限于社会主义阵营内的共产党和工人党。

第二阶段(1958—2000年)体现党际关系的自主性转向。1958年日共七大确立了独立自主的党际交往原则。日共认为,各国面临的国内外条件不同,因此各国对社会主义道路的探索必须由各国政党自主推进。1964年,日共提出需将马列主义基本原理及国际共产主义运动纲领文件,与日本国内外形势、日共理论路线相结合,自主制定党际交往政策。日共九大首次提出了包括独立自主在内的党际关系三原则,日共十大再次强调这三大原则。[①]

在有关处理国与国关系的政策上,由于日共长期处于在野党地位,因而在国家对外政策制定上缺乏话语权,但其始终对执政党自民党在对美关系中出现的"卖国"行为予以谴责,并持续探索处理国与国关系的实践路径。1973年,日共在《关于民主联合政府纲领的提案》中首次系统地阐述了其外交政策基本立场,提出以和平共处五项原则为基础的"自主、和平外交"方针。20世纪80年代,鉴于全球反核武器运动兴起,日共不仅把反核理念纳入其外交政策,还强调凡是与日共发展关系的其他共产党和工人党都须认同这一立场。东欧剧变、苏联解体以来,日共对美国的态度发生转变,从"打倒美帝国主义、废除《日美安保条约》"转向主张与美国建立"真正友好关系"。[②]

从日共党际关系与国家外交政策的历史演进看,前两个阶段都带有鲜明的意识形态特征,即以马克思主义划线,只与马克思主义政党建立和发展关系。虽然第二阶段较第一阶段有较大的发展,即从"拿来主义"转变为"独立自主",政策制定的"从属性"消失,"自主性"逐步突显,但是日共却不自觉地把本党的意志强加给国内其他友

[①] 三原则原为忠实地维护和实行各国共产党和工人党一致通过的1957年和平宣言和1960年声明的革命原则,以及共产党之间的关系准则;坚持以科学社会主义和国际主义为依据的独立自主的立场;在反对现代修正主义、宗派主义、教条主义的战线上进行彻底的斗争。2000年日共二十二大将其发展为独立自主、对等平等、不干涉内部事务三原则。

[②] 《しんぶん赤旗》,2000年11月22日。

党和国外的一些左翼政党及民主势力。虽然在制定国家外交政策时，日共提出了与不同社会制度的一切国家和一切民族发展友好关系，试图淡化意识形态色彩，但在实践中，与相同意识形态的政党发展关系还是占据了主导地位。

第三阶段（2000年至今）体现党际关系的包容性特征。2000年，日共二十二大对党章进行了"根本性"修订，其中涉及党际关系的最新表述。新党章规定，日共在新形势下以"独立自主、对等平等、不干涉内部事务"为基础，发展与"国内外所有政党"的关系。① 这标志着日共摒弃过去以意识形态划线的党际交往模式，实现从排斥到包容、从被动到主动的适应性转变，逐步摆脱自我封闭和国内政治孤立的局面。

日共认为，21世纪是发达资本主义国家经济、政治、民族、宗教、文化等各领域矛盾持续深化并陷入困局的时期，而世界社会主义运动将走向成熟。鉴于此，日共在党际关系三原则基础上，坚持马克思主义国际主义原则，与其他国家共产党、工人党和国际进步力量展开深入、坦诚的对话交流，并通过多样化的合作形式，增进相互理解，共同推动国际共产主义事业发展。

在党际关系实践层面，首先，1998年，中日两党交往恢复正常。中日两党分别于1921年和1922年成立，历史渊源深厚。战前日共遭受日本政府残酷镇压，其主要领导人野板参三长期在中国避难并与中共保持密切联系。抗日战争期间，中日两党携手合作，共同抵御日本帝国主义对中国的侵略。但受到国际共产主义运动内部分裂等因素影响，两党关系破裂。苏联解体、东欧剧变后，国际共产主义运动陷入低潮，中日两党都认为，在这样严峻形势下，作为发达资本主义国家最大共产党组织的日共与作为发展中国家最大执政共产党的中共，有必要重新恢复党际关系，以推动两国关系发展，并共同担负起振兴世

---

① 《しんぶん赤旗》，2000年11月22日。

界社会主义的使命。此后，两党高层互访频繁。但是，2020年日共二十八大作出了否认中国社会主义性质的错误决议，导致两党关系再度陷入僵局。

其次，日共注重加强与越南等社会主义国家执政党的交流合作。日共在越南设有驻外机构，并派驻记者。2018年10月16日，越日两党第八次理论交流会在越南芹苴市举行，会议以"马克思主义在当今时代的活力"为主题，越共中央委员、中央理论委员会主席、胡志明国家政治学院院长阮春胜率团参加，时任日共中央书记局副局长田中悠率团参加。① 阮春胜表示，此次理论交流会正值马克思诞辰200周年及《共产党宣言》发表170周年，意义非凡，为双方深化对马克思主义时代价值的认识、分享理论研究成果和实践经验提供了宝贵的机会。阮春胜强调，越南革新开放30多年来取得的显著成就充分印证了越南共产党领导的正确性。田中悠发表主旨演讲时强调，马克思主义是日共分析日本和世界形势、推动改革的理论指南，他同时介绍了日共的理论探索和实践活动，认为马克思主义仍是当今时代的宝贵财富。②

再次，日共发展与其他国家共产党和左翼政党的党际关系。冷战期间与苏共保持着密切联系的世界多国共产党和左翼政党在东欧剧变、苏联解体后遭受系统性冲击，一些政党宣布改名、解散或重建，另一些政党则宣布加入其他政治组织。经过阶段性调整，一些国家的共产党和左翼政党开始重新活跃于政治舞台。对此，日共保持高度关注，一方面，日共积极恢复和发展与法共、意共等发达国家共产党的关系，尤其注重跟踪报道其议会选举情况。如日共对2005年德国左翼的民主社会主义党参与的联邦议会选举进行了及时和详尽的报道，并进一步分析了该党获胜的原因，总结其经验，号召全党认真学习。另一方面，

---

① 《第八次越南共产党与日本共产党理论研讨会在越南芹苴市举行》，https://cn.nhandan.vn/article-post65626.html。

② 《越南共产党与日本共产党进行理论交流》，https://cn.qdnd.vn/cid-6123/7183/nid-554269.html。

日共积极参加国际左翼组织和区域政党会议。如墨西哥民主革命党代表大会、巴西社会主义人民党代表大会、瑞典左翼党代表大会及亚洲政党国际会议等，通过多样化的党际交往活动拓展国际影响力。

日共领导人突破传统意识形态束缚，对资本主义国家乃至"敌对国家"进行了访问。2001年，日共中央委员长志位和夫受邀访问美国，成为日共建党以来首次访美的中央委员长级别干部。2006年9月，志位和夫首次率领代表团访问韩国、巴基斯坦。2015年10月20日至23日，志位和夫再次率团访问韩国，其间，在首尔建国大学发表演讲并出席两国友好团体举行的集会。上述系列政党交往实践在一定程度上改变了日本社会对日共的传统认知，许多民众认为，日共已经不再是拘泥于理论教条的政党，而转型为一个注重现实政治参与的政党。

二、积极关注民调

民调在当今许多国家的经济、政治和社会决策中发挥着重要作用，在西方国家甚至是政党执政合法性的"晴雨表"。日共在日本社会的民调支持率长期偏低，这在一定程度上制约了其执政机会。造成这一局面的原因主要有：外部保守政党和右翼势力对日共的长期歪曲和攻击，部分左翼团体与日共的矛盾分歧，以及党内纲领路线和运行机制的僵化等。为扭转国民认知、提高自身政治影响力，21世纪以来，日共持续调整理论路线和行为模式，然而由于历史积淀太深，要获得广泛社会认同还需要一个漫长的过程。

民调是指调查机构运用科学统计方法，对特定议题在目标群体中开展随机抽样调查的过程和结果。民调属于舆论调查范畴，旨在了解公众对经济政策、政党政治、候选人选举、社会议题乃至公众人物的态度倾向，主要调查方法包括问卷调查、电话访谈和个别访谈。民调自20世纪初在美国产生以来，在全球范围内迅速发展并广泛应用。今天，民调已与政党政治密不可分，正如一些西方学者所认为的，民主政治从某种意义上讲就是民意政治。在西方，一个政党及其政党候选人的民调表现往往可以影响其执政机会或选举成败。

在西方,民调被看作了解社会舆情的重要工具,是衡量政府和公众互动关系的关键指标。民调结果往往被看作公共舆论的"先导",而公共舆论作为政府决策的"风向标",不仅受到执政党的重视,而且受到在野党、国会议员和地方行政机构的重视,政治主体为了证明自身政策理念的正确性,往往借助民调数据强化说服力。美国民调机构盖洛普创始人乔治·盖洛普在《民意测验指南》中系统阐释了民调的主要功能:为政治决策提供准确的民意判断;提供准确、快速的民意报告,从而推动政治民主进程;显示一般民众的理性决策能力;聚焦社会核心议题并揭示隐性问题领域;制约政治幕后交易;破除"选民仅受私利驱动"的政治偏见;成为制衡利益集团扩张的重要力量。[①] 这些认识直到今天仍具参考价值。

对此,有学者对选举进程进行分析后认为,政治选举的九大环节和节点无不依赖民调:决定参选与资源动员(筹款、聘请顾问、获得关键人物支持);增加知名度;提高形象;判断选民的喜好;攻击对手的弱点;构建媒体叙事;分配资源;影响党代表并选择副总统候选人;实时追踪选情。[②] 从某种意义上说,民意往往起到选民对候选人"关键推手"的效果。有学者评论美国选举中的民调,认为"不断变化的民意测验数字犹如富有魔力的灵巧手指,拨弄着上至总统候选者,下至各式选民以及旁观者的心弦。美国的民意测验实际上不仅是美国大选形势的晴雨表,更是大选活动的一个组成部分"。[③] 正因如此,在西方国家,无论是执政党,还是在野党都十分重视民调在选举及政治活动中的作用。

在西方学者看来,民调具有较高的客观性,是对一定时期内部分

---

① 沈国麟:《镜头中的国会山——美国国会与大众传媒》,上海:复旦大学出版社,2005年版,第159页。

② 赵可金:《营造未来——美国国会游说的制度解读》,上海:复旦大学出版社,2005年版,第393页。

③ 同②,第394页。

公众意愿的真实反映，其客观性源于民调机构的非政府性，即民间性，以及民调方法的科学性，除传统的入户调查、街边调查、报刊调查、电话调查外，还出现了电视调查、网络调查、手机调查等方式，大大夯实了民调的真实性，提高了民调的准确率。确实，西方民调机构具有独立属性，它既不受政府的行政干预，也不依附企业资本，其调研通常基于委托人需求或自主研究项目，客观公正的民调结果是其生存发展的核心竞争力。

但是，民调结果的客观性不是绝对的。因为民调的内容主要是被调查者的主观愿望、意见和态度，而不是某种客观存在的社会事实，民调结果只能反映部分民意的倾向性，而不能表明这些民意的是与非、对与错，而且，如果民调的调查方法存在缺陷，"民意"就可能偏离真实的社会认知。这就是说，民意会受到民调过程和结果的主观影响，尤其是执政者的资源优势使其比在野党更能影响、引导民调的过程及结果。正如传播学史上具有重要影响的学者、美国著名新闻评论家和作家沃尔特·李普曼所指出的，精英们通过大众传媒塑造决策者需要的公众态度，民调只不过是操纵民意过程的一种工具而已。[①] "总统的工作是去引导民意，而不是去做（民意的）盲目追随者。你不能坐等民意来告诉你该做什么……你必须决定你该做什么，并照此做，然后再试图去教育民众你这样做的原因。"[②] 在这种模式下，民调结果就可能出现失真。

首先，民调结果的客观性不是绝对的。西方有一种认识误区，即只要是民意的，就是客观真实的。虽然西方民调机构多属民间性质，但这并不意味着其民调结果就是绝对客观的。以美国为例，不允许任何一级政府办电视台、报纸杂志等，因此，所有的电视台、报纸杂志等都是私营实体，他们发布的调查数据虽不受行政审查，但这并不秉持保证数据本身的客观公正。因为这些民调机构的调查问题是由能不

---

① 陈文鑫：《塑造还是反映民意》，载《美国研究》，2003年第4期。
② 同①。

同价值观的人共同设计的，因此，他们在设计问题时往往会将自己的价值偏好渗入其中，从而使调查问题具有导向性。而且，如果民调结果具有绝对客观性，就不会出现不同的民调机构对同一问题得出不同调查结论的情况了。事实是，这些民调机构都有其固有的政治倾向，普遍依赖项目委托人的资金支持，其调研过程可能反映出资方的"倾向性需求"，使得民调的客观性被显著削弱。

其次，政府部门的中立性不是绝对的。虽然西方国家法律规定政府等公共部门应保持中立性，但政府部门的公职人员同样具有价值理念的多元性，使其难以完全规避政治倾向的影响。以2016年美国总统大选为例，美国联邦调查局在选举关键时期宣布重启对民主党总统候选人希拉里"邮件门"事件的调查，这一举措被政治评论界视为对希拉里的关键一击。实际上，政府往往在关键节点利用舆论释放于己有利的重要信息，以提升公众对政党、候选人和政府的支持率。

再次，民调失误是普遍存在的现象，因其样本具有先天的局限性。一些专家认为，成功民调的误差幅度应为3%—4.5%之间，如果大于5%，则失去了统计意义。但民调本质上只是被调查的部分公众的"民意"，而不是全部公众的"民意"，即使某一观点得到93%—95%的民意支持，仍存在5%—7%的反对意见，而事实可能是民调结果与多数"民意"并不"一致"，反而体现了少数"民意"。如2016年特朗普当选美国总统让不少民调机构及研究者们感到意外，因为这一结果与绝大多数传统民调机构，如微软必应、硅谷Unanimous AI的预测结果相反，引发关于"传统民调失效"的讨论。美国皮尤研究中心的报告表明，美国民调拒访率呈上升趋势。民调回复率从1997年的36%，降至2000年的28%，2006年是15%，2013年是9%，2015年是7%，2016年美国大选拒访率高达90%。[①] 一般而言，30%的受访率是民调有效的最低阈值，高拒访率直接影响了民调样本的供给，而民调的准确率是

---

① 《为什么美国民调误读了民意？》，https://www.guancha.cn/WuXu/2016_11_12_380323.shtml。

建立在大样本基础上的，是与样本量成正比例关系的。

最后，民调过程中难免存在故意制造民意假象、人为引导民意发展的情况。虽然西方社会有以法律和基本价值为边界的制度约束，但自由竞争的政治生态为民意操控提供了空间——在民调中，为了自身利益故意造成民调过程和民调结果对己方有利而对竞争方不利的局面。一般来说，政府、政党、企业和候选人等是民调的主要发起者，执政党凭借获取资源的显著优势在政治博弈中占据主动地位。当大选或执政党遭领导人丑闻、内外大政方针决策失误时，民调结果就可能影响到朝野政党的权力格局。此时，执政党常通过舆论夸大其执政成就，淡化负面事件的影响，以引导民众认可其执政合法性，达到继续执政的目的；而在野党则可能通过舆论弱化执政党执政成就，夸大其负面事件，从而推动政权更迭。其中，无论是执政党还是在野党，在舆论战中都不可避免地存在着"误导"公众的行为，当然，由于执政党比在野党占有更多资源，在舆论攻势中更易隐蔽地制造假象、误导民意，避免引发公众逆反。

总之，民调及其结果在一定程度上已经成为西方国家政党自我辩护、攻击他党的重要工具，尤其是在大选前，各政党都会根据民调结果进行政党形象宣传、大选策略、候选人推荐等的调整，待大选结束后，根据大选结果，还可能对党的纲领路线和方针政策进行较大的适应性调整。

日本民调机构众多，从性质上分，有官方的、民间的和学术性的；从专业上看，有经济的、政治的和社会的；从内容看，有综合的和单一的。每当大选之时，日本各民调机构就显得格外活跃，都积极加入与选举相关的民调活动之中，而包括日共在内的各政党、候选人大多要或主动或被动地接受民调机构的调查，以评估自身形象、选举政策和其他行为，进而研判当选的概率。马克思、恩格斯在《共产党宣言》中明确指出，"过去的一切运动都是少数人的，或者为少数人谋利益的运动。无产阶级的运动是绝大多数人的，为绝大多数人谋利益的独立的运动"。① 这表明共产党应是得到最广大国民支持的政党，但在历次民调中，日共的支持率都不高，反映了日本社会对其认可度有限。

2018年11月12日，日本国内最具权威性的媒体——日本广播协会（NHK）对日本主要政党进行了一次舆论调查，结果显示：自民党的支持率为37.4%，立宪民主党的支持率为6.2%，国民民主党的支持率为1.5%，公明党的支持率为3.7%，日共的支持率为2.9%，日本维新会与自由党的支持率均为0.4%，希望之党的支持率为0.1%，社民党的支持率为0.7%，而"没有特别支持的政党"的比例达40.7%。②

日共在2008年4月自主开展的民调结果显示，民众对日共的支持率为4.1%，其中，30岁以上男性的支持率为11%，20岁以上女性的支持率为9.4%。③ 这一民调结果与以往多数民调机构的调查结果基本一致，符合日共在日本社会中的政治定位，即，虽然日共是日本国会第四大政党、在野党中的第二大党，但其绝对实力既无法与执政党抗衡，也难以与最大的在野党比肩。作为日本现有政党中历史最为悠久的政党，日共拥有百年的光荣历史，且自称是代表日本工人阶级和全体国民根本利益的政党，却在日本国民中遭受冷遇，引人深思。

为了提高国民认可度，进入21世纪以来，日共开始调整理论路线、转变斗争策略，但由于历史包袱过重，要获得广大国民的认同还需一个相当长的过程。

三、主动建立统一战线④

统一战线是马克思主义理论的重要内容。马克思、恩格斯指出，

---

① 中共中央马克思恩格斯列宁斯大林著作编译局编译：《马克思恩格斯选集》（第一卷），北京：人民出版社，2012年版，第411页。
② 《NHK世論調査 各政党の支持率》，https://www3.nhk.or.jp/news/html/20181112/k10011707951000.html。
③ 参见日共官方网站，https://www.jcp.or.jp。
④ 曹天禄：《日本共产党统一战线：历史·机遇·挑战》，载《马克思主义研究》，2017年第8期。

无产阶级政党是没有特殊利益的政党，始终为绝大多数人谋利益，因此，建立统一战线、团结一切可以团结的力量是无产阶级革命胜利的必然要求。马克思、恩格斯总结了欧洲革命的经验教训，认为无产阶级要取得革命胜利，必须得到农民的支持，"在革命进程把站在无产阶级与资产阶级之间的国民大众即农民和小资产者发动起来反对资产阶级制度，反对资本统治以前，在革命进程迫使他们承认无产阶级是自己的先锋队而靠拢它以前，法国的工人们是不能前进一步，不能丝毫触动资产阶级制度的"。① 他们还特别强调，在农民占多数的国家，无产阶级革命如果能够得到农民支持，就会形成"合唱"，使革命更容易成功；否则，就只能是无产阶级"孤鸿哀鸣"的独唱，使无产阶级革命举步维艰。

无产阶级解放运动不仅是一国的运动，更是世界的运动，因此，无产阶级不仅要建立国内统一战线，还要建立国际统一战线，才能战胜强大的国内外资产阶级。马克思、恩格斯在《共产党宣言》中提出"工人无祖国"的著名论断，在他们的理论和视野中，无产阶级只有解放全人类才能解放自己，否则，共产主义就只能作为"地域性"现象存在，并始终处于"家庭式的、笼罩着迷信气氛"的落后状态。对此，马克思坚决批判拉萨尔等人——他们一方面作为工人阶级代言人，另一方面却牺牲工人运动的整体利益，高唱"爱国主义"以支持俾斯麦政府。列宁也反对狭隘的"爱国主义"，认为这是商品经济不发达的直接产物，与大资产阶级相比，是更加反动和落后的思想力量，这样的"爱国主义"与先进的无产阶级没有任何共同之处。正如马克思、恩格斯所言，"联合的行动，至少是各文明国家的联合的行动，才是无产阶级获得解放的首要条件之一"。② 在全球化的今天，世界资本主义力量尤其是发达资本主义国家联合压迫无产阶级的趋势有增无减，马克思、

---

① 马克思、恩格斯：《马克思恩格斯全集》（第十卷），北京：人民出版社，1998年版，第141页。
② 中共中央马克思恩格斯列宁斯大林著作编译局编译：《马克思恩格斯选集》（第一卷），北京：人民出版社，1995年版，第291页。

恩格斯的这一思想仍闪烁着耀眼的光芒。

马克思、恩格斯在《共产党宣言》中明确提出，无产阶级要善于同各种政治派别开展联合斗争，他们还针对不同国家共产党人面对的具体情况指出：法国共产党人应与社会主义民主党人联合，反对保守的和激进的资产阶级；在波兰，"共产党人支持那个把土地革命当作民族解放的条件的政党"；① 在德国，"只要资产阶级采取革命的行动，共产党就同它一起去反对专制君主制、封建土地所有制和小市民的反动性"。② 日本国内的在野党同样面临相似的境遇，因此，日共必须与其他政党求同存异、统一战线，才可能出现"合唱"。

可见，统一战线在无产阶级革命斗争中具有十分重要的意义。政党的最终目标是成为执政党，这决定了政党之间的关系本质上是一种竞争关系。但由于各政党的实力不同，为了赢得国家政权，政党间又在一定程度上表现出合纵连横的互动态势。日共长期重视马克思主义统一战线理论，积极推动统一战线的建立，其工作经历了"提出与突变""反思与调适""稳定与发展"三个时期，并适时提出了统一战线的阶段性目标。统一战线工作既为日共发展积累了成功经验，也留下了失败教训。在自身力量相对薄弱、自民党"一党独大"、日本政坛总体右倾化和社会总体保守化加剧，以及日美同盟加强的背景下，日共统一战线既面临着一些新机遇，又面临着多重挑战。

二战前，日共由于旗帜鲜明地坚持以马克思主义为指导思想，试图通过暴力革命推翻天皇专制政府、实现社会主义和共产主义，被当局宣布为"非法"组织。其遭到政府暴力镇压后，一度处于崩溃边缘，统一战线工作无从展开。二战结束后，日共成为合法政党，统一战线工作被提上议事日程。

---

① 中共中央马克思恩格斯列宁斯大林著作编译局编译：《马克思恩格斯文集》（第二卷），北京：人民出版社，2009年版，第65页。

② 中共中央马克思恩格斯列宁斯大林著作编译局编译：《马克思恩格斯选集》（第一卷），北京：人民出版社，1995年版，第306页。

(一) 提出与突变时期 (二战后至 20 世纪 50 年代)

战后初期,美国迫于国际压力对日本进行"民主改革",成果之一就是包括日共在内的民主力量合法化。受此鼓舞的日共于 1945 年 12 月召开了四大,并通过了《人民战线纲领》,提出了建立"人民民主战线"的设想,认为在美军占领背景下,可以通过建立人民民主统一战线来构建日本人民共和国。在日共领导人野坂参三的呼吁下,社会党等其他左翼力量就统一战线与日共协商,并于 1946 年达成共识,各左翼组织通过"立即建立民主人民统一战线"等 23 项决议,标志着日共倡导的统一战线从设想迈入实践阶段。

日共通过统一战线不断壮大力量。1946 年 4 月,日本举行战后首次大选,日共获得 5 个席位,这使日共产生了在美国占领下仍能达成目标的幻觉。1949 年大选,日共议席从 5 席增加到 35 席,党员人数也迅速发展到 10 万人,这更加坚定了其通过"和平革命"实现目标的信心。然而,美国占领军和日本政府开始制造事端对日共进行打压,导致日共与社会党在统一战线问题上矛盾激化并最终分裂,致使日共试图通过人民民主战线组成人民共和国的梦想破灭。

(二) 反思与调适时期 (20 世纪 60—90 年代)

20 世纪 50 年代武装斗争失败后,日共认为当时日本最大的国情是作为美国的附属国,革命的首要任务是争取民族独立,为了完成这一任务,必须组成由各民主力量和党派团体参与的民族民主统一战线。为此,日共对统一战线的对象、目标、策略等进行了调整,逐步放弃了暴力革命的选项,并根据不同阶段特点提出了不同任务。1961 年日共八大通过的《日本共产党纲领》明确提出组成民族民主统一战线的设想,指出组成反对美帝国主义和日本垄断资产阶级统治的人民的强有力的广泛统一战线,即民族民主统一战线,在此基础上,建立建设

第四章　右倾政治生态下日共的"外适应性"

独立、民主、和平、中立的日本的人民政府、人民的民主政权。① 经过努力，日共与社会党等就建立民族民主统一战线达成共识并付诸实践。例如，日共与社会党等民主势力共同发起了 23 次"反对《日美安保条约》"全国统一大行动，20 多次阻止政府通过"防破法"的全国统一斗争，还参与工人阶级反对资本家的"春斗"及主张冲绳主权回归的"海上大会"等。但是 20 世纪 60 年代后期，由于多重因素影响，以社会党和日共为主导的民族民主统一战线再次分裂。

20 世纪 70 年代初，日共首次把建立统一战线与建立民主联合政府结合起来。日共十一大提出，把建立革新统一战线与成立民主联合政府作为 70 年代的中心任务。日共领导人宫本显治在 1971 年正式提出革新统一战线的三大目标和民主联合政府的五项任务。与此同时，名古屋等地出现了日共和社会党等民主势力联合推荐的候选人当选地方政府负责人的情况。据此，日共进一步认为，日本"70 年代的各种条件，孕育着能够通过革新统一战线打倒自由民主党政府，建立民主联合政府，结束战后连续二十五年的保守党的反动统治的前景"。② 1973 年 11 月日共十二大首次提出并通过了《日本共产党关于民主联合政府纲领的建议》，但因各在野党内部分歧严重，革新统一战线只在个别地方建成。1982 年日共十六大上，基于世界和日本反核运动高涨的新形势，日共提出了建立反核统一战线的主张，并试图在此基础上建立无核政府。这一主张得到了日本知识界、宗教界及广大国民的支持。1985 年日共十七大又提出应建立广泛的反核国际统一战线，并将这一主张写入党章。

冷战结束后，日本政坛发生重大变化，"55 年体制"终结，形成了以自民党为主体的联合政府。日共认为，多党联合政府的建立为其

---

① 中共中央党校科学社会主义教研室国外社会主义问题教学组编:《战后日本社会主义理论资料汇编》，北京:中共中央党校科研办公室，1985 年版，第 151 页。
② 日共中央委员会编，段元培等译:《日本共产党六十年》(上)，北京:人民出版社，1985 年版，第 322 页。

参与联合政府提供了机遇。对此,日共调整其理论路线,在斗争策略上采取更为灵活的立场。1994年日共二十大明确提出"资本主义框架内的民主改革",主张建立广泛统一战线,争取在"21世纪早期建立民主联合政府"。

(三)稳定与发展时期(21世纪以来)

2000年和2004年,日共召开了具有历史意义的二十二大和二十四大,分别对党章和党纲进行了"根本性"修改。在统一战线问题上,日共明确提出"在野党统一战线"和"在野党+国民统一战线"策略。实践中,日共除了继续加强与各民主政党和社会团体的联合、广泛动员国民外,还加强与自身意识形态存在较大差异的其他政党、阶层和无党派人士的联系,甚至与自民党内部的开明人士和中间分子建立联系,其目的就是建立广泛的统一战线,为在21世纪早期成立民主联合政府的目标而努力。

2014年第四十七届众议院选举后,面对自民党"一党独大"的政治格局,各主要在野党不得不搁置争议,寻找共同点,商议结成统一战线以抗衡自民党的可能。2016年7月第二十四届参议院选举前夕,民进党、日共、社民党、生活党等四个在野党最终就建立选举统一战线、共同推荐候选人达成了共识。日共还特别强调"野党共斗"(在野党共同斗争)的重要性。四方一致同意选举结束后在国会等其他领域协同斗争。这标志着日共统一战线进入稳定与发展时期。

2006年9月29日,日本战后最年轻的首相安倍晋三上台,但2007年便辞职。2012年12月26日,安倍晋三第二次上台执政。2016年12月24日,安倍晋三第三次执政。在2014年的众议院选举中,自民党单独获得超过半数席位,赢得大选,如果加上执政联盟中的公明党所获议席,两党议席总数超过众议院议席的三分之二。在2016年举行的参议院选举中,自民党-公明党执政联盟所获席位再次超过三分之二。这两次大选使自民党掌控参众两院话语权。日本政坛突显了"朝强野弱"、自民党"一党独大"的政治格局。一个严峻事实摆在日本所有在野党面前：他们的席位加在一起在参众两院均不足三分之一，无法抗衡自民党-公明党执政联盟。由于自民党-公明党执政联盟力量短期内难以削弱，在野党势力在短期内也难以增强，在野党，尤其是日共这样的左翼政党，逐渐丧失在国会和社会中的功能，面临前所未有的被边缘化困境。

为此，各主要在野党都有强烈的危机感与合作意愿。这为日共建成统一战线带来机遇，各主要在野党开始探讨政治结盟的可能性。2016年年初，日共与社民党这两个左翼政党正式签署关于建立选举统一战线、共同护宪的书面协议。日共对外宣称，两大左翼政党达成统一战线系"20世纪80年代以来首次"。2016年3月，日本最大在野党民主党和第二大在野党维新会合并成民进党。2016年7月，民进党、日共、社民党、生活党等四个在野党最终就建立选举统一战线达成共识。虽然自民党-公明党执政联盟在大选中仍获大胜，但"在野党统一战线"各党在选举中较上次实现了进步和"共赢"。日共认为，选举统一战线既奠定了日共与其他在野党互信的基础，也为后续构筑类似的统一战线指明了方向。在此次参议院选举中，日共的比例代表选举票数从2013年的515.4万票（得票率9.68%）增至601.6万票（得票率10.74%），超出了日共的预期。[①]

对此，时任日共委员长志位和夫指出，如果下届国会选举时各在野党能延续本次"相互让步"的做法，日共将不在相应选区推举候选人，因为各在野党的"野党共斗"策略有助于实现日共2015年9月提出的建立"国民联合政府"的构想，也有利于日共扩大自身的势力。其中央书记局长小池晃表示，各在野党并肩作战已经"初见成效"，副委员长山下芳生也认为选举结果展现了"共同奋斗的姿态并获得各方

[①] 《しんぶん赤旗》，2016年7月12日。

支援"。①

历史上，日本各在野党多次探讨建立各类统一战线，但由于价值观分歧，统一战线始终没有达成。这次在野党能结成统一战线，一个重要原因是日共主动让原计划的参选人退选以支持其他在野党候选人。这种放弃统一战线领导权和主导权的举动在日共党内外引发争议，部分观点认为这是日共放弃了"原则"。事实上，马克思主义虽重视无产阶级在统一战线中的领导权，并认为这关系到统一战线的根本方向，但亦指出无产阶级"在政治上为了一定的目的，甚至可以同魔鬼结成联盟。只是必须肯定，是你领着魔鬼走而不是魔鬼领着你走"。② 可见，掌握统一战线领导权是无产阶级政党的原则问题，但政党仍需根据自身情况和现实环境顺势而为，坚持原则坚定性和策略灵活性的统一，只有这样，方能建立长期有效的统一战线。

统战工作新对象的不断涌现成为日共统一战线面临的又一机遇。据《朝日新闻》报道，日本参议院于2015年6月通过了《公职选举法》修正案，将选举投票年龄从20岁下调至18岁。按照自民党的说法，其目的是让政治能反映更多年轻人的意志，避免高龄化的日本社会忽视年轻人的声音。日共一直主张18岁的国民拥有普选权，认为这次修改法律降低选举年龄能使年轻人的意愿在国会中得到更多体现，是议会制度发展的表现。③

20世纪80年代以后，由于日本经济高速发展，学生运动陷入低潮。近年来，日本学生运动因反对政府政策而再度兴起，如2011年"反核运动"游行、2013年反对"特定秘密保护法"示威、2014年反对安保法游行等。不仅如此，青年学生2013年成立了反对"特定秘密保护法"的有志学生协会，2015年又成立了其后援团体——"追求自

---

① 《日本共产党喜扩参院席位比例称将进一步遏制改宪势力》，http://world.huanqiu.com/exclusive/2016-07/9151026.html。
② 马克思、恩格斯：《马克思恩格斯全集》（第十一卷），北京：人民出版社，1995年版，第552页。
③ 《しんぶん赤旗》，2016年6月19日。

由和民主学生紧急行动组织"。

日共十分重视做青年学生和青年团体的工作。2008年全球金融危机严重打击了日本经济，加剧了社会矛盾。针对这一形势，日共提出了减免学生学费、解决就业问题等一系列新政策。这些政策和主张得到了年轻人的认同和支持，吸引了许多青年加入日共。而且，青年学生举行的反核、反安保法、反对安倍政府"暴走政治"等斗争，与日共的主张基本一致。因此，日共若能根据学生的特点，找到与青年学生运动的结合点，就更容易与这些青年学生形成同盟。

日本自民党-公明党执政联盟内部在政策主张等方面存在着明显的分歧，为日共在自民党-公明党执政联盟中开展统一战线工作提供了一个新的切入点。自民党属于偏右的保守政党，主张"反共、反社会主义"；公明党源于宗教团体创价学会，主张"和平主义"。两党在解禁集体自卫权、修宪等问题上持不同的态度。自民党致力于修改和平宪法，公明党则主张维持现状。自民党支持派遣自卫队海外行动，公明党则质疑自卫队的装备和能力，认为其或许不足以在海外实施营救国民等行动。① 两党在相关政策上的分歧被视为日本政坛的"扭曲"现象。

事实上，两党部分党员从一开始就对自民党-公明党执政联盟持不同立场——自民党部分保守势力对具有宗教性质的公明党持排斥态度；公明党的一些党员因抗议两党结盟而退党。另外，创价学会以外的宗教团体也对自民党-公明党执政联盟提出了猛烈批评。因此，日共若方法得当，就有可能争取自民党-公明党执政联盟内部的开明民主人士，建立反修宪、反派兵、保和平的统一战线。

总之，无产阶级在革命斗争中要善于同各种政治派别，特别是资产阶级政治派别进行联合。列宁指出："要战胜更强大的敌人，只有尽最大的力量，同时必须极仔细、极留心、极谨慎、极巧妙地一方面利

---

① 《日本执政联盟探讨自卫队海外派遣 内部分歧明显》，https://www.chinanews.com/gj/2015/02-28/7086766.shtml。

用敌人之间的一切'裂痕',哪怕是最小的'裂痕',利用各国资产阶级之间以及各个国家内资产阶级各集团或各派别之间的一切利益对立,另一方面要利用一切机会,哪怕是极小的机会,来获得大量的同盟者,尽管这些同盟者是暂时的、动摇的、不稳定的、不可靠的、有条件的。谁不懂得这一点,谁就是丝毫不懂得马克思主义,丝毫不懂得一般的现代科学社会主义。"① 因此,日共应毫不动摇地抓住机遇,扩大同盟力量。

但是,我们不能不看到,日共自提出统一战线以来就面临着巨大挑战。从内部看,统一战线建立在不同政党、组织和团体"求同存异"的基础上,各方"异"的价值观必然在合作中产生冲突,使统一战线存在不和谐因素;从外部看,统一战线必然受到反统一战线势力的打击和反扑。列宁曾指出,"纯粹的"无产阶级外部被许多中间阶层包围,内部也分成不同阶层。在日本政党政治新格局面前,日共等在野党的"合纵"面临着自民党"连横"的强势挑战,且挑战远大于机遇。

日共势力弱小直接导致其统一战线影响力不足。在西方政治体系中,政党势力的重要衡量指标是其在国会的席位数,这直接关系到政党能否左右政府的决策。同理,日共倡导的统一战线能否得到其他政党的响应,也取决于日共自身实力,即日共在参众两院中的席位。一般来说,一个强大并能影响政府决策的政党不会主动与其他政党结盟并分享权力,只有有远大抱负但当前实力较弱的政党才会积极寻求与其他政党建立统一战线。而强党是否愿意与弱党结盟,取决于弱党对其有无价值和价值大小。从日共占有国会席位来看,其与执政的自民党和在野的立宪民主党均相差甚远。因此,对于相对强势的在野党来说,日共倡导的统一战线缺乏足够吸引力,与日共结成统一战线更多是出于策略性考量而非战略性选择,这使得日共在统一战线中不得不作出包括领导权在内的更多让步。

---

① 《十一大上的政治报告》,https://www.gov.cn/test/2008-06/20/content_1022206_5.htm。

历史上，日共在大多数时期与当时的主要在野党、群众团体和其他民主力量达成过统一战线，但因各种原因，统一战线内部矛盾重重，不久便分崩离析，由此形成的历史积怨延续至今，成为日共统一战线面临的重要内部挑战。从日共自身看，其主要原因有：

首先，缺乏协商合作的态度，将自己的纲领路线强加于其他在野党和群众团体。如20世纪70年代，宫本显治提出了革新统一战线的三目标，作为建立革新统一战线和民主联合政府的重要补充，呼吁所有革新民主力量在此基础上合作。他强调："只要赞成这三点的势力，我党在任何时候都愿意同他们合作，共同斗争，建立统一战线。"[①] 这种缺乏协商空间的态度极易引发其他在野党和群众团体的反感，导致统一战线推进困难。

其次，对其他在野党和群众团体的批评上纲上线，激化矛盾。20世纪80年代，日共与其他在野党相互抨击时，指责社会党向右转，宣称自身是日本唯一革新力量；又批评公明党违反与日共达成的相关协定，甚至将社会党、公明党等与日共有矛盾的在野党等同于战前极右组织"大政翼会"。此类上纲上线的批评引发其他政党不满，陷入相互指责的恶性循环，结果让自民党渔翁得利、不战而胜。

最后，过分强调对统一战线的领导权。历史上，日共统一战线的主要对象是社会党，两党都以日本"革新势力"自居，政策上比较接近，且社会基础同质化，因此两党都有建立统一战线的愿望。但社会党从二战后至20世纪90年代实力都强于日共，且有执政和联合执政的经历，长期掌控着日本工人运动和群众运动的领导权。而实力较弱的日共为获得主流身份和社会认同，自觉和不自觉地过度强调领导权，这就不可避免地与社会党产生矛盾，导致统一战线因相互争夺领导权而破裂。[②] 不仅如此，两党还常因认识分歧而相互指责、揭短、论战，

---

① 日共中央委员会编，段元培等译：《日本共产党六十年》（上），北京：人民出版社，1985年版，第329页。

② 信夫清三郎：《日本外交史》（下册），北京：商务印书馆，1992年版，第792页。

进一步削弱了合作基础。

从当前看,虽然日共与其他一些在野党达成了统一战线,并制定了共同政策,如要求取消安保法,撤销允许行使集体自卫权的内阁决定;反对修改和平宪法;批判"安倍经济学"破坏国民生活、加剧不平等和贫困;反对《跨太平洋伙伴关系协定》、冲绳驻军及强权政治等。① 但是,由于统一战线内部各党派价值理念不同,统一战线的基础仍较为脆弱。

在 2016 年参议院选举前,维新会代表松野赖久对媒体表示,"要改变日本的政治,必须重组在野党","应该呼吁(团结)除共产党以外的各个政党"。而民主党代表则强调,"为了阻止自民党政治,我们的目标是展现一个包容多样价值观的社会",主张通过与日共谈判协商,在其让步的前提下合作。② 可见,各在野党对日共参加统一战线存在不同的看法。

同时,在野党内部也对统一战线存在分歧。如在 2016 年 9 月民进党的党首选举中,对统一战线的看法成为选举的争论点。尽管赞同统一战线的莲舫击败否定统一战线的另外两派,最终当选党首,但是从中可以看出,民进党内部仍有部分人士并不赞同统一战线,反映出"在野党统一战线"基础的不稳定性。③ 对此,安倍晋三曾抨击统一战线为"乌合之众",并表示统一战线会因利益分歧而分裂。

日本主要政党的阶级基础和群众基础不同程度地存在着同质化现象,左翼政党和组织尤为突出。当前,最大在野党立宪民主党的主体是原社会党成员,其历史积怨仍影响着其对日共的认知。因此,日共应与其他工人阶级政党求同存异,妥善处理好与这些政党的关系。

为应对日共及其统一战线,执政的自民党采取"连横"策略,联

---

① 《しんぶん赤旗》,2016 年 7 月 2 日。
② 曹天禄:《日本共产党统一战线:历史·机遇·挑战》,载《马克思主义研究》,2017 年第 8 期。
③ 《每日新闻》,2016 年 9 月 15 日。

合国内其他政党及国际势力对日共进行持续性打压。这是日共统一战线面临的主要外部挑战。

战后初期,为了对抗高涨的日本工人运动和其他群众运动,对抗日共统一战线,美国占领军扶植工人贵族,支持包括右翼在内的反日共势力,甚至成立工会试图主导和控制日本工人运动,并与执政党合谋分裂统一战线,离间日共与社会党等其他在野党和群众团体的关系。如为了对抗支持日共的"产别会议"工会,美国占领军暗中扶持支持社会党的"总评"工会,导致日本工人运动从战后初期就出现分裂。日共后来对此总结说,美国驻日大使赖肖尔主导的分裂政策是联合斗争瓦解的直接外部原因。

与此同时,自民党在美国打压日共的过程中充当了急先锋。20世纪60年代,自民党利用在野党之间的矛盾,推行"排除日共参政前提下与在野党联合执政"的策略,诱使以社会党为首的其他在野党合作,加剧其与日共的矛盾,使日共逐渐被边缘化。不仅如此,自民党还通过政府将日共列为监视对象,增加其他政党与日共合作的顾虑。虽然日共早已放弃了暴力革命,但2016年3月22日,日本内阁会议仍依据警察厅提供的一份有关日共的文件,认定日共"并未改变暴力革命方针",并依据《防止破坏活动法》,将其列为"调查对象团体"。① 因此,日共仍被政府视为具有危害国家安全之嫌的准"非法"政党。

自民党和公明党还在2016年大选中称日共所倡导的"在野党统一战线"是非法组织,通过此类言论不断加强对"在野党统一战线"和日共的恶意攻击,企图离间统一战线。② 时任日共委员长志位和夫指出:"在本次竞选活动中,首相安倍晋三带头激烈地攻击在野党和日本共产党。一个国家的首相在选举中连日指名单独攻击日本共产党,是

---

① 制定于1952年的《防止破坏活动法》规定,日本政府有权对它认为"曾实施过暴力破坏活动"的团体作出活动限制。有分析认为,该法制定的目的正是镇压日本国内的左翼进步力量。按照该法,公安调查厅有权对日共党员以及党组织进行侦查、监视、控制。除日共外,还有朝总联、"大日本爱国党"等组织被列为"调查对象团体"。

② 《しんぶん赤旗》,2016年7月1日。

前所未有的异常事件。这显示出他对全力以赴推动政权更迭的'在野党统一战线'及我党感到恐惧和仇恨，也反映出执政党权力的危机。"①

在日本政坛总体右倾化和社会意识总体保守化的背景下，自民党与右翼势力在否认、歪曲和美化日本侵略历史等方面沆瀣一气，进行着"大合唱"，自民党甚至本身就是右翼的组成部分。尽管日共缺乏执政经验，却发挥着"遏制"自民党-公明党执政联盟持续右倾的重要作用。因此，自民党常借右翼势力攻击日共的纲领路线和统一战线，而右翼则时常干扰日共的正常工作和选举宣传活动，甚至直接攻击日共党员干部本身。

总之，日共积极倡导和推进的"在野党统一战线"工作既面临着机遇，又面临着挑战，但总体而言，挑战大于机遇。日共若要对统一战线拥有主导权和话语权，就必须在增加自身实力的基础上，保持原则坚定性和策略灵活性的统一，采取灵活多样的战略战术，夯实统一战线基础，才能向其宏伟目标迈进。

四、积极参与国政选举

日本国政选举，即国家政治选举，主要包括众议院、参议院选举和统一地方选举，日本从国家到地方最高领导人均通过不同层级的选举产生。日共高度重视马克思主义关于资本主义选举是无产阶级革命"新的武器"等相关论述，积极投身日本国政选举。2008年全球金融危机以来，日本举行了七次大选，日共针对每次大选的不同特点，采取了分析对手软肋、制定选举目标、加强选战动员、建立选举统一战线等策略，取得了一定席位。但受全球保守主义抬头、自民党势力强大、右翼土壤深厚、自身实力弱小等因素影响，每次大选所获议席均不及预期，既不能与执政党抗衡，也无法与最大在野党比肩。为解决选举中出现的问题，日本共产党采取了以建立"在野党统一战线"、广

---

① 《しんぶん赤旗》,2016年7月12日。

泛发展党员、扩大《赤旗报》读者为主的一系列措施。但在可以预见的将来，日共在参众两院选举中难以实现质的突破，其成为执政党或参政党还有待时日。

日本是实行内阁制的君主立宪制国家，首相和内阁成员一般由国会议员担任，目前已建立起一套较为成熟的民主制度，包括议会制度和选举制度。日本国政选举主要包括众议院、参议院选举和统一地方选举。日本宪法等法律规定，只有在众议院选举中占有半数以上议席的政党才能组阁；若多个政党联合组阁，其议席总和也必须达到半数以上；通常情况下，组阁政党党首可自动成为政府首脑。因此，每当参众两院大选时，包括日共在内的各政党、政治组织和无党派候选人无不高度重视，争取更多选民支持，赢得更多选票和议席，以期提升自身在国家政治生活中的地位、作用和影响，最终通过取得政权实现治国理政的目标。

马克思主义认为，暴力与和平是无产阶级革命的两种主要形式：暴力革命指工人阶级在其政党领导下通过武装斗争夺取政权，是无产阶级革命的"一般规律"；和平革命指无产阶级政党通过选举赢得国会议席多数以取得政权，是无产阶级革命"新的武器"。选举是现代国家合法政党、政治组织和个人进行政治活动的普遍形式，是阶级性与社会性的统一。在资本主义社会，选举既是资产阶级统治的有效工具，又是维护社会稳定的长效机制，还是普通公众争取合法权益的有限手段。关于日本应采取什么方式来实现社会主义，日共经历了"和平革命—暴力革命—争取和平革命—和平革命"等不同阶段的选择，目前已定位为通过积极参与国政选举，赢得国会议席多数，成为执政党或参政党。

虽然"资产阶级口头上标榜自己是民主阶级，而实际上并不如此，它承认原则的正确性，但是从来不在实践中实现这种原则"。[①] 马克思

---

① 马克思、恩格斯：《马克思恩格斯全集》（第十卷），北京：人民出版社，1998年版，第692页。

还一针见血地指出资本主义国家的选举实质,"只是让人民每隔几年行使一次,来选举议会制下的阶级统治的工具"而已。① 尽管当前资本主义选举制度的内容、形式和途径多有变化,但以民主的名义实现资产阶级统治的实质始终没有改变。美国学者熊皮特也认为,资本主义选举"并不意味也不能意味人民真正在统治",只能是"人民有接受或拒绝将要来统治他们的人的机会"。② 即便如此,资本主义选举的历史进步性还是显而易见的,它在法律形式上确立了人人平等等民主原则,消除了封建社会的个人特权;政治权力的轮换制打破了封建社会的血缘世袭制,这些都是人类历史的巨大进步。现代选举以选票决定胜负,当选者或多或少会实施一些反映选民诉求的举措,有限度地改善民众生活状况、缓和劳资矛盾、改善劳动环境、增加工资福利等,否则其执政地位难以持续。选举还在一定程度上为公众提供了参政议政的可能途径和方式,使其可以通过合法程序反映自身意愿和要求,提高参政议政能力,锻炼议会斗争水平,使"大多数人民都上了有教育意义的一课"。③

日共认为,马克思、恩格斯虽然十分重视暴力革命在无产阶级革命斗争的作用,但当他们发现资产阶级议会制度和选举制度对无产阶级革命斗争的积极作用时,丝毫不隐瞒自己的观点,提出把普选权"由向来是欺骗的工具变为解放的工具"。④ 他们还特别强调,在普选制和议会制高度发展、工人阶级占人口大多数的条件下,通过合法选举赢得议会多数席位来实现无产阶级革命的目的是可能的,"我们是'革命者'、'颠覆者',但是我们用合法手段却比用不合法手段和用颠

---

① 中共中央马克思恩格斯列宁斯大林著作编译局编译:《马克思恩格斯文集》(第三卷),北京:人民出版社,2009年版,第196页。
② 熊彼特著,吴良健译:《资本主义、社会主义与民主》,北京:商务印书馆,2006年版,第415页。
③ 中共中央马克思恩格斯列宁斯大林著作编译局编译:《马克思恩格斯文集》(第二卷),北京:人民出版社,2009年版,第178页。
④ 中共中央马克思恩格斯列宁斯大林著作编译局编译:《马克思恩格斯文集》(第四卷),北京:人民出版社,2009年版,第550页。

覆的办法获得的成就多得多"。① 日共认为,马克思、恩格斯的这些论述对日共开展革命斗争具有重要意义,因为日本这样高度发达的资本主义国家完全符合马克思、恩格斯设想的开展选举斗争和议会斗争的条件。因而,在新的条件下,日共必须利用资产阶级包括普选权、选举、议会等在内的民主原则、理念和机制,来教育、组织和动员日本工人阶级,维护工人阶级的合法权益,达到自身的目的。

1961年日共八大报告中,将以暴力手段为主的革命方式调整为以和平方式为主,从此,日共的斗争重心开始积极转向和平的议会选举斗争。1970年举行的日共十一大上明确提出"人民议会主义"论,即通过选举赢得国会多数席位成为执政党,修改后的党纲删除了"和平与非和平"两种道路的提法,认为在当下日本政治生态中,通过合法选举获得国会多数席位来建立民主政府是可能的。1994年日共二十大提出"资本主义框架内的民主改革"论,即通过议会道路取得政权,在资本主义宪法法律范围内对日本资本主义的消极面进行改革,进而实现"人类共同社会"。

2000年日共二十二大报告中还首次谈到资本主义的"进步意义",认为"资本主义不是外部强加给人类社会的错误制度,而是在必然中诞生、又在必然中被超越的社会制度"。② 日共认为,现代资本主义已经不同于以往的资本主义,一方面,它对劳动者进行剥削;另一方面,社会规制介入其生产和分配,使其创造出巨大的生产力,从而推动了人类历史的巨大进步。③ 其实,早在1970年日共十一大报告中,就针对敌对势力和部分民众对日共取得政权后要"打碎资产阶级国家机器"的攻击和疑虑指出,如果日共取得政权,资本主义的民主成果将会被继承和发展,因为这些民主形式和内容不仅是资产阶级的发明,还是

---

① 中共中央马克思恩格斯列宁斯大林著作编译局编译:《马克思恩格斯文集》(第四卷),北京:人民出版社,2009年版,第552页。
② 《日本共产党第22回大会》,https://www.jcp.or.jp/web_jcp/2000/11/post-39.html。
③ 同②。

广大劳动群众的创造,"维护资产阶级的民主和权利,当然是党和工人阶级的任务"。①

自2008年全球金融危机至2017年的十年间,日本共举行了七次大选,其中参议院三次,众议院四次。下面主要从自民党、民主党②、公明党和日共四个日本主要政党的执政或在野情况,以及参众两院议席数、得票数、得票率四个维度来分析日共在当时日本政坛中的地位。

表4-1 2008—2017年日本主要政党执政或在野情况

政党	年份		
	2008—2009	2009—2012	2012—2017
自民党	执政	在野	执政
民主党	在野	执政	在野
公明党	联合执政	在野	联合执政
日共	在野	在野	在野

资料来源:作者根据日本总务省官网相关资料整理,参见 http://www.soumu.go.jp/menu_seisaku/senkyo/index.html。

由表4-1可知,2008—2017年,除民主党在2009—2012年执政外,其余时间都为自民党执政;公明党在2008—2009年、2012—2017年与自民党联合执政;只有日共是唯一没有执政经历的政党。所以,每次大选时,自民党总会攻击日共没有执政经验,称这样的政党上台执政不知会将日本带向何方。而对保守的日本国民来说,与其选择一个具有不确定性的日共,不如选择一个虽不理想但可以预期的自民党。

---

① 曹天禄:《日本共产党的"日本式社会主义"理论与实践》,北京:中国社会科学出版社,2014年版,第96页。
② 民主党在2008—2017年间经历了改名、分裂、重组:2016年后短暂改名为民进党;2017年,民进党发生分裂,其中一部分党员组建成了立宪民主党;2018年后,与日本希望之党合并组成国民民主党。为了表述方便,本部分在分析、论述2008—2017年间该党总体情况时,统一称之为"民主党"。

表 4-2 2008—2017 年日本主要政党众议院席位

政党	年份			
	2009	2012	2014	2017
自民党	119	294	291	284
民主党	308	58	73	54
公明党	21	31	35	29
日共	9	8	21	12

资料来源:作者根据日本总务省官网相关资料整理,参见 http://www.soumu.go.jp/menu_seisaku/senkyo/index.html。

注:不同时期,日本众议院和参议院的议席数不同,现众议院有 465 个议席,参议院有 242 个议席。

由表 4-2 可知,2008—2017 年间,日本进行了四次众议院选举,自民党除 2009 年败北外,其余三次大选均大胜;最大的在野党民主党除了在 2009 年大胜外,其余三次均败选。日共获得议席最多的是 2014 年的 21 席,与自民党的近 300 席相差悬殊,即使与民主党所获议席最少的 2017 年(54 席)相比,也少 33 席。可见,在众议院,即便日共十年间所获议席总数 50 席,也不敌自民党和民主党在这十年中任何一次选举所获的议席数。

表 4-3 2008—2017 年日本主要政党参议院席位

政党	年份		
	2010	2013	2016
自民党	84	65	122
民主党	106	17	50
公明党	19	11	25
日共	6	8	14

资料来源:作者根据日本总务省官网相关资料整理,参见 http://www.soumu.go.jp/menu_seisaku/senkyo/index.html。

由表 4-3 可知，2008—2017 年间日本共进行了三次参议院选举，自民党席位除 2010 年不及民主党外，其余两次均超过参议院议席总数的半数；如果加上公明党席位，自民党-公明党执政联盟在参议院的议席数超过三分之二，而所有在野党议席数相加都不及自民党-公明党执政联盟。日共在参议院的势力与众议院一样，虽排在自民党、公明党、民主党等政党之后，是国会中的第四大政党，但从绝对数看，日共议席无法与执政的自民党和其他主要在野党相比。

值得注意的是，2018 年，日本民进党和日本希望之党决定重组新党——国民民主党。合二为一的国民民主党拥有 39 个众议院席位、23 个参议院席位，在参众两院所占议席仅次于立宪民主党和公明党，是参众两院第二大在野党。日本参众两院形成了三角架构，即自民党-公明党执政联盟、国民民主党，以及立宪民主党、日共和社民党。从意识形态看，前者保守偏右，后者为左，中间为中偏左。不难看出，日本政党政治格局是"一强多弱"或"一党独大"。从价值观角度看，是"保强革弱"，而不是日共所认为的"自共对决"。

由于无法采集到 2009 年日本第四十五届众议院选举相关数据，只能根据 2012 年、2014 年、2017 年这三年各主要政党的得票数和得票率进行分析。由表 4-4 可知，自民党的得票数和得票率都是最高的。日共得票数和得票率最高的是 2014 年，即使这样，也远远低于自民党最低时的得票数和得票率，与最大在野党民主党的得票数和得票率也存在相当差距，说明日共尚未得到大多数国民的认可。

表 4-4　2008—2017 年日本主要政党众议院选举得票数和得票率

			自民党	民主党	公明党	日共
2009	得票数	比例选区				
		小选区	—	—	—	—
	得票率	比例选区				
		小选区				

续表

			自民党	民主党	公明党	日共
2012	得票数	比例选区	1662 万余张	926 万余张	711 万余张	368 万余张
		小选区	2564 万余张	1359 万余张	88 万余张	470 万余张
	得票率	比例选区	27.79%	15.49%	11.90%	6.17%
		小选区	43.01%	22.81%	1.49%	7.88%
2014	得票数	比例选区	1766 万余张	976 万余张	731 万余张	606 万余张
		小选区	2546 万余张	1192 万余张	765 万余张	704 万余张
	得票率	比例选区	33.11%	18.33%	13.71%	11.37%
		小选区	48.10%	22.51%	1.45%	13.30%
2017	得票数	比例选区	1855 万余张	1108 万余张	697 万余张	440 万余张
		小选区	2671 万余张	485 万余张	83 万余张	499 万余张
	得票率	比例选区	33.28%	19.88%	12.51%	7.90%
		小选区	48.21%	8.75%	1.50%	9.02%

资料来源：作者根据日本总务省官网相关资料整理，参见 http://www.soumu.go.jp/menu_seisaku/senkyo/index.html。

表 4-5　2008—2017 年日本主要政党参议院选举得票数和得票率

			自民党	民主党	公明党	日共
2010	得票数	比例选区	1407 万余张	1845 万余张	763 万余张	356 万余张
		小选区	1949 万余张	2275 万余张	226 万余张	425 万余张
	得票率	比例选区	24.07%	31.56%	13.07%	6.10%
		小选区	33.38%	38.97%	3.88%	7.29%
2013	得票数	比例选区	1846 万余张	726 万余张	756 万余张	515 万余张
		小选区	2268 万余张	864 万余张	272 万余张	564 万余张
	得票率	比例选区	34.7%	13.4%	14.2%	9.17%
		小选区	42.7%	16.3%	5.1%	10.6%

续表

			自民党	民主党	公明党	日共
2016	得票数	比例选区	2011万余张	1175万余张	757万余张	601万余张
		小选区	2259万余张	1421万余张	426万余张	410万余张
	得票率	比例选区	35.91%	20.98%	13.52%	10.74%
		小选区	39.94%	25.14%	7.54%	7.26%

资料来源：作者根据日本总务省官网相关资料整理，参见 http://www.soumu.go.jp/menu_seisaku/senkyo/index.html。

由表4-5可知，三次参议院选举中，自民党的得票数均为千万级，而日共仅为百万级，这表明自民党在国民中有较高的支持率，而日共在国民中的认可度不高，直接导致其发展受限，也说明日共与广大国民的关系还有较大的提升空间。

政党的执政或在野与其在国会中所占议席数、得票数和得票率有关。自民党这十年间的议席数、得票数和得票率远高于其他政党，自2012年至今为执政党；而包括日共在内的其他政党的议席数、得票数和得票率远不及自民党，因此成为在野党，这说明在野党在短期内还无法撼动自民党的执政地位，日共要成为执政党或参政党还只是远景。即便如此，日共仍积极参与每次大选，争取最好战绩。日共主要采取了以下选举策略：

第一，分析对手弱点，确定选举方略。国会议席是法定的，符合条件的政党候选人和无党派人士都可参选，因此日共不仅要与执政党，还要与在野党争夺有限的议席，但主要竞争对手是执政党。一般来说，日本众议院选举每四年举行一次，参议院每三年改选一半。每到大选之时，日共都要提前召开党内会议，就选举工作进行全面部署，分析选举形势，着眼对手软肋，提出选举策略、任务和目标等。不同时期的选举形势、选战焦点、选战议题、选举策略、结盟对象等会有所不同，但总体上看，基本是在野党对执政党政治、经济、外交、国防等方面的施政问题进行全面批判,并揭露其执政能力和德行等问题;而执政党则在这些问题上进行自我辩护,攻击在野党没有执政经验且拿不出完整可行的治国理政方案。①

如 2013 年参议院选举中,日共定位为"真正开始发动反转攻势的选举",批判安倍内阁践踏民意,主张实现"国民是主人公"的新型政治。此次选举,日共席位与上次大选相比有所增加,还时隔九年重新获得参议院议案提案权。对此,日共认为,此次参议院选举的胜利意味着参议院真正的对决轴心是自民党和日共,即"自共对决"。2014 年众议院选举中,日共主张实现响应国民呼声的新型政治。这次选举日共议席大增,并获得了众议院议案提案权。日共认为,选举的胜利冲破了保守势力的"反共路线"围剿,打击了自民党保守势力。2016 年参议院选举中,日共认为安倍内阁实施的政策与立宪主义、民主主义、和平主义背道而驰,倡导"废除安保法制,恢复立宪民主",选举结果符合预期。2017 年众议院选举中,日共不断追究安倍晋三的森友学院丑闻和加计学园丑闻问题,主张打倒安倍内阁、齐心协力建立新型政治,但议席数却出现大幅下降。

为争取更多选票、获得更多议席、成为执政党或参政党,日共强调国政选举必须集全党之力,建立从中央到地方各级选举对策委员会、外援会和"集票"组织,把竞选活动与扩大党的力量结合起来。党中央机关报《赤旗报》的主要任务是选举的宣传、报道等。日共强调,在制定选举政策、策略和选举过程中,必须反映国民的利益诉求,将选举活动多样化、具体化和日常化。候选人在包装、宣传自己的同时,也要宣传日共的纲领路线,向广大选民阐述日共的理念、历史和作用,注重以选民喜闻乐见的形式开展选举活动。

---

① 历次国政选举中,朝野政党主要围绕着修宪问题、"安倍经济学"问题、提高消费税问题、重启核电站问题、《跨太平洋伙伴关系协定》问题、冲绳基地问题展开。随着日本政坛总体右倾化的深入,在原有未解决的问题基础上,2016 年、2017 年又增加了解禁集体自卫权问题、"特定秘密保护法"问题、安保法制问题等选战主题。

第二，广交选举盟友，建立统一战线。日共认为，要实现在21世纪早期建立民主联合政府的目标，必须建立统一战线。自2008年以来，日共主要以民主党为对象协商建立"在野党统一战线"，进而打破以自民党为首的保守势力对日共的包围，消除国民对日共政治主张的误解，改变公众对日共神秘化的印象。

2016年年初，日共与社民党达成了建立以共同护宪为目标的统一战线协议，这是两个左翼政党"自20世纪80年代以来首次"结成统一战线。2016年7月，日共又与民进党、社民党、生活党就建立选举统一战线达成共识。为了表达建立"在野党统一战线"的诚意，2017年，日共首次邀请民进党、自由党、社民党、冲绳之风的代表作为贵宾参加日共二十七大。为了克服"在野党统一战线"内部矛盾，日共提出"一点共斗"策略，即各政党和团体如果整体上暂时达不成协议，可以先围绕某一共同认可的具体问题展开合作，共同与安倍内阁作斗争。对此，日共加强了与在野党、无党派人士、广大市民及保守阶层中的开明人士在各个领域的合作，并号召知识分子、文化人士、宗教人士共同参与社会活动，共同打倒安倍内阁，建立民主联合政权。① 总的来看，日共每次大选都举全党之力，投入大量人力、物力和财力，但选举结果远不及预期。除了自民党-公明党执政联盟实力强大外，还有如下原因困扰日共选举，需采取相应措施。

第一，全球保守主义盛行，左翼势力仍处低谷。保守主义既是一种意识形态，又是指政治、经济、社会、心理等方面的思潮，总体上主张社会生活各领域坚持传统的、既有的价值观，反对激进的、大规模的变革。在全球化的今天，以贸易保护主义为主要内容的保守主义蔓延，引发"逆全球化"趋势，其主要标志是2016年的英国"脱欧"和特朗普当选美国总统。英国认为加入欧盟的付出多于回报，特朗普则认为全球化进程让美国利益受损，主张"美国优先"。这不仅对一些

---

① 《日本共产党第26回大会决議》，https://www.jcp.or.jp/akahata/aik13/2014-01-19/2014011909_01_0.html。

国家已经出现的反全球化现象起到了推波助澜的作用，而且导致了欧洲主要国家极右翼政治势力抬头，推动了一些国家的宗教极端主义、民粹主义、民族主义等运动。经济上的贸易保护主义往往又与政治上的右倾保守主义密切联系在一起，并对左翼运动和左翼势力造成压力——冷战结束以来，国际共产主义运动陷入低潮并持续至今就是最好的例证。

日本左翼分为传统左翼和新左翼。传统左翼指社民党和日共，作为社民党前身的社会党曾是日本政坛中唯一能与自民党抗衡的左翼力量，但在1996年出现分裂，社会党改名后不久便走向衰败。新左翼则指战后出现的不遵从传统左翼路线的反体制组织，但这些组织要么人数极少，要么组织松散，且极易发生建立—分裂—解散（消失）—重组的事件。总的来看，日本左翼势力弱小，且内斗不断、缺乏联合、各自为战。同样，日本工人运动、农民运动和学生运动受"中流意识"等因素的影响，也处于低迷状态。可以预见，除非日本国内外发生特别重大且能推动左翼向积极方向发展的事件，否则日本左翼力量在短期内难有复兴的希望。在这种情况之下，日共的生存和发展面临极大困境。

第二，日共财力入不敷出，选举战线极度收缩。资本主义选举大体上是被资本操控的，主要表现为对候选人的当选机会和当选者施政政策的影响，这是资本的内在逻辑使然，选举已经逐渐演变为金钱的竞争，一般情况下，只有具备充足竞选资金的候选人才有可能当选，资金不足的候选人大多只是增加资金充足候选人的选举分母，无形中扩大了资本主义民主的"广泛性"。西方一些国家还专门为此制定法律，保障企业对候选人政治捐助的合法性，实际上是以法律的形式和名义确立资本的特权，实现权钱交易的目的。然而，如果没有足够的财力支持，就无法参与选举。日共财政收入的急剧减少直接影响到日共的选举。

第三，日本右翼土壤深厚，日共大选力量分散受制。日本右翼历史悠久，战前就与年轻的日共尖锐对立，日共因其强烈的反体制纲领和行动而被右翼斥为"国贼"，在政府对日共历次镇压中，右翼都起到了急先锋的作用。二战结束初期，右翼经历短暂沉寂，随着冷战到来，在美国占领军的庇护下死灰复燃，不断发展壮大，与日本左翼力量势不两立、长期对峙。

每当举行大选时，保守的自民党和右翼就抛出屡试不爽的意识形态问题来攻击日共，称日共与其他国家共产党一样崇尚暴力，这样的政党上台执政，将给国家和国民带来专制、不幸和不自由。右翼与自民党一样，不仅对日共的指导思想、纲领路线、组织原则、经济社会政策等进行全方位攻击，还对日共领导人进行人身威胁；不仅利用苏联和东欧问题抹黑日共，还拿现有社会主义国家恐吓民众。久而久之，一些国民对日共产生了偏激看法，认为现在的日共确实不错——理论先进、财政"干净"、工作积极，但一旦掌握政权就具有不确定性。

总之，日共认为，通过参与国政选举赢得议会多数成为执政党或参政党，不仅符合马克思、恩格斯经典作家的思想，也是日共基于自身经验教训作出的必然选择。马克思主义认为，无产阶级必然战胜资产阶级，社会主义必然战胜资本主义，但马克思、恩格斯并不认为，"为了达到这一目的，到处都应该采取同样的手段"，[1] 相反，恩格斯提出"可以设想，在人民代议机关把一切权力集中在自己手里、只要取得大多数人民的支持就能够按照宪法随意办事的国家里，旧社会有可能和平长入新社会"。[2] 日本是发达资本主义国家之一，其国情与其他国家不同，究竟采用哪种手段实现社会主义，只能由日本人民根据日本国情去摸索。"马克思、恩格斯时代曾经是英美两国特殊情况的东西，如今至少在相当一部分发达资本主义国家已或多或少成为共同的

---

[1] 马克思、恩格斯：《马克思恩格斯全集》（第十八卷），北京：人民出版社，1965年版，第179页。

[2] 中共中央马克思恩格斯列宁斯大林著作编译局编译：《马克思恩格斯文集》（第四卷），北京：人民出版社，2009年版，第414页。

条件，因而用和平手段进行革命的可能性，已具有一个世纪前难以想象的广泛基础。"①

对于日共来说，既要通过议会道路实现社会主义，但又不滑向议会主义，是一个两难问题。虽然日共成立至今从未赢得大选成为执政党，但这并不能阻挡其通过选举和平赢得政权的道路选择。

五、坚持不懈对右斗争

2012年12月16日，日本第四十六届众议院选举结束，自民党大获全胜，时隔三年再度成为执政党，安倍晋三第二次上台执政。日共在选举前信心十足，要从原9个席位增至18个以上，结果只获得8席，在国会中议席数位列第七。然而，这次选举的一个重要观察点在于，作为右翼势力代表的日本维新会发展迅猛，在大选中获得54席，议席数在国会位列第三，仅次于执政的自民党和在野的民主党，被日本政坛称为"第三极"；且该党与自民党在许多国内外政策上具有一致性，印证了日本社会总体保守化和右倾化趋势，表明在自民党重新执政后，日共面临着保守势力和右翼势力的强力挑战。

作为左翼政党，日共在成立之时就常常因反对天皇制度、反对日本发动侵略战争等立场被保守势力和右翼攻击为"国贼"。右翼势力与安倍政府相互借力、各取所需，更是打着"爱国主义"旗号，试图修改和平宪法，美化侵略战争，篡改历史教科书，参拜靖国神社，妄图使强占中国钓鱼岛合法化。这些议题是日本各政党在竞争中必须回应的，而日共与右翼和保守势力的主张泾渭分明。于是，日共再一次被攻击为"国贼"也在所难免。事实上，在"爱国主义"的蛊惑下，日本极端民族主义沉渣泛起。安倍晋三重新上台后，民调显示其支持率保持在60%—70%之间，这在近几届日本首相中是最高的，由此可见一斑。

---

① 《しんぶん赤旗》，1999年8月26日。

在安保条约问题上。《日美安保条约》是战后日美两国政府签订的各种"防卫"条约和文件的总称。1951年,日美两国签署了《日美安全条约》,不久又签署了《日美安保条约》,在此基础上,日美两国又陆续签署了《日美防卫合作指导方针》《日美安保共同宣言》等条约和文件。2000年前,日共一直认为,条约名义上是为了防止美国在亚洲的利益受损、保障日本免受外敌入侵,以及抵御共产主义的侵蚀,实质是将日本纳入美国的全球战略轨道,不仅是针对亚洲人民的侵略性军事同盟条约,更将日本作为美国进攻亚洲的跳板,因此必须无条件的废除。但是在2000年日共二十二大上,日共改变了以往无条件废除的立场,认为条约的废除与否要"尊重广大国民的意愿",但最终还是要"废除"的。志位和夫认为,该条约不仅对日本和平有害,而且也对亚洲和平构成威胁,废除《日美安保条约》是实现日本和亚洲和平的最佳方式,然后在对等、平等、友好的基础上缔结日美友好条约。所以,日共的安全保障基本立场是,日本加入不结盟运动,把日本建设成一个中立的国家。

部分右翼认为,该条约是二战后美国强加给日本的不平等条约,日本作为一个主权国家是完全不能接受的,因此必须废除。而日本保守政党和另一些右翼势力则提出,由于日本没有正规军队,如果废除《日美安保条约》,万一遭到外部攻击将难以应对。对此,日共认为,中国和韩国不会攻击日本,《日美安保条约》才是日本和平和亚洲和平的最大威胁。日本被卷入战争的最大可能是,驻日美军参与的海外战争波及日本,进而导致日本自卫队配合美军出战。[①]

在和平宪法问题上。日共认为,该宪法具有和平与民主两大特点,在日本宪法史上有着重要意义,因为其首次确立了"主权在民、尊重人权、和平主义"三大原则。虽然该宪法在美国的主导下制定,但它是在日本汲取发动侵略战争的惨痛教训、在国际民主势力施压的基础

---

① 韩福东:《中日融冰之旅高端访谈》,载《南方网》,2007年4月22日。

上制定的，它不仅仅是美国的产物，更顺应了战后国际民主大势，体现了国际社会和日本广大民众对和平与民主的渴望。因此，日共主张，必须与日本爱护和平的政党、国民和一切愿意推动日本社会进步的力量一起维护和平宪法的尊严，坚决反对修改和平宪法。志位和夫表示，安倍晋三修宪的目的还在于修改集体自卫权，为自卫队配合美军在海外发动战争清除法律障碍，一旦修宪成功，日本或将再次面临战争的深渊。但是，在 2000 年举行的二十二大上，日共提出是否修改和平宪法"应尊重广大国民的意愿"。

保守政党和右翼势力则认为，无论如何，和平宪法是美国强加给日本的事实不可否认，现代国家中，没有哪一个国家的宪法像日本这样是由外国制定的，因此，对于日本来说，这部宪法是日本大和民族的耻辱，有损日本的国家形象和国格，他们声称，一天不修和平宪法，日本就一天无法成为真正的"正常国家"和"世界大国"。安倍晋三上任后一直表现出强烈的修宪意愿，并多次强调修宪是他的毕生夙愿。2013 年 5 月 9 日，众议院首次在宪法审查会上讨论修改和平宪法第 96 条（该条规定：修改和平宪法必须获得众参两院各三分之二以上议员赞成。提案通过后，还必须经国民投票获半数以上支持方可通过）。会上，日本八个政党出席并发表意见：自民党、日本维新会、大家党支持修宪；民主党、公明党态度谨慎；日共、社民党、生活党反对修宪。对此，日共严厉批评主张修宪的政党和右翼势力，认为他们修改第 96 条的"真实目的在于为修改第 9 条铺路，这只是安倍晋三等人的缓兵之计"，并再次强调日共将与日本其他爱好和平的人士一道，坚决反对修改和平宪法，维护立宪主义，"捍卫和平宪法第 9 条"。

在参拜靖国神社问题上。靖国神社从建成就与日本天皇、国家主义和军国主义有着密不可分的特殊联系，历来是日本国家精神的重要载体，也是近代日本对外侵略扩张的精神支柱。二战后，靖国神社又增添了供奉着各类战犯和战死士兵的灵位。由此，对靖国神社的态度，就是检验日本政府对待本国侵略历史态度的试金石。日共长期认为，日本首相及其阁僚代表的是日本国家和政府，如果他们参拜靖国神社，就表明日本否认二战侵略战争的性质，表明日本有复活军国主义的可能，因此，必须旗帜鲜明地反对任何美化侵略战争和殖民统治的动向。日共明确提出，参拜靖国神社就是美化、肯定侵略战争和殖民统治，是对历史的篡改和倒行逆施，而美化、肯定侵略战争是颠覆战后国际政治的基石。志位和夫曾在接受记者采访时表示，中日关系最大的问题在于对历史问题的看法，而且问题出在"首相"一个人身上。有记者问志位和夫："您去过靖国神社吗？"他回答说："从来没有，我决不踏入半步。"

右翼势力认为，日本要成为"堂堂正正的大国"，从附属于美国走向独立，就必须医治日本人的"恐战病"，日本发动的战争不是"侵略战争"，而是为了将亚洲前途和命运从白人殖民统治下"解放"出来的战争，因此必须为战前的"圣战"恢复名誉，洗刷战败带来的耻辱。为此，他们支持鼓励首相和阁僚参拜靖国神社，并认为这是理所应当的，因为这些"战士"都是为国家"献身"的。相反，如果首相和阁僚不参拜靖国神社，就是对为国家献身的"英烈"们的不敬，那以后还会有什么人为国家"献身"和"作贡献"呢？这些右翼势力还攻击日共说，日共自己不参拜靖国神社则罢，还反对他人参拜靖国神社，只能说明日共没有"爱国心"，这样的政党在日本是没有前途的，是得不到国民支持的。安倍晋三狡辩称，有日本参与的二战是否具有侵略性质目前世界上还没有定论，因为这还是个存在争论的"学术问题"，所以参拜靖国神社与侵略无关。

在历史教科书问题上。历史教科书应该发挥正确反映历史、总结经验教训、正确教育下一代等功能。战前，日本历史教科书无不充斥着天皇专制主义、极端国家主义、军国主义、法西斯主义的内容。战后初期，在美国占领军和国际民主势力的压力下，日本重新编写了能正确反映本国历史，尤其是发动侵略战争历史的教科书。但是不久后，自以为政局已稳的执政党便借口历史教科书中存在所谓的赞美马列主义"偏向",提出要对教科书进行审定,并为此成立了专门的机构。主管部门文部省为此对教科书提出各种"修改意见",其中不乏歪曲历史并引起日本正义之士和中国、韩国、朝鲜等国家不满和抗议的内容。

日共认为,历史教科书正确反映日本侵略历史,对于教育日本下一代走上正确的和平发展道路具有重要意义。而日本政府主导的篡改历史教科书的行为,违反了日本宪法关于保障学术自由的规定,违反了教育独立的基本精神,公然践踏了宪法和教育基本法,与和平和民主主义精神背道而驰,其实质就是否认日本发动战争的侵略性质。因此,日共坚决反对篡改历史教科书,呼吁日本各类学校拒绝使用这类误导学生的教科书,每当出现篡改历史教科书的行为时,日共都会组织并参与抗议活动。

右翼势力则以极端国家主义为基础,在"皇国史观"的主导下,不断抛出"历史不是科学,历史要为现实服务""事实的真相并不重要""搞教科书的目的是改变现实"等谬论来误导民众。他们不对发动侵略战争的动因、危害、责任等进行反思,反而对日本的"侵略国""侵略者"帽子耿耿于怀,希望通过歪曲历史、美化侵略战争来唤起"民族自尊"、成为"正常国家"、摘掉侵略者的帽子。他们经常对一些正义学者施压,叫嚣绝不能在教科书上后退,"否则会助长中国、韩国的气焰"。安倍晋三将反对篡改历史教科书的人斥之为"自虐",宣称原有的教科书存在"自虐史观"等。

在钓鱼岛问题上。日本右翼分子不时在这一问题上挑起事端,不是发表文章证明钓鱼岛是日本领土,就是几个右翼跳梁小丑登岛宣示"主权",最后发展到由原东京都知事、右翼分子石原慎太郎挑起的"购岛"闹剧。2012年9月10日,日本政府决定用20.5亿日元,从所谓原"土地权所有者"手中购入钓鱼岛及周边的北小岛和南小岛,将其"国有化",并于11日签订"买卖合约",加剧了中日关系的紧张态势。

在领土问题上,日共与政府保持了高度一致。但是,在如何解决钓鱼岛问题上，日共与日本政府有不同的一面。实际上，日共是日本首个主张钓鱼岛存在领土争端的政党。志位和夫于2012年9月20日拜访日官房长官藤村修时表示，应在承认存在领土争端的基础上主张"主权"，并通过外交途径解决争端。2012年12月10日，志位和夫在各党党首讨论会上表示，钓鱼岛问题是中日最不应该触碰的问题，因为搞不好会变成"力量的对抗"，最终引发战争。他认为，日本不应该寻求美国介入钓鱼岛争端，搞诸如强化日美同盟的动作，这只能加剧中日之间的紧张关系。2012年10月4日，志位和夫还强调，需警惕日本国内一部分政治势力企图利用钓鱼岛问题扩充军备。另外，志位和夫在东京外国记者俱乐部举行演讲时也表示，政府可能借钓鱼岛问题强化军备，应引起各方关注和警惕。

在此基础上，在2013年2月9日至10日举行的日共二十五届六中全会上，志位和夫提出了解决钓鱼岛问题的三原则：第一，两国应该承认领土存在争议，并通过外交途径来解决争端；第二，两国应该严格克制采用物理对抗和军事对抗手段；第三，两国应避免因该问题影响到两国经济、人员和文化的交流。对此，日共提出，为了缓和局势，日本方面应该停止拟向钓鱼岛派常驻公务员、拟强化在钓鱼岛的军事力量、强化与美国的军事同盟等动作。

总之，日共面临的国内外环境对其发展不利，国内环境和国外环境各要素都对日共造成冲击，虽然日共有的放矢地采取了一系列措施，但结果仍是难以较好地适应外部环境，其"外适应性"更多地体现为理论路线、政策主张和斗争策略的单向度自我变革。由于各种原因，日共尚未得到更多政党的接受，归根到底，日共没有得到更多国民的认同。

结　语　右倾政治生态下日共的发展

在日本政坛总体右倾化的背景下，日共面临着来自党情这一内部环境以及国情、世情两大外部环境的双重压力，其"内适应性"和"外适应性"两大调适系统均面临严峻挑战，特别是在日本政坛总体右倾化的大背景下，日共不得不被动地进行以修改理论路线、转变斗争策略为主要内容的"外适应性"调整，进而推动自身内部结构、功能和机制等方面的"内适应性"调整，呈现出内外互动的适应性特征。但日共近20年的适应性调整和转变的效果并没有达到预期，党员数量、财政收入等适应性结构指标不升反降。那么，应如何认识日共的处境？如何看待其适应性调整？其发展前景如何？

一段时期以来，日共领导人的讲话和日共文件中有"消除广大国民对党的误解"的意思表达。马克思主义认为，无产阶级政党是没有自己特殊利益的政党，是无产阶级的先锋队，代表广大人民的根本利益；无产阶级运动是绝大多数人的运动，为绝大多数人谋利益。日共新党章也规定，日共不仅是日本工人阶级的政党，更是日本国民的政党。然而，作为代表日本广大人民根本利益、拥有百年历史且对日本社会进步也发挥过积极作用的政党，日共为什么没有得到日本大多数民众的认同和支持，反而不如代表少数资产阶级利益的自民党？日共认为，这主要是由"广大国民对党的误解"造成的，因此，"消除广大国民对党的误解"就成了日共的一项经常性重要任务。那么，这些误解是什么？为何会产生这些误解？日共应如何消除这些误解？日共的发展前景如何？

第一节　短期内难以消除国民对日共的"误解"

这些"误解"的成因既有统治阶级、保守政党和右翼势力对日共的无端指责、刻意歪曲乃至恶意诬蔑，也有日共在发展过程中自身出现的问题甚至错误。久而久之，这些来自外部的指责、歪曲和诬蔑，与来自内部的问题和错误相互叠加，逐渐积淀在国民的思想意识里，潜移默化地对日共造成消极影响，使日共难以得到大多数国民的支持。

一、外部因素

第一，日共即"国贼"。"国贼"是指危害或出卖国家利益的集团、组织和个人。一般来说，出卖国家利益是以掌握国家核心利益为前提的，所以，普通的集团、组织和个人既没有资格也没有资本实施卖国行为。但任何集团、组织和个人都可能通过不同方式、在不同程度上危害国家利益，对国家核心利益及其他利益造成损害。

由于日共并没有卖国的资格和资本，因此将其称为"国贼"更多是指日共危害了包括日本核心利益在内的国家利益。战前，日共的四个纲领草案都旗帜鲜明地指明，日本社会主义必须通过以暴力革命推翻天皇制、剥夺地主土地和资本家财产、建立工农专政的道路才能实现。这一主张与日本长期以来的天皇专制统治理念根本对立，对于长期接受"皇权神授"和"爱国主义"教育的广大国民来说是颠覆性的冲击，进而导致他们对日共产生排斥态度。

在斗争实践中，日共秉持马克思主义战争观，对日本发动的侵略战争性质、原因、目的给予坚决揭露和反对。可见，日共不仅在价值理念方面，而且在斗争实践中都与天皇专制政府相对立，于是，统治阶级、保守政党和右翼势力将日共斥为"国贼",并在国民中持续渲染其"卖国"行径,使部分国民对日共产生误解。在这部分国民看来,日共试图推翻天皇制和现政府本身就是"大逆不道"、违背"天理"的;国家为日本的前途和命运发动战争时,日共不仅没有积极支持和参与,反而在后方进行反对和破坏颠覆活动,这样的行为显然让长期接受"爱国主义"教育的国民难以认同。为了进一步打击日共,日本政府于1925年出台了《治安维持法》,即《反颠覆法》,对试图改变"国体"和"私有财产制度"的日共等民主力量进行坚决镇压,险些使日共覆灭。

战后,日本虽然经历"民主改革",但政府大多时候由新旧保守势力把持,他们或多或少地延续了战前统治阶级的价值观,部分成员本身就是旧时政治人物的后代。同时,残余的右翼势力经过短暂的沉寂之后,借冷战之机死灰复燃,并很快与新右翼势力合流,其价值观仍以维护皇权为核心,在否认侵略战争性质、参拜靖国神社、修改和平宪法、篡改历史教科书、支持政府海外派兵、维护安保条约等问题上长期与保守政府保持高度一致。而日共在这些问题上的立场和认知则完全相反,对此,统治阶级、保守政党和右翼势力进一步提出,如果像日共那样连参拜靖国神社都加以反对,那以后还会有谁为国家作贡献?因此,在部分国民看来,日共无法回应这一被他们视为"无可辩驳"的质疑,其战后立场仍难免被贴上"国贼"标签。

第二,日共即"暴力组织"。日共在其早期的纲领草案中明确提出,必须通过暴力革命实现社会主义和共产主义,因此,日共从成立之日起就被统治阶级、保守政党和右翼势力定性为"暴力组织"。战前,专制政府以日共违反《治安维持法》、从事暴力活动、企图推翻天皇制和现政府为借口,对其进行镇压。1923年6月日本关东大地震期间,由于政府救灾不力导致国内矛盾激化,统治阶级为了转移矛盾,公然污称"日共阴谋发动暴动",进而对日共进行残酷镇压。1928年的"三一五"事件和1929年的"四一六"事件等,均被政府认定是日共指使，并据此对其实施严厉镇压。

战后，美国占领军和日本政府仍将日共视为"暴力组织"。1949年5月1日，日共在国际劳动节群众大会上，呼吁群众行动起来打倒吉田内阁，建立民主人民政府，美国占领军和政府以此为由，认为日共正策划"暴力革命"。同年6月30日，平川市民众在举行抗议活动时，发生了部分群众涌入警察署的事件，被自民党诬陷为日共计划暴动的前奏，而亲政府的媒体也把这次事件说成是"共产党暴力革命的演习"。麦克阿瑟对此发表声明称，如有必要将宣布日共和其他参与游行示威的工会等群众团体为非法组织。随后，麦克阿瑟又宣称，现在的问题是日共"是否有权继续受到他们所企图破坏的国家和法律的照顾和保护"，"究竟是否应该把该党的活动看作是宪法所承认的政治运动"。①

1950年5月30日，美国占领军当局逮捕了参加"保卫共产党、拥护和平、（朝鲜）祖国统一战线人民奋起大会"的群众，并将该事件定性为日共有组织、有计划发动的"暴力事件"，再次对日共发出强力威胁——"不能不考虑宣布共产党为非法"。日共要求当局立即无条件释放被捕群众，并号召广大工人、学生和市民在6月3日举行全国大游行和总罢工。美国占领军和日本政府立马予以回应，下令6月5日前禁止任何组织在东京举行游行示威等活动，否则全部予以逮捕。

为了防止日共"带头"扰乱社会"正常秩序"、维护社会稳定，1950年6月6日，麦克阿瑟下令解散日共中央委员会，褫夺全部日共24名国会议员的资格及相应公权，并不得从事任何政治活动；7日，又下令日共《赤旗报》停刊，并褫夺17名编辑人员的公权。同年7月28日，美国占领军与吉田政府又联合开展了"赤色整肃"运动，反共进一步扩大化，规定凡是"共产党员及其同情者"和"实际损害企业安全与和平"的"捣乱分子"，一经查出，一律立即开除。据统计，

---

① 关南、赫赤、姜孝若：《战后日本政治》，北京：航空工业出版社，1988年版，第139页。

在此期间，共有两万多名共产党员和民主进步人士被清除出政府机关、重要产业和新闻部门。

面对严峻形势，在共产党和工人党情报局的支持下，日共制定了带有强烈暴力革命色彩的"51年纲领"，随即在全国范围内展开了具有"左倾"冒险性质的武装斗争。但在美国占领军和统治阶级的联合镇压下，到1952年，日共的暴力斗争活动宣告失败。这恰好为美国占领军和日本政府将日共污蔑为"暴力组织"提供了借口。恰在此时，另一极左组织"赤旗军"正在日本策划暗杀、绑架、爆炸等恐怖活动，这些暴力事件引发国民极大恐慌。美国占领军和政府又趁机将其与日共联系起来，声称这两个组织的指导思想、价值观、目标、实现手段相同，而且两大组织还存在"合流"的可能，因此污称日共与日本各地发生的暴力恐怖事件不无关系。一些国民联想到日共从事"武装斗争"的历史，再加上美国占领军和政府对日共的诬蔑、歪曲和中伤，不自觉地对日共产生了敌对情绪。

虽然日共在1961年八大上从新纲领中删除了"暴力革命"的表述，但政府、其他一些政党和群众组织仍认为其纲领路线中存在暴力革命痕迹。2018年，日本政府沿用1952年制定的《防止破坏活动法》，通过了警察厅提交的关于日共的答辩书，认定日共等团体与1945年后的日本暴力事件有关，应继续受到警察部门的监视，即日共仍是危害日本国家安全和社会稳定的"嫌疑人"。这样，日共就被统治阶级、保守政党和右翼势力坐实了"暴力组织"的标签，俨然成了"暴力组织"的代名词。

第三，日共即"独裁"。日共曾在党纲中明确规定，要建立无产阶级专政的政权。在日语中，"专政"与"独裁"是同一词汇，意指由拥有无限威权的统治者，在不受法律制衡的情况下，依靠军队、警察、法庭、监狱等暴力机器，镇压敌对势力，以实施统治。日本统治阶级、保守政党和右翼势力始终向国民宣称，日共建立的无产阶级专政，实质上是要将权力集中在无产阶级手中，在日本建立单一的无产阶级的独裁政权，这样的政权犹如希特勒政权，又如苏联一样，是不讲民主、不讲法律、不讲人道的政权，而且会在毫无征兆的情况下对其他阶级、阶层和民众进行镇压。这类宣传确实给国民造成了心理压力，使他们对日共抱有担忧和警惕。

在这种背景下，日共对马克思主义无产阶级专政理论进行了重新研究，认为"无产阶级专政"存在误译，准确的译法应是"工人阶级的政权"。1971年9月，宫本显治发表文章认为，"专政"一词在马克思、恩格斯和列宁的原初语境中是表示一个阶级或多个阶级、阶层的政治统治或国家权力，绝非权力集中于特定个人或组织手中。但在日本，这个词一直被曲解为"独断专行"或"个人及团体的独裁政治"等。1973年日共十二大对党纲进行了部分修改，将"无产阶级专政"改为"无产阶级执权"；1976年日共十三大又把党纲中的"无产阶级执权"改为"工人阶级的政权"。

日共认为，"独裁"与战后日共坚持的和平、民主道路，以及承认普选制、多党制和政权交替制度等主张相悖。译法不准确是日本共产主义运动处于幼稚时期的产物，这不仅会让国民产生误解，而且"我们也不能接受"把劳动人民的政权称为"独裁"，而反动势力正是利用这个偏离原义的译词，对日共进行肆意攻击。

第四，日共即"没有民主"和"没有自由"。日共在运行机制上形成了固有模式，这一模式的特点是建立起自上而下、层级分明的组织结构，即中央委员会、都道府县委员会、地区委员会、支部委员会四个层级，所有决策都由中央委员会作出，然后逐级下达，最后由支部传达到普通党员，在此过程中，日共中央委员会领导拥有绝对权威，其次是都道府县委员会领导，再次是地区委员会领导，最后是支部领导，归根到底，权力集中于日共中央委员会。日共新党章规定，中央委员会有责任指导都道府县委员会、地区委员会和支部委员会等下级组织的工作，下级应主动征询中央领导机关的意见。

对此，日本有学者认为，日共普通党员只有被动服从中央决策和交纳党费的义务，没有任何权利。统治阶级、保守政党和右翼势力宣称，日共党内是"家长制"和"一言堂"，日共普通党员没有表达意见的自由，如果日共执政，就会把这种党内"无自由"和"无民主"上升为国家层面的"无自由"和"无民主"。

面对这样的攻击，2000年日共二十二大对党内组织原则作出新的表述，重新概括了党员的权利和义务，但大多数国民仍不认可这一调整。

第五，日共即"苏共"。日本统治阶级、保守政党和右翼势力常常借国际共产主义运动中的问题制造国民对日共的"恐惧"，尤其是利用苏共影射日共，使日共不时成为苏共消极面的"替罪羊"。历史上，苏共曾是其他国家共产党的"老大哥"，苏联模式也曾是其他社会主义国家学习的样板。但是，在日本统治阶级、保守政党、右翼势力看来，苏共就是"暴力""专制""独裁""无民主""无自由"的代名词。于是，他们常把苏共和苏联社会主义模式在实践中的一些问题，以及国际共产主义运动的一些问题放大甚至歪曲，用以攻击和影射日共，引发国民对日共的恐慌。他们认为，日共与这些国家的共产党秉持相同的价值观，如果日共执掌政权，会给国家和日本民族带来灾难与不幸。

自民党还尤其擅长利用日本国民特别敏感的近邻朝鲜大做文章。例如，2017年日本第四十八届众议院选举期间，安倍晋三就在"朝鲜威胁"问题上大做文章。选举前一段时间，安倍晋三因森友学院丑闻和加计学园丑闻遭到社会对其严厉批评，自民党内部也出现了以东京都知事小池百合子为代表的反安倍势力，要求安倍晋三就上述问题向国民交待清楚并道歉，这导致安倍晋三的民意支持率大幅跳水。而恰在这年的9月3日，朝鲜宣布成功试射了一枚氢弹；9月15日又宣布成功试射了一枚洲际导弹，并威胁要用核武器"击沉"日本。于是，安倍晋三趁机全力开动国家宣传机器，宣称当前日本面临的最大威胁来自朝鲜，以此转移选民视线，并借机攻击日共。他声称日共与朝鲜关系密切且同属共产党阵营，质疑其在"国难"当头之际的立场，还声称如果日共这样的政党上台执政，其行事将与朝鲜别无二致。被朝鲜核武器"吓坏"的部分日本民众"别无选择"，只好重新支持安倍晋三，这使自民党最终挽回劣势，赢得众议院选举。

第六，日共即"国家哲学"。日共以马克思列宁主义为指导思想，但日本统治阶级、保守政党和右翼势力认为，马克思列宁主义与暴力革命、民主集中制构成了共产党三位一体的理论基石，而马克思列宁主义又是这一理论基石的核心。这些势力鼓吹，在社会主义国家，马克思列宁主义是共产党的官方哲学，共产党只允许马克思列宁主义在国家中存在，他们进一步鼓吹，国民在选举中少投日共一票，就是给自己多争取了一分"自由"。这种蛊惑人心的宣传对不少国民产生了影响。

面对来自各方的攻击，日共在1976年十三大上删除了"马克思列宁主义"，代之以"科学社会主义"。日共认为，"科学社会主义"更能体现马克思列宁主义的科学内涵。日共不承认"国家哲学"，强调无论从宪法、策略、现实还是指导思想本身上看，日共都不可能将科学社会主义理论"强加"给整个社会及全体国民，不仅日共的世界观，"任何世界观都不能作为'国家哲学'"。2000年日共二十二大再次强调，未来社会不设定"特定世界观"。但是，敌对势力还是攻击称，尽管日共将其指导思想从马克思列宁主义改为科学社会主义，但改变不了其指导思想的专制主义本质，这只是其寻求执政的一种策略。如果日共执政，仍会像其他社会主义国家一样，将马克思列宁主义或科学社会主义作为"国家哲学"。

二、内部因素

第一，"50年问题"是日共在日本不受国民认可的重要根源。"50年问题"是日共对其1950—1952年间党内分裂、"51年纲领"和武装斗争等事件的经验教训总结。冷战爆发后，日共仍认为可以在美国占领的条件下取得革命胜利，这遭到了共产党和工人党情报局的强烈批评，进而引发了党内思想大混乱，并最终导致日共分裂。此后，日共在共产党和工人党情报局的指导下很快制定了"51 年纲领"，走上武装夺取政权的道路。然而，在美国占领军和日本政府的镇压下，1952年夏，武装斗争宣告失败。在此期间，日共实力不但没有得到发展，反而导致党组织遭到破坏，大量党员被捕，党的力量急剧萎缩，党势出现严重倒退，党员人数从 1950 年的 10 多万人骤减到 1952 年的 3 万人左右，在同年大选中失去了原有的全部国会议席。

从某种意义上说，"50 年问题"是战后日共在国民中支持率长期偏低的总根源：一是日共从此被统治阶级、保守政党、右翼势力及部分民众扣上了"恐怖组织"的帽子；二是使日共与"暴力""专制""独裁"等属性难脱干系；三是日共与社会党关系开始恶化；四是日共失去了主流群众团体的支持，有的团体甚至成为日共的反对力量；五是使日共倡导的与其他在野党和群众团体建立统一战线的主张难以推进。日共在后来总结其经验教训时指出，"50 年问题"损害了党在群众中的威信，破坏了党的组织，导致一些党员被捕，党又一次分裂，造成许多群众无谓的流血牺牲，给党和革命事业带来了极大的损失，党由此遭到的打击立刻反映在大选时群众对党的不支持上。对此，日共沉痛地承认，我们"所犯错误中最大的错误，就是'左'倾冒险主义"。① 日共认为，这段挫折反映了其在政治上的不成熟。

第二，日共领导体制中的"老人政治"现象让部分国民难以接受。2000 年日共二十二大前，日共中央领导人大多已是耄耋之年，这被统治阶级、保守政党和右翼势力斥为"老人政治"。他们进一步宣称，这与共产党的"专制""独裁""暴力"等特质密切相关。日共"老人政治"现象给许多国民留下了负面印象。例如，日共资深领导人宫本显治领导日共 40 年，在他领导期间，日共一度被打上个人烙印，被称为

---

① 中共中央党校科学社会主义教研室国外社会主义问题教学组编：《战后日本社会主义理论资料汇编》，北京：中共中央党校科研办公室，1985 年版，第 52 页。

"宫本共产党",其领导体制则被称为"宫本体制"。应该看到,宫本显治是集权和变革的统一体:一方面,他在党内树立了绝对权威,其间,日共虽然有起有伏,但最终得以存续并保持长期统一,并且在结束对苏共的依附、采取适合日本国情的灵活务实与独立自主路线等方面发挥过积极作用;另一方面,"宫本体制"及其理论路线越来越难以适应20世纪90年代以后日本国内外的形势变化。

在这一体制下,日共主要领导人大都年事已高,这恰好为政治对手攻击其"老人政治"提供了素材,他们攻击宫本显治为"独裁者",进而认为日共与其他共产党一样是"没希望"的政党。东欧剧变、苏联解体后,他们更是攻击日共已"日落西山"。日共党内个别同志对此也很有意见,选择退党。因此,为了适应新形势发展,2000年日共二十二大上对"宫本体制"及其领导制度进行了必要的调整,建立起更为年轻的"不破哲三-志位和夫"领导体制。2006年,志位和夫正式接替不破哲三,成为日共有史以来最年轻的党首。

第三,日共纲领路线晦涩难懂,这将部分国民挡在了党的大门外。日共是日本所有政党中意识形态特征最为明显的政党,其纲领路线、方针政策具有强烈的理论性,是典型的阶级政党。其纲领路线内容多为马克思列宁主义的理论术语,这对于普通国民来说难以理解。因此,不破哲三在日共二十二大修改党章的报告说明中指出,党章修改的任务之一就是要将那些晦涩难懂的术语删除,制定一部使"国民易于接受"的党章。例如,将旧党章中"前卫政党"的"前卫"二字删除。不破哲三解释称,删除这一表述是因为"前卫"二字容易引起民众的误解,导致民众认为日共是领导党,与其他政党、民众和群众团体构成"领导与被领导的关系"。为消除此类误解,必须删除"前卫"这一表述。日共党纲同样存在上述问题。

同时,日共时常将科学社会主义理论推崇为绝对政治信条,这在实践中容易滋生教条主义。由于其斗争策略在很大程度上以自身意识形态为基础,而不是基于现实的实践需要,导致日共对内外环境的适应能力较弱,斗争策略趋于僵化,这反过来又进一步导致其理论路线缺乏弹性。①

第四,一些工会、农协等左翼民主力量对日共不满。日共虽然是代表日本工人阶级和全体国民根本利益的政党,但不是日本唯一代表工人阶级的政党和组织,其他政党和组织也代表着工人阶级和其他群众组织的利益。其中的一些工会和农协等群众组织与日共保持着密切的联系,另一些则深受其他政党的影响。按理来说,这些工会和农协等群众组织与日共并无根本的利害冲突,本应结成统一战线共同反对主要敌人,但实际上,部分工会和农协等群众团体与日共矛盾颇深,甚至敌视日共。主要原因如下:

其一,20世纪50年代,日共开展武装斗争时,不仅自身参与武装斗争,还强行要求其他工会和农协等群众组织参与武装斗争,结果使受日共领导和影响的群众团体数量大幅减少,一些组织甚至断绝了与日共的联系,彼此仇视至今。

其二,日共与一些左翼政党和群众组织具有相同的社会基础和相近的社会政策,在日常争取民众、扩大影响力(尤其是在选举中争取更多选民支持)的过程中,与这些左翼力量存在竞争关系,难免产生矛盾。历史上,日共与社会党在群众基础上的同质化现象明显,两党为争取相同的群众基础展开激烈竞争,导致关系紧张。

其三,在建立统一战线时,日共特别强调自己在其中的领导权,引发了其他在野党的强烈不满,这加大了建立统一战线的难度。历史上,社会党从战后到20世纪90年代一直是日本革新力量的代表,且有过执政经历,总体上主导着日本工人运动和群众运动的发展。而日共在相当长的一段时间里,只是这些运动的"旁观者",在条件不成熟的背景下要从"旁观者"成为"领导者"既不现实,还容易适得其反。因此,作为革新力量代表的社会党总体上对同为革新力量的日共

---

① 林尚立:《政党政治与现代化》,上海:上海人民出版社,1998年版,第435页。

采取了不合作的态度,有时甚至与其他在野党联合,建立"联盟"或"协会"来排斥日共;即使两党偶尔合作时,日共也能感受到被社会党"排挤"的氛围。

第五,日共的一些偏激口号引发了部分国民和群众团体的反感。战后初期,日共领导人志贺义雄在一次集会上公开宣称,战争年代"只有共产党为反对战争而持续开展斗争";战后为向受日本侵略的各国人民谢罪,他提出"一亿人忏悔"论。[①] 这就是说,在二战中除了日共外,所有组织和个人都是"战犯",这一说法触怒了包括日本其他反对侵略战争的左翼力量、群众团体及普通民众在内的广泛群体。日共在表述与其他左翼组织和民主力量的关系时,多次强调当前只有日共是日本"唯一的革新力量",认为以社会党为代表的其他左翼力量已经右倾变质,而其他政党也都与自民党"合流"。进入21世纪后,尽管日共的过激口号有所减少,但历史遗留的沉重"包袱"短时间里仍难以消除。

总之,日本统治阶级、保守政党和右翼势力对日共的指导思想、社会目标、政权构建和组织原则等进行了长期的、全方位的攻击,这是导致国民对日共存在"误解"的外部因素;而武装斗争遗留问题、领导体制缺陷、理论路线僵化、口号过激等,是引发国民对日共"误解"的内部因素。外部因素是导致这一"误解"的主要原因,内部因素是次要原因,主要原因和次要原因叠加,共同加剧了国民对日共的"误解"。由于日共与统治阶级、保守政党和右翼势力的价值观完全对立,中曾根康弘就曾公开声称,为走向两大政党制,必须把共产党在政界的势力限制到无足轻重的地步。加之这些内外部因素具有长期性、复杂性,要使国民在短期内消除对日共的"误解"并不现实。日共要得到大多数国民的理解和支持,提高民意支持率,就必须对其理论路线和斗争策略进一步进行适应性调整,深入民众,了解民众,对广大

[①] 曹天禄:《日本共产党的"日本式社会主义"理论与实践》,北京:中国社会科学出版社,2014年版,第179页。

民众的利益诉求进行整合和表达。因此,如何提高日共在民众中的支持率、扩大党势,是日共今后工作的重中之重。

第二节 日共理论路线将长期面临两难境地

日共理论路线和斗争策略调整具有两难性。在日本所有政党中,日共既是组织最为严密的政党,又是理论性最为严谨的政党,还是斗争目标最为明确的政党。作为马克思主义政党,日共以科学社会主义为指导思想,以实现社会主义、共产主义为目标,其理论路线与日本其他政党相比,具有鲜明的意识形态特征,是一个较为典型的阶级政党。正因如此,日共的政治理想与政治主张被提升为比较绝对的信仰,久而久之,其理论路线陷入了"意识形态陷阱",而在此基础上形成的斗争策略也就失去了弹性。面对实践中的新变化,日共必须调整理论路线和斗争策略,然而由于理论路线的刚性,日共在面对环境新变化时明显表现出意识滞后和能力不足。

这种滞后与不足在一定程度上又表现为日共欠缺转型的勇气,因为策略的转型是以理论路线的转型为前提的。但在理论路线出现僵化和教条化的背景下,要将其转变为具体的政策和策略并让人接受,不仅需要一个较长的过程,而且存在难以预测的风险。因为这种调整和转型的成败直接受到三方面因素的决定性影响:一是要让长期秉持原有理论路线的人转变传统的认识和观念并认可新的理论路线,是十分困难的,因为他们长期接受传统理论路线熏陶,突然要求他们放弃原有信仰,轻则引发抵触情绪,重则可能导致党的分裂;二是理论路线的调整和斗争策略的转变,目的是使政党适应新形势、吸引新的支持力量,然而,要想让调整转型后的理论路线和斗争策略得到认可,需要一个相当长的过程,且最终能否得到更多的认可是未知数;三是理论路线的调整和斗争策略的转变,为对立政党提供了攻击的借口。

日共二十二大后理论路线的调整和斗争策略的转变引发了日本国

内外的广泛热议，讨论焦点在于日共是否还是马克思主义政党。早在20世纪70年代，日共就在党纲中删除了"革命""暴力革命"等表述，当时就引发了包括多数社会主义国家在内的质疑，认为日共已不是马克思主义政党，而是社会民主党了。在日共2000年制定的新党章中，已经用"共同社会"取代了"社会主义"和"共产主义"，当时日本舆论普遍认为日共已彻底向右转，表明日共"从阶级政党向国民政党转变"，成了名副其实的"全民党"。虽然日共认为自己既是"工人阶级的政党"，又是"国民的政党"，但这两个概念本身存在对立，不存在既是阶级政党又是国民政党的可能性，因此部分媒体认为，此时的日共仅仅是打着"马克思主义"的旗号罢了。与日共长期对立的自民党和其他一些保守政党、右翼组织更是借此宣称，日共纲领路线的调整表明"日共不行了"，日共所坚持的"社会主义走到了尽头"，进而认为日共秉持的马克思列宁主义的意识形态已经被证实为"乌托邦"，如今的日共已经"穷途末路"了。

名古屋大学政治学教授后房雄认为，"长期以来，日本共产党将自己定性为'工人阶级的先锋队'，众多党员一直引以为豪。同时日本共产党也因此常常将自己定位于各种运动的领导党派。然而在11月20日开始举行的该党第二十二届全国代表大会上，日本共产党将全面修改党章，并将摘除'工人阶级先锋队'这块招牌。党章中的'共产主义社会'也将改称为'共同社会'，除党的名称之外，'共产'一词将消失，'革命'二字也将不再使用"。他进一步分析指出："其自身现在要进行的改革，恐怕很难说不是向民主社会主义实质上的靠近。"他最后得出结论："共产党已放弃了激进和强制性变革意义上的革命，而转向循序渐进的改革路线，从这个意义上说是社会民主主义化。"而日本一桥大学社会学系政治学教授渡边治则认为，日共"这种转变也不是走向社会民主主义，而是走民主主义道路，转变为民主党"。①

---

① 森田修:《希望加入联合政府——共产党开始改革》，载《参考消息》，2000年11月27日。

结　语　右倾政治生态下日共的发展

一些出席日共二十二大的代表也表示，他们不理解日共为什么要对一直坚持的理论路线进行"右倾式"调整，认为这无异于"共产党自身对宪法的背离"。日本劳动党等日本另一些左派组织针对日共理论路线和斗争策略的重大转型直接指出日共已是"堕落的日共"，是"妥协于现实"的日共。① 社民党、公明党则认为，日共理论路线的调整还不够，其党纲和党章中还残留着暴力革命的倾向，日共必须进一步调整其理论路线和斗争策略，才会考虑与之建立统一战线并开展联合斗争。

可见，日共在理论路线的调整和斗争策略的转变中面临两难境地，存在较大的不确定性。一方面，面对所处的党情、国情和世情，日共为了生存和发展，必须对既有的不适应党内外生态环境的理论路线进行调整，并转变斗争策略；另一方面，这种调整和转变又具有不可预测性，能否得到党内外的理解与支持，进而稳固自身的生存并促进发展，仍是未知数。

党势决定发展趋势。日共将党的实力称为党势，党势不仅在很大程度上决定一个政党的生存，还决定其发展。党势主要包括党员数量、国会席位占比、选民支持率、党内凝聚力、党外同盟力量及潜在支持者等要素。日共党势与执政党和主要在野党党势相比，仍存在较大差距，日共要在短期内成为执政党或参政党还需付出比其他政党更多的努力。

第三节　日共将长期与三种政治力量进行较量

由上可知，日本统治阶级、保守政党和右翼势力这三种政治力量与日共长期对立，不允许日共发展壮大。一般来说，西方政党是竞争性政党，取得国家政权是各政党存在的最高目标，因此，各政党都将

---

① 《日本共产党召开二十二大》，https://www.jlp.net。

其他政党视为争夺最高权力时要击败的对手。更何况，日本统治阶级、保守政党和右翼势力与日共的价值观完全对立，如果放任日共发展壮大，无疑是纵容一个强大的对手，所以，日本保守政党和右翼势力从战前就持续对日共进行打压，但又不能通过国家机器让日共"突然消亡"，这样才能彰显资本主义国家的"民主"。

从历史上看，日本统治阶级、保守政党与右翼势力紧密相联，虽然它们在某些时期出现分歧，但大多时候在意识形态上高度一致，尤其是在对待日共等左翼势力、维护天皇制、否认二战侵略性质等问题上，甚至一些保守政党本身就是右翼政党，如日本维新会，而自民党的保守性和右倾化则体现为其主要政要和内阁成员的思想意识深受右翼思想的影响。右翼思想、右翼势力、右翼运动渗透于统治阶级和保守政党之中，并将长期对左翼日共的生存发展产生广泛而深刻的影响。

经济基础决定上层建筑，日本右翼无论是作为一种势力、组织，还是社会思想意识，其产生都必然有其经济基础，这一经济基础就是小农经济。日本是一个具有上千年传统的农业社会，"日出而作、日落而息"的小生产方式易使民众形成保守思想，而这一保守思想历来与右倾思想紧密相连。

日本是一个面积狭小、资源匮乏、四面环海、自然环境恶劣的岛国，1633—1853年的200多年时间里，除与中国、朝鲜有交往外，与外部世界长期隔绝，这进一步强化了日本民众的封闭意识，这种意识在特定条件下极易向右转。此外，日本是世界少有的单一语言、单一民族国家，使其不自觉地产生一种民族优越感和自豪感，久而久之容易演变成自大意识。

小生产方式、封闭的自然环境和闭关锁国的排外心理容易导致社会意识的保守性，而恶劣的自然环境一方面使日本民族比其他民族具有更强烈的危机意识和忧患意识，另一方面又决定着日本为了生存必须改造自然环境，因而具有强烈的创新意识。同时，为了改造自然甚至战胜自然，日本需要一种超自然的"神"来维护国家团结、社会稳定，凝聚民族意志，于是天皇和"天皇崇拜"应运而生。这种社会性格一旦形成，就具有相当的稳定性和持久性，不会轻易因时间、地点和情景的变迁而改变，而是内化为人们的思想意识，潜移默化地起着至关重要的引导作用。

由此不难理解为什么多数日本人至今仍对天皇怀有深深的敬意，为什么一些日本右翼分子热衷于暗杀和政变，为什么日本能涌现出众多的诺贝尔奖得主，为什么日本敢对中国、俄国和美国发动侵略战争。同样不难理解，为什么无论是战前还是战后，日本政坛都与日本右翼势力有千丝万缕的联系。战前，日本政坛与右翼势力实现"合流"；战后，日本政坛与右翼势力在短暂的"断流"后，又很快"结缘"，在台前幕后里应外合。

日本右翼势力生长土壤的深厚性、政坛的易右性、左右两翼价值观对立的不可调和性等因素，决定了日本统治阶级、保守政党和右翼势力不容许日共发展壮大，也决定了日共在日本政坛总体右倾化的政治生态环境中生存和发展的艰难性。

第四节 日共将长期发挥在野党的功能和作用

日共的现状及其面临的国内外环境，决定了其成为日本执政党或参政党尚需时日。在可以预见的将来，日共面临的挑战大于机遇，但这不会动摇日共作为在野党长期存在于日本政坛、继续发挥其应有功能和作用的态势。

第一，日共已成为日本政坛左翼力量的代表。在原左翼政党的代表和旗帜——社会党分裂后，继承其遗产的社民党也日渐式微。于是，日共取代了社会党成为"革新政党"的代表，自觉地接过了日本左翼的大旗，与保守政党的代表自民党展开直接交锋。按照日共的说法，日本进入"自共对决"时代。虽然以日共当前的实力还不足以与自民党抗衡，也无法与主要在野党立宪民主党比肩，但在日本政坛总体右倾化的背景下，独树一帜的日共可能会获得比以往更多的选票，吸引原本支持其他革新力量的民众转而支持自己，并承担起革新政党在21世纪被赋予的历史使命。

第二，日共是日本执政党的监督和批判者。日共可以利用在参众两院和地方议会所占议席等政治资源，发挥政党领导人、政治活动家和党员的个人魅力，采取"合纵连横"的策略，与其他在野党建立统一战线，将资本主义民主制度为己所用，通过传媒、议会等渠道，对自民党-公明党执政联盟和现政权的内外政策进行监督和批判，同时提出自身的政治主张。

志位和夫认为，任何制度都应该容许对政府的批判，强调不管采取什么样的社会制度，容许批判政府，才能够巩固国家政权。[①] 作为日本政坛的主要在野党，日共理应担负起批判政府的职能。志位和夫曾在国会质问日本首相：如果美国对台湾海峡进行军事干预，自卫队是否会依据《周边事态法案》对美军提供支援？但首相对此不作回答。此外，美国把一些敢于与其抗衡的国家称为"邪恶轴心"国，并扬言要对这些国家采取先发制人的军事打击。对此，志位和夫在国会质询首相政府在这个问题上采取什么立场时，首相竟然回答说："我和政府对美国的此项政策表示理解。"

对此，志位和夫指出，战后日本政府奉行的是极为可悲的完全依附美国的外交政策，日本完全有可能卷入美国发动的侵略战争中。他进而向国民阐述了日共在此问题上的相关政策主张，即日本绝不能走过去发动侵略战争的老路，必须废除《日美安保条约》，与美国改签日美友好条约，使日美关系成为符合世界发展潮流的非结盟关系。他表示，新形势下，日本应当奉行自主、中立的外交政策，走和平发展的道路，取得亚洲和世界各国的理解、信任和支持。他还号召广大国民反对日本与美国缔结的系列安保条约。

---

① 韩福东：《中日融冰之旅高端访谈》，载《南方网》，2007年4月22日。

虽然这种监督批判功能不能阻止执政党和政府的一意孤行，但在一定程度上能使其有所忌惮和收敛。例如，国会通过了日共提出的部分维护社会弱者等特殊群体权益的提案，而执政当局提出的侵害社会弱者权益的议案在日共等其他政党的强烈反对下成为废案；日共还揭露贪污受贿的国家公职人员并迫使其受到相应的法律制裁。特别值得注意的是，在日本政坛总体右倾化背景下，日共这一监督批判功能在阻止日本军国主义复活、遏制右翼势力猖獗、打击官员贪腐等方面发挥着积极作用。如果没有日共对执政党和政府的监督批判，那么日本政坛总体右倾化的列车很可能更加快速地疾驰在极右的轨道上。

历史上，日共曾从理想主义出发，作出不切实际的纯粹批判，自民党借此攻击日共是一个"什么都反对的党"，称其无论对错与是非，在国会中对政府提出的各项政策和议案。都持反对意见。如今，日共在履行对执政党和政府的监督批判功能时，已经从过去"什么都反对"，转变为针对政府政策和方案提出有理有据的理性批判，也会对执政党和政府的正确决策投下赞成票。

总之，在当前日本政坛总体右倾化的生态环境下，日共面临的党情、国情和世情出现了前所未有的新变化，其各自的内部要素结构也发生了重大调整，日共生存和发展面临着严峻挑战。为此，日共对其理论路线和斗争策略进行了适应性调整和转变，但调整和转变的风险较大，效果更有待实践的检验。这种适应性调整的主要动因是国情和世情等外部环境的变化，进而迫使日共党情等内部环境随之改变。各种因素的叠加决定了日共在相当长的一段时间里仍将作为在野党存在于日本政坛和社会，但作为日本政坛的主要左翼力量，日共将继续扮演社会弱者的"代言人"，发挥好监督批判执政党及政府的功能和作用。

参考文献

一、中文专著

[1]步平.日本右翼问题研究[M].北京:社会科学文献出版社,2005.

[2]曹天禄.日本共产党的"日本式社会主义"理论与实践[M].北京:中国社会科学出版社,2010.

[3]何理.日本右翼的历史发展演变及影响[M].长沙:湖南人民出版社,2009.

[4]高放.当代世界社会主义新论[M].昆明:云南人民出版社,1998.

[5]高洪.日本政党制度论纲[M].北京:中国社会科学出版社,2004.

[6]高增杰.日本的社会思潮与国民情绪[M].北京:北京大学出版社,2001.

[7]郭建平,王坚红,左凤荣.在低谷中奋斗:80年代以来资本主义各国共产党变化评介[M].哈尔滨:黑龙江教育出版社,1995.

[8]蒋立峰.日本政治概论[M].北京:东方出版社,1995.

[9]靳辉明.社会主义历史、理论与现实[M].合肥:安徽人民出版社,2000.

[10]李德福.岛国困兵:日本[M].北京:时事出版社,1997.

[11]李寒梅,余昺雕,任清玉,等.21世纪日本的国家战略[M].北京:社会科学出版社,2000.

[12]李宏,李民.传媒政治[M].北京:中国传媒大学出版社,2006.

[13]梁云祥,应霄燕.后冷战时代的日本政治、经济与外交[M].北京:北京大学出版社,2000.

[14]列宁.列宁全集:第7卷[M].北京:人民出版社,1990.

[15]林尚立.政党政治与现代化:日本的历史与现实[M].上海:上海人民出版社,1998.

[16]林尚立.日本政党政治[M].上海：上海人民出版社，2016.

[17]刘江永.跨世纪的日本：政治、经济、外交新趋势[M].北京：时事出版社，1995.

[18]刘蓉华.大众传媒与政治[M].北京：北京大学出版社，2001.

[19]刘晓峰，张玉林.日本的危机[M].北京：人民出版社，2001.

[20]刘小林.当代日本政党政治[M].北京：中国社会出版社，2004.

[21]吕耀东.冷战后日本的总体保守化[M].北京：中国社会科学出版社，2004.

[22]马克思，恩格斯.马克思恩格斯全集[M].北京：人民出版社，1995.

[23]马克思，恩格斯.马克思恩格斯全集[M].北京：人民出版社，1998.

[24]门晓红.当代日本共产党[M].北京：中共中央党校出版社，2011.

[25]彭晋璋.惊醒化世纪：日本的衰落：体制危机和教训[M].北京：中国发展出版社，2000.

[26]齐乃宽.日本政治制度[M].上海：上海社会科学院出版社，1987.

[27]沈国麟.镜头中的国会山：美国国会与大众传媒[M].北京：复旦大学出版社，2005.

[28]盛欣，何映光，郭成建，等.富士军刀[M].北京：解放军出版社，2002.

[29]帅能应.发达资本主义国家共产党的历史与现状[M].北京：中国人民大学出版社，1990.

[30]宋长军.日本国宪法研究[M].北京：时事出版社，1997.

[31]宋绍英.日本崛起论[M].长春：东北师范大学出版社，1992.

[32]苏智良.日本历史教科书风波的真相[M].北京：人民出版社，2001.

[33]孙承.日本与亚太：世纪之交的分析与展望[M].北京：世界知识出版社，1997.

[34]孙立祥.战后日本右翼势力研究[M].北京：中国青年出版社，2013.

[35]孙政.战后日本新国家主义研究[M].北京：人民出版社，2005.

[36]王长江.政党论[M].北京：人民出版社，2009.

[37]王坚红.冷战后的世界共产党[M].北京：中央党史出版社，1996.

[38]王金林.日本天皇制及其精神结构[M].天津：天津人民出版社，2001.

[39]王凌皓，高英彤.经济岛上的挑战：日本的政治大国情绪[M].长春：吉林人民出版社，1998.

[40]王屏.日本右翼：组织·人物·思想[M].广州：广东人民出版社，2005.

[41]王韶兴.政党政治论[M].济南：山东人民出版社，2011.

[42]王新生.政治体制与经济现代化："日本模式"再探讨[M].北京：社会科学文献出版

社,2002.

[43] 王振锁.日本战后五十年:1945—1995[M].北京:世界知识出版社,1996.

[44] 王振锁.战后日本政党政治[M].北京:人民出版社,2004.

[45] 吴寄南.站在新世纪入口的日本[M].上海:上海教育出版社,1998.

[46] 武寅.近代日本政治体制研究[M].北京:中国社会科学出版社,1997.

[47] 文国彦,兰娟.战后日本右翼运动:1945—1990[M].北京:时事出版社,1991.

[48] 肖枫.社会主义向何处去:冷战后世界社会主义运动大扫描[M].北京:当代世界出版社,1999.

[49] 肖世泽.日本国会[M].北京:时事出版社,1990.

[50] 徐万胜.冷战后日本政党体制转型研究[M].北京:社会科学文献出版社,2009.

[51] 许征帆.时代风云变幻中的马克思主义[M].北京:中国人民大学出版社,1996.

[52] 杨孝臣.日本政治现代化[M].长春:东北师范大学出版社,1998.

[53] 张伯玉.日本政党制度政治生态分析[M].北京:世界知识出版社,2006.

[54] 张广宇.冷战后日本的新保守主义与政治右倾化[M].北京:北京大学出版社,2005.

[55] 张健.战后日本经济的恢复、调整与起飞[M].天津:天津古籍出版社,1994.

[56] 赵阶琦,周季华.走向政治大国的日本[M].厦门:鹭江出版社,1995.

[57] 赵军.日本右翼与日本社会[M].广州:广东人民出版社,2007.

[58] 赵可金.营造未来:美国国会游说的制度解读[M].北京:复旦大学出版社,2005.

[59] 中华学艺会.战后日本的政党与议会[M].北京:全国图书馆文献缩微中心,2012.

[60] 中共中央马克思恩格斯列宁斯大林著作编译局.列宁选集:第1—4卷[M].北京:人民出版社,1995.

[61] 中共中央马克思恩格斯列宁斯大林著作编译局.马克思恩格斯选集:第1—4卷[M].北京:人民出版社,1995.

[62] 中共中央马克思恩格斯列宁斯大林著作编译局.马克思恩格斯文集:第1—10卷[M].北京:人民出版社,2009.

[63] 中共中央党校科学社会主义教研室国外社会主义问题教学组.战后日本社会主义理论资料汇编[M].北京:中共中央党校科研办公室,1985.

二、中文译著

[1] 阿尔蒙德,鲍威尔.比较政治学:体系、过程和政策[M].曹沛霖,等译.上海:上海译文出版社,1977.

[2] 伯恩斯.领袖论[M].刘李胜,译.北京:中国社会科学出版社,1996.

[3] 伯恩斯.民治政府:美国政府与政治[M].吴爱民,译.北京:中国人民大学出版社,2007.

[4] 布赖斯.现代民治政体[M].张慰慈,译.长春:吉林人民出版社,2001.

[5] 布隆代尔,科塔.政党政府的性质:一种比较性的欧洲视角[M].曾淼,林德山,译.北京:北京大学出版社,2006.

[6] 不破哲三.科学社会主义研究[M].张碧清,陈应年,译.北京:人民出版社,1982.

[7] 不破哲三.科学社会主义研究:续编[M].张碧清,陈应年,译.北京:人民出版社,1982.

[8] 查德威克.互联网政治学:国家、公民与新传播技术[M].任孟山,译.北京:华夏出版社,2010.

[9] 福布赖特.跛足巨人[M].伍协力,译.上海:上海人民出版社,1976.

[10] 富森睿儿.战后日本保守党史[M].吴晓新,等译.上海:上海译文出版社,1984.

[11] 高坂健次.当代日本社会分层[M].张弦,译.北京:中国人民大学出版社,2004.

[12] 亨廷顿.变革社会中的政治秩序[M].王冠华,刘为,译.北京:华夏出版社,1988.

[13] 吉田裕.日本人的战争观:历史与现实的纠葛[M].刘建平,译.北京:新华出版社,2000.

[14] 井上清.日本的军国主义[M].姜晚成,译.北京:商务印书馆,1972.

[15] 堀幸雄.战前日本国家主义运动史[M].熊达云,译.北京:社会科学文献出版社,2010.

[16] 赖肖尔.日本人[M].孟胜德,译.上海:上海译文出版社,1980.

[17] 利普塞特.政治人:政治是社会基础[M].张绍宗,译.上海:上海人民出版社,1997.

[18] 麦考马克.虚幻的乐园:战后日本综合研究[M].郭南燕,译.上海:上海人民出版社,1999.

[19] 米勒,波格丹诺.布莱克维尔政治学百科全书[M].邓正来,译.北京:中国政法大学出版社,2002.

[20] 秦郁彦.日本官僚制研究[M].梁鸿飞,王健,译.北京:生活·读书·新知三联书

店,1991.

[21]日共中央委员会.日本共产党六十年[M].段元培,等译.北京:人民出版社,1985.

[22]上田耕一郎.发达资本主义国家革命的理论[M].陈殿栋,李永生,译.济南:山东人民出版社,1982.

[23]上田耕一郎.现代日本与走向社会主义的道路[M].陈殿栋,译.北京:人民出版社,1984.

[24]山田朗.日本如何面对历史[M].李海,译.北京:人民出版社,2014.

[25]盛田昭夫,石原慎太郎.日本应该直言不讳[M].孙晓燕,谢鹏,译.北京:中信出版社,1990.

[26]韦尔.政党与政党制度[M].谢峰,译.北京:北京大学出版社,2011.

[27]沃格尔.日本名列第一,对美国的教训[M].谷英,张柯,丹柳,译.北京:世界知识出版社,1980.

[28]沃尔夫.日本经济飞跃的秘诀[M].庞玉林,胡振平,李国臣,译.北京:军事译文出版社,1985.

[29]伊藤诚.现代社会主义问题[M].鲁永学,译.北京:社会科学文献出版社,1996.

[30]中曾根康弘.新的保守理论[M].金苏城,张和平,译.北京:世界知识出版社,1984.

[31]中曾根康弘,佐藤诚三郎,村上泰亮.冷战以后[M].东方编译所,吴寄南,陈鸿斌,编译.上海:上海三联书店,1993.

[32]中根千枝.日本社会[M].许真,宋峻岭,译.天津:天津人民出版社,1982.

[33]猪野健治.日本的右翼[M].张明杨,译.北京:东方出版社,2013.

三、外文专著

[1]浜野忠夫.時代を開く党づくり:党建設の歴史・教訓もふまえて[M].東京:新日本出版社,2008.

[2]北岡勋.日本保守主義[M].東京:御茶の水書房,1992.

[3]筆坂秀世.日本共産党[M].東京:新潮社,2006.

[4]不破哲三.青年と語る:科学社会主義と日本の未来[M].東京:新日本出版社,1975.

[5]不破哲三.経営での活動と党建設:多数者の結集をめざして[M].東京:新日本出版社,1986.

[6]不破哲三.社會主義の原点と未来[M].東京:新日本出版社,1990.

[7]不破哲三.90年代世界と日本の新しぃ進路[M].東京:新日本出版社,1991.

[8]不破哲三.日本共産党綱領と历史の検証[M].東京:新日本出版社,1991.

[9]不破哲三.ソ連霸权主義解体と日本共産党[M].東京:新日本出版社,1991.

[10]不破哲三.科学的社會主義運動の論[M].東京:新日本出版社,1994.

[11]不破哲三.日本共產党と中国共産党の新しぃ關係[M].東京:新日本出版社,1998.

[12]不破哲三.現代日本にぉける大众的前衛党[M].東京:新日本出版社,1998.

[13]不破哲三.新しぃ国づくりを提唱する[M].東京:新日本出版社,1998.

[14]不破哲三.井上ひさし.新日本共産党宣言[M].東京:光文社,1999.

[15]不破哲三.私たちの日本改革論[M].東京:新日本出版社,2000.

[16]不破哲三.二十一世紀はどんな時代になるか[M].東京:新日本出版社,2002.

[17]不破哲三.新・日本共産党綱領を読[M].東京:新日本出版社,2004.

[18]不破哲三.党綱領の理論上の突破点について[M].東京:日本共産党中央委員会出版局,2005.

[19]不破哲三.私の戰後六〇年:日本共産党議長の証言[M].東京:新潮社,2005.

[20]不破哲三.21世紀の世界と社会主義:日中理論会談で何を語ったか[M].東京:新日本出版社,2006.

[21]不破哲三.日本共産党史を語る・上[M].東京:新日本出版社,2006.

[22]不破哲三.日本共産党史を語る・下[M].東京:新日本出版社,2007.

[23]不破哲三.不破哲三時代の証言[M].東京:中央公論新社,2011.

[24]村岡到.不破哲三との対話:日本共産党はどこへ行く?[M].東京:社会評論社,2003.

[25]ぃぃだもも.日本共産党はどこへ行く?[M].東京:論創社,2004.

[26]宫本顕治.民主民族戰線の展開[M].東京:新日本出版社,1987.

[27]宫本顕治.共産主義運動の基本問題[M].東京:新日本出版社,1989.

[28]宫本顕治.科学的社會主義の不滅の党として[M].東京:新日本出版社,1991.

[29]宫本顕治.20世紀と社會主義の生命力[M].東京:新日本出版社,1992.

[30]宫本顕治.党建設の基本方向[M].東京:新日本出版社,1996.

[31]公平慎策.現代日本人の政治意識[M].東京:日本慶應義塾大学出版会,1997.

[32]季武嘉也.日本政党史[M].東京:吉川弘文館,2011.

[33]警備研究会.わかりやすぃ極左・右翼・日本共産党用語集[M].東京:立花書

房,2008.

[34]堀幸雄.右翼辞典[M].東京:三嶺書房,1991.

[35]鈴木邦男.新右翼[M].東京:彩流社,2005.

[36]清野清.日本共産党を論破する[M].東京:世界日報社,2004.

[37]日本共産党中央委員會.日本共産党の五〇年問題について[M].東京:新日本出版社,1981.

[38]日本共産黨中央委員會出版局.日本共産党綱領文獻集[M].東京:新日本出版社,1996.

[39]日共中央委員會.日本共産党の七十年(3册)[M].東京:新日本出版社,1994.

[40]三谷太一郎.日本政党政治の形成[M].東京:東京大学出版会,1995.

[41]山口富男.新しい世紀に日本共産党を語る[M].東京:新日本出版社,2004.

[42]上田耕一郎.日本の進路とマルクス主義[M].東京:新日本出版社,1976.

[43]上田耕一郎.社會主義:その理論と展望[M].東京:新日本出版社,1986.

[44]上田耕一郎.21世紀への展望現代の資本主義、社會主義[M].東京:新日本出版社,1988.

[45]升味準之輔.日本政党史論[M].東京:東京大学出版会,2011.

[46]世界が注目すゐ日本共産党の路線[M].東京:日本共産黨中央委員會出版局,1991.

[47]市田忠義.改悪阻止闘争[M].東京:新日本出版社,2008.

[48]思想運動研究所編.日本共産党事典(資料編)[M].東京:全貌社,1977.

[49]小泉信三.共産主義批判の常識[M].東京:講談社,1987.

[50]伊藤之雄.政党政治と天皇[M].東京:講談社,2002.

[51]朝倉喬司.活劇日本共産党[M].東京:毎日新聞社,2011.

[52]照井敬.日本共産党大改造論[M].東京:文芸社,2007.

[53]志位和夫.激動する世界と科学的社會主義[M].東京:新日本出版社,1991.

[54]志位和夫.科学的社會主義とは何か:学说、運動、体制の观点から[M].東京:新日本出版社,1992.

四、报纸、期刊及电子文献

[1]日共机关报纸.しんぶん赤旗[N].

［2］日共机关刊物. 前衛［J］.

［3］日本共産党［EB/OL］.［2025-6-9］. https：//www.jcp.or.jp.

［4］尹文清. 日本共产党的党建研究［D/OL］. 济南：山东大学，2011［2025-6-9］. https://kns.cnki.net/kcms2/article/abstract？v＝aBsOvapnXdX3mBV3krLxYgi0ghdYAXQ 0Jft_bh7fFlFF _ ytuTtG900vth － vJS1AmWUOX2rgHXwYyKgxcO76qIX5X2rVkmYRXBsdTZWN 6l6btawU8t6Un8xu5vjVfkerXxwAsrHYr9jRoDkoZNWACwE00A9wwoVQ － OcyB5bz8odxj －htPo 9ljcw＝＝&uniplatform＝NZKPT&language＝CHS.

后 记

本书是我主持的 2016 年国家社会科学基金一般项目"右倾政治生态下日本共产党现状和发展趋势及其适应性研究"（结项"优秀"）的最终成果，也是在我 2003 年主持的国家社会科学基金青年项目"日本共产党'日本式社会主义'研究"（结项"合格"）、2008 年主持的国家社会科学基金一般项目"不破哲三思想研究：日本共产党对马克思主义日本化的探索与启示"（结项"优秀"）基础上，对日本共产党进行追踪研究的最新成果。

该研究得到了中国社会科学院原副院长李慎明研究员、吕薇洲研究员、张树华研究员、谭晓军研究员、潘金娥研究员、郑萍研究员、谭扬芳研究员，以及中共中央对外联络部柴尚金研究员、中央党史和文献研究院季正聚研究员和许宝友研究员、山东大学崔桂田教授、上海社会科学院轩传树研究员、辽宁大学王喜满教授、云南大学袁群教授、华中师范大学余维海教授的大力支持；同时，山东大学当代社会主义研究所博士生王晓林、山东大学政治学与公共管理学院博士生孙小菲和广东外语外贸大学日语系杨语歆同学为本研究提供了翻译资料，在此一并表示感谢，因为有了他们的鼎力相助，该研究才得以顺利完成。我还要特别感谢日本共产党机关报《赤旗报》驻北京记者站的小林拓也先生、钉丸晶先生和洪晓文女士，他们为本研究提供了大量的第一手资料，才使得该研究具有原创性和创新性。最后，还要感谢深圳职业技术大学提供的出版基金支持！

该研究参考了大量的中外文献，相关引用已在文中通过注释注明，并在主要参考文献中列出。由于本人疏漏，可能存在部分文献未在脚注中注明或未列入主要参考文献的情况，在此也一并表示感谢！

曹天禄

2020 年 3 月 28 日